KB068151

MPS (Master Production Schedule)

SCM 혁신과 생산계획

MPS (Master Production Schedule)

SCM 혁신과
생산계획

저자 **박규삼 · 유석규**

바른북스

    사회에 첫발을 내디딘 시기에 비추어 보면 공백기가 많아 직장생활을
그다지 오래한 것도 아니고, 한 회사에 진득하게 다니지도 못했는데 직
장생활을 하는 동안 운이 좋았는지 좋은 분들을 많이 만났습니다. 그분
들과 함께 몇 개의 SCM 프로젝트에 참여하면서 무림의 3대 비급인 구
음진경, 독고구검, 그리고 구양신공에 버금가는 SCM의 3대 비급을 우
연히 얻게 되었습니다. 이미 두 개는 실전에서 사용하여 위력을 실감하
였고, 남아 있는 한 개는 아직 미개봉 상태인데 뚜껑을 열면 어떨지 자
못 궁금합니다.

    이런 좋은 도구가 있는데도 불구하고 저에게 SCM은 여전히 어렵습니
다. 아니 SCM에 대해 아직도 잘 알지 못합니다. 아침에 출근할 때면 가
끔 저에게 혼잣말로 질문을 하곤 합니다. 아는 대로 SCM에 대해서 설명
해 보라고… 하지만 이내 저 스스로에게 몹쓸 짓을 했다고 자책하면서
광역버스 속에서 잠을 청합니다. 저는 근무했던 여러 회사에서 운영 혁
신(PI, Process Innovation) 활동을 주로 했습니다. 말은 거창하게 혁신이지만
실은 회사가 원활하게 잘 운영될 수 있도록 개선점을 발굴하여 운영을
담당하는 분들과 함께 운영에 필요한 규칙들을 정하고, 정한 규칙들이
잘 지켜질 수 있도록 현업을 지원하는 역할을 주로 수행하였습니다. 때
로는 시스템 지원이 필요하여 IT 지식도 어느 정도는 갖추어야 했는데,

게으르고 재주도 많지 않아 저는 데이터베이스를 다루지도 못하고 프로그램 코딩도 전혀 할 줄 모릅니다. 그러고 보니 회사 운영(Operation)에 필요한 세 가지 역할인 계획수립, 실행, 그리고 IT 업무 중에서 한 가지도 제가 직접 해 본 것이 없습니다. 어찌 보면 혼자서는 아무것도 할 줄 아는 게 없는 제가 회사의 운영 개선에 관심이 있는 분들을 대상으로 책을 내놓게 되었습니다.

■ 책의 주요 내용

이즈음에서 제가 획득한 SCM의 3대 비급에 대해 말씀드리려고 합니다. 막상 말씀드리려고 하니 부끄러운데 용기를 내겠습니다. 하나는 프로세스에 대한 지식이고, 나머지 두 개는 계획을 짜는 데 도움이 되는 로직들입니다. 세 가지 구체적인 내용은 다음과 같습니다.

첫째로 운영이 가진 속성을 어느 정도 이해하게 되었습니다. SCM을 처음 접하던 시절에는 운영을 이해하기가 왜 그렇게 어려웠는지 모르겠습니다. 특히 운영의 개별 활동들을 순서에 맞춰 연결한 프로세스 맵(Process Map)을 보면 머리가 빙글빙글 돌던 때도 있었습니다. 오죽하면 저는 프로세스 맵에 난독증이 있는 줄 알았습니다. 그래서 모르면 무조건 외우려고 했는데 그럼에도 여전히 이해가 가지 않는 것들이 많았습니다. 특히나 문제상황에 직면하면 올바른 결론이 무엇인지 저만의 의견을 자신 있게 표현하지 못했습니다. 사람들과 회식을 하면 혁신활동에 의욕이 넘치는 사람들이 늘 한두 명이 있는데 굉장히 정력적이어서 대부분 지치지도 않고 목소리 또한 컸습니다. 그분들이 소리 높여 밤새도록 자기주장을 하면 딱히 반박할 거리를 발견하지 못하고 질질 끌려다니기도 하였습니다. 시간이 흘러 좋은 분들을 만나 두루 업무를 경험하다 보니 어느 순간부터 회의장에서 더 이상 휘둘리는 일이 없게 되었습니다. 설령 가끔은 제가 원하는 방향으로 의사결정을 이끌어 내지 못한다고 해도 저만의 중심은 유지할 수 있게 되었습니다.

둘째로는 공장의 능력치(캐파)를 저만의 방식으로 측정할 수 있게 되었습니다. SCM 혁신의 첫발을 내디디면서 알게 된 이 지식 덕분에 여러 회사에 APS(Advanced Planning & Scheduling, 계획수립 지원 시스템)를 구축하러 갈 때마다 저만의 방식을 사용하여 짧은 기간 동안 비교적 정확하게 공장의 능력치(캐파)를 파악할 수 있었습니다. 이 독특한 능력치 분석방식 덕분에 본격적으로 계획을 돌려 보기 전에도 사용했던 인풋 정보가 정확한지 확인이 가능하였고, 심지어는 능력치를 분석하여 인풋 정보 중에서 무슨 정보가 잘못되었는지도 제법 정확하게 짚어 낼 수 있게 되었습니다. 이것을 통해 고객들에게 믿음을 줄 수 있었고, 프로젝트도 제시간에 마칠 수 있었습니다.

마지막으로 생산가능량 만드는 새로운 방법을 알게 되었습니다. SCM이 추구하는 이상향은 바로 원하는 제품을 제때 공급하면서도 적정 수준의 재고를 유지하는 것입니다. 업계 용어로는 '고객 대응력 향상과 재고 자산의 건전성 확보'라는 용어로 멋지게 표현합니다. 하지만 서로 충돌 관계에 있는 이 두 이상향은 그 자체로 목표가 될 수 없습니다. 이 책을 읽는 독자라면 이미 경험을 하였을 것입니다. 고객 대응력을 높이자고 아무리 소리 높여 외친다고 한들 재고를 줄여야만 하는 상반되는 이상향이 함께 존재하는 한 계속하여 고객 대응력을 높게 유지할 수가 없고, 재고 또한 아무리 줄이자고 목청껏 외친다고 해도 고객 대응력 향상이라는 이상향이 개입하는 한 지속적으로 적은 양의 재고를 유지할 수 없었을 것입니다. 고객 대응력을 높이면서도 재고 또한 원하는 수준으로 잘 유지하려면 반드시 달성해야 할 목표가 따로 있습니다. 그것은 바로 계획을 잘 수립하고 수립한 계획은 반드시 지킨다는 목표입니다. 잘 수립한 계획이란 수요를 최대한 만족하면서도 동시에 공장의 능력치가 감안된 수행 가능한 계획입니다. 수요를 이상적으로 만족하는 숫자를 '생산요청량'이라고 하고, 생산요청량 중에서도 능력치를 반영한 숫자를 '생산가능량'이라고 부르는데 이 생산가능량을 얼마나 괜찮게 만들고 수립한 생산가능량을 얼마나 잘 준수하느냐가 기업의 운영 수준을 좌우하는 핵심 요인입니다. 여기에서 구성원들이 합의한 생산가능량을 생산계획, 즉 MPS(Master Production Schedule)라고 부르며[1], MPS는 이 책의 핵심 키워드입니다. 제품의 종류가 많으면 하나의 생산요청량에 대해서 실행 가능한 생산가능량을 만드는 조합의 수는 너무도 많습니다. 생산요청량을 생산가능량으로 만드는 기법 또한 매우 다양하여 기업은 저마다의 방법을 사용하여 생산가능량을 만들고 계획으로 확정, 배포하여 실행합니다. 그리고 기업들이 운영계획을 수립하는 데 도움이 되는 도구를 제공하는 APS 솔루션 회사들 또한 저마다의 역량을 발휘하여 더 좋은 생산가능량을 제공하기 위하여 나름의 노력을 다하고 있습니다. 저는 APS 구축 프로젝트에 참여하면서 실행 가능한 범위 내에서 기업의 이윤을 높일 수 있는 조금은 독특한 생산가능량 만드는 기법을 배웠습니다.

저는 꽤 오랜 기간 동안 이 세 가지 지식을 신줏단지 모시듯 하였습니다. 이 지식들이 경쟁력이 된다고 생각했기 때문입니다. 여러 프로젝트에 참여해서도 이것들을 굳이 남들에게 적극적으로 알리려고 하지 않았습니다. 그러던 어느 날 문득 이런 생각이 들었습니다. "앞으로 내가 프로젝트를 하면 얼마나 더 할 것이며, 프로젝트를 한다고 해도 그 기

---

1   일반적으로 생산가능량을 곧바로 생산계획, 즉 MPS로 확정하지는 않습니다. 생산요청량을 가지고 생산가능량으로 만들면, 사람들의 전략적 의사결정이라는 과정을 한 번 더 거친 다음에 생산계획(MPS)으로 확정합니다.

법들을 고객에게 소개할 수 있는 기회는 더더욱 없을 텐데 무엇이 아까워서 이렇게 숨기고 있는가?" 하는 생각이 들었습니다. 게다가 마침 KPICS(한국조직자원관리협회)에서 주관하는 세미나에 몇 번 참석했는데 협회가 가지고 있는 좋은 취지가 자꾸 떠올랐습니다. 협회의 모토는 "내가 아는 것을 다른 사람과 나눈다."입니다. 누군가 시작한 선한 영향력이 저한테까지 미쳤나 봅니다. 저는 이 책을 빌려서 프로젝트에 참여하여 우연히 획득한, 그렇지만 제게는 과분한 세 가지 선물을 독자 여러분과 공유하려고 합니다. 하늘 아래 새로운 것은 없기에 이 책을 통해 소개하는 내용들 가운데 온전히 제가 독자적으로 만든 것은 하나도 없습니다. 그렇기 때문에 저는 여러 사람들이 지혜를 짜내어 함께 만든 창작물의 전달자 역할을 충실히 하려고 합니다.

■ 이 책의 성격

SCM에 대한 책은 용도와 성격상 크게 두 가지, 학교에서 교재로 사용하는 교과서와 기업체에서 실무에 도움을 받기 위해 임직원들이 보는 실무자용 책으로 나눌 수 있습니다. 학교의 학부 혹은 대학원 교재로 사용하는 교과서는 번역본이 주를 이루고 있는데 내용에 큰 차이가 없습니다. 그리고 시중에 나와 있는 책들 가운데에서 실무자들이 봐야 하는 SCM 관련 책이라면 박성칠 선생님이 쓴 "SCM 경쟁력 향상을 위한 SUPPLY CHAIN 프로세스 혁신"과 주요섭 선생님이 쓴 "기업 운영효율 극대화를 위한 SCM 체계구축"이라는 책이 대표적입니다.[2] 스펙트럼상 놓고 보면 박성칠 선생님의 책은 실무자용 책들 가운데에서도 이론서에 가깝습니다. 이 책은 운영 혁신과 관련한 주제들을 거의 빠짐없이 다

---

2 주요섭 선생님의 책은 현재 절판인데, 어떠한 형태로든 재출간을 해서 기업체, 특히 비용의 문제로 컨설팅 서비스를 선뜻 의뢰하기 어려운 중견, 중소기업에 도움이 되면 좋겠다는 마음 간절합니다.

루고 있기 때문에 잘 모르는 문제가 있을 때마다 꺼내 보면 많은 도움이 됩니다. 주요섭 선생님의 책은 보다 실전형에 가깝습니다. 글의 양이 많음에도 불구하고 내용이 명료하여 이해하기 쉽습니다. 무엇보다도 SCM 체계를 정립하려면 ERP를 어떻게 운영해야 하고, 계획수립 프로세스를 어떻게 정립해야 하는지를 처음으로 본격적으로 다루고 있는데 이런 점은 기존의 SCM 책에서는 찾아보기 어려운 차별화된 부분입니다. 기업들이 이 두 책을 병행하면서 혁신활동을 하는 데 활용하면 좋은 성과가 있을 것으로 생각합니다.

이 책들과 비교하면 저의 책은 실무에 바로 적용할 수 있는 몇 가지 한정된 주제만을 집중적으로 다루고 있는 편입니다. 앞에서 소개한 책들처럼 광범위한 주제를 두루 담아내기에는 저의 능력이 아직은 부족하기도 하거니와 이미 좋은 지침서들이 있는데 굳이 같은 성격의 책을 다시 출간할 필요를 느끼지 못했습니다. 이런 점들을 감안하여 실무자들에게 직접 도움을 줄 수 있는 방향으로 글을 전개하고자 하였고, 틀리지 않은 정보를 제공하기보다는 제 의견을 명확하게 피력하려고 노력하였습니다.

■ 이 책의 구성

저는 직장생활을 하는 내내 SCM 혁신업무를 주로 하였습니다. 초창기에는 여러 회사를 옮겨 다니며 직원으로서 SCM 혁신활동을 하였고, 이후에는 컨설턴트로서 회사의 운영에 도움이 되는 계획수립 지원 시스템(APS)을 구축하는 프로젝트에 주로 참여하였습니다. SCM 혁신활동을 제법 하였지만 아직까지도 SCM이 무엇인지를 포괄적으로 설명하라고 하면 바로 답할 능력이 안 됩니다. 하지만 운영을 잘하려면 무엇이 제일 중요하냐는 질문에는 늘 다음과 같은 답을 합니다. **"할 수 있는 계획을**

수립하고 수립한 계획은 철저하게 지킨다." 물론 계획을 잘 짜기 위해서는 운영기준을 수립하여 계획에 반영해야 하고, 좋은 로직도 끊임없이 발굴해야 합니다. 저는 책을 크게 두 개의 부분으로 나누어 제1부에서는 프로세스를, 그리고 제2부에서는 시스템을 다루었습니다. 모두 계획을 잘 수립하기 위한 내용으로 일관되게 기술하려고 하였습니다.

제1부는 프로세스를 다루고 있는데 운영과 관련한 내용을 포괄적으로 설명하는 대신에 이야기하고 싶은 내용을 작은 칼럼의 형식으로 모았습니다. 좋은 계획을 수립하기 위해 운영기준을 어떻게 수립하면 좋은지와 그동안 우리가 맹목적으로 믿고 따르던 미신(?)들이 오히려 좋은 계획을 수립하는 데 방해하고 운영에 비효율을 초래하니 이를 경계해야 한다는 내용을 주로 담았습니다. 가급적 독자의 이해를 돕기 위해 추상적인 개념 설명을 지양하고 구체적인 숫자를 담아내려고 노력하였는데, 이 때문에 오히려 글의 내용이 유치하거나 다소 편협한 저만의 주관을 대변하는 글로 비칠까 사실은 두렵습니다. 경계에 서서 균형 있는 시각을 유지하는 게 얼마나 어려운 일인지 이번에 다시 한번 깨달았습니다.

제2부는 좋은 계획이란 할 수 있는 계획이어야 한다는 전제하에 할 수 있는 계획을 어떻게 잘 만들 수 있는지 그 방법을 다루었습니다. 계획을 수립하는 방법은 이 세상에 존재하는 회사의 개수만큼이나 다양합니다. 그중에서도 웬만한 기업체에서는 잘 사용하지 않는 수리 최적화의 기법을 동원하여 좋은 계획수립 기법을 이야기하였습니다. 굳이 수리 최적화 이론을 잘 몰라도 이 책을 이해하는 데 전혀 어려움이 없도록 최대한 신경을 썼습니다. 이 책을 읽는다 해도 여러분이 다니는 회사가 수리 최적화 기법을 적용하여 계획을 수립할 가능성은 희박합니다. 그럼에도

불구하고 수리 최적화를 통한 계획수립 기법을 알고 나면 그동안 여러분이 몸담고 있는 회사가 수립하고 배포하는 계획에 개선의 여지가 있음을 신경 쓰지 않을 수가 없고 --- 그 여지가 돈이기 때문에 그렇습니다 --- 그 마음 씀이 어떠한 형태로든 개선활동으로 이어지리라 기대하기 때문입니다.

저는 이 책을 통해서 부디 '계획, 그중에서도 생산계획인 MPS를 통한 운영 혁신'이라는 주제로 활발한 의견들이 오고 가기를 희망합니다. 그리고 이 책에서 소개드린 내용이나 기법들을 기업체나 APS 솔루션 업체, 그리고 일반 독자들이 적극 활용하면 좋겠습니다. 물론 이 책의 내용만으로는 회사가 원하는 수준의 MPS를 제공하기에 턱없이 부족할 것입니다만 기업은 기업대로, 그리고 APS 솔루션 업체는 솔루션 업체대로 이 책에서 제시한 내용이 좋은 MPS를 만드는 데 조금이라도 도움이 된다면 더 바랄 것이 없겠습니다.

2022년 2월 22일
박규삼 씀

감사 인사

인생을 논하기에 아직은 그런 나이지만, 그래도 알 수 없는 것이 인생인가 봅니다. 낯도 가리고 부끄러움도 많이 타며 모험심이라고는 눈곱만큼도 없는 저에게도 시간은 그냥 지나치는 법이 없이 많은 변화를 가져다주었습니다. 공무원이 되겠다고 문과인 행정학과를 졸업한 제가 나이 서른이 넘어서 응용수학을 접하게 될 줄 생각이나 했겠습니까? 직장생활도 마찬가지였습니다. 그 첫발을 채권관리 업무로 시작하였지만 어찌하다 보니 생산 공정이 복잡하기로 유명한 디스플레이 회사의 스케줄링 시스템 구축 프로젝트에 참여하게 되었고, 그 경험을 시작으로 이제는 제법 여러 기업에 다양한 형태의 SCM 프로젝트를 수행하기에 이르렀습니다. 적지 않은 변화를 겪는 동안 너무도 많은 은인을 만났기에 이 자리를 빌려서 되도록 많은 분께 감사의 말씀을 드리고 싶습니다.

먼저, SCM이 무엇인지도 모르던 저에게 우리나라에서 가장 선진화된 각종 APS를 접할 기회를 제공하였을 뿐만 아니라 PI 담당자로서 프로페셔널한 자질을 키울 수 있도록 도와주신 이진규 엘지디스플레이 전무님께 감사하다는 말씀을 드립니다. 그리고 아둔한 저를 자그마치 4년이나 옆에 끼고 SCM 프로세스를 가르쳐 주었을 뿐만 아니라 제가 독자적으로 혁신활동을 수행할 수 있도록 곁에서 늘 응원하고 격려해 주신 주요섭 선생님께 감사의 말씀을 드립니다. 마지막으로 휴맥스 재직 시절,

회사의 운영과 관련한 여러 사안들에 대해 단선적인 해석과 처방에 그치는 것을 경계하고 합리적인 의사결정을 할 수 있도록 가르침을 주신 셀레믹스 이용훈 대표님께도 감사의 말씀을 드립니다.

이 외에도 제 동료와 선후배님들께 말씀드립니다. 넥센타이어 시절의 박우상 팀장님과 강종복 법인장님, 엘지디스플레이 시절의 멘토 심상우 책임님을 비롯하여 이경민 팀장님, 박기태 팀장님, 강석정 팀장님, 그리고 이병승 상무님께 감사함을 표합니다. 다음으로 휴맥스 시절의 전병기 실장님, 장용미 책임님, 김광종 책임님, 김동욱 책임님, 김재욱 부문장님(이하 현 휴맥스), 우관성 대표님, 조진형 상무님, 최재봉 팀장님(이하 현 제인테크), 김종욱 대표님, 장윤주 상무님(이하 현 경동나비엔), 김기호 팀장님(현 텔레칩스), 김동혁 책임님(현 쏠리드), 김세환 컨설턴트님(현 PwC컨설팅), 그리고 홍성식 박사님께도 감사의 말씀드립니다. 삼성전자 시절의 오성국 수석님께도 감사하다는 말씀 꼭 드리고 싶습니다. 제가 독립하기 전에 몸담았던 해성티앤에스의 김진우 전무님, 유진상 전무님, 이창훈 상무님, 이해주 상무님, 변진석 실장님, 정진안 이사님, 그리고 김태웅 부장님께도 감사의 말씀드립니다.

뜻하지 않게 4년 동안 가르치면서 배울 수 있는 기회를 제공해 주신 유태종 상명대학교 경영학과 교수님과 가끔 찾아뵐 때면 언제나 반갑게 맞이해 주고 삶의 길잡이가 되는 말씀을 주시는 홍익대학교 경영학과 류춘호 교수님께도 감사드립니다. 사기업의 시각이 아닌, 공경영의 시각에서 관리의 개념을 일깨워 준 한림대학교 정치행정학과의 이동영 교수님께도 감사드립니다. 아울러 능력치(캐파) 측정 계산기를 통해 최적화 모델링의 아름다움을 선사해 주신 문환표 동국대학교 수학과 교수님께도 감사드립니다. 그리고 정말 재미없는 제 수업 시간에 피곤함도 이겨가면서 적극적으로 참여한 상명대학교 기술경영공학과 학생 여러분께 감사의 말씀드립니다. YPICS의 진하정 씨와 이현수 씨에게도 고마움을 표합니다.

같은 업계에 있으면서 잊지 않고 친구처럼 대해 주시는 자이오넥스의 박천웅 이사님과 저한테 당구를 늘 져주는 o9의 김태영 상무님께도 감사드립니다. 모르는 것이 아직도 많은데 그럴 때마다 저의 궁금증을 해결해 주시는 정미진 컨설턴트님과 엘지씨엔에스의 정연률 팀장님, 그리고 두손씨앤아이의 이왕진 상무님께도 감사드립니다. 그리고 혁신 업무의 최고 전문가 집단인 엘지전자 생산기술원의 송시용 상무님을 비롯하여 송익수 팀장님, 문상인 파트장님, 김형빈 책임님, 황규영 선임, 우선희 선임과 프로젝트를 함께 할 수 있었음을 감사하게 생각합니다.

프로젝트에 참여하여 좋은 고객을 만나 저도 성장했기에 이 자리를 빌려서 감사의 말씀드립니다. 엘지디스플레이의 김정수 책임님, 윤성운 책임님, 박형근 책임님, 엄기영 반장님, 손홍락 반장님, 박재국 기장님, 박병은 기성님께 감사드립니다. 코오롱플라스틱의 김홍진 팀장님, 한지혜 수석님께도 감사드립니다. 인포마크의 최혁 대표님과 풀무원 올가홀푸드의 강병규 대표님께도 감사드립니다. 삼성디스플레이의 이동현 수석님과 박범철 그룹장님께도 감사드립니다. 동국제약의 신용강 실장님과 전경철 팀장님께 감사의 말씀드립니다. 엘지생활건강의 이호덕 부문장님, 안기웅 팀장님, 김지언, 최기상, 최상훈 파트장님, 김태훈 대리님께도 감사의 말씀드립니다. 삼성바이오로직스의 여수진, 고유선, 곽경민, 박지웅, 김예지, 그리고 길범준 프로님께 감사 말씀드립니다.

최근에 프로젝트를 함께 한 VMS 솔루션스의 옥창훈 팀장님과 성인영 선임께도 감사의 말씀드립니다. 또한 이 책의 핵심인 제10장 CAO와 11장 PMO 로직을 바로잡고 가다듬는 데 큰 도움을 주신 이재일 수석께도 고맙다는 말씀을 꼭 드리고 싶습니다. 변변치 못한 능력임에도 회사의 중요한 프로젝트를 믿고 맡겨 주신 김병희 대표님께 감사드리며, SCM에 대한 많은 조언과 함께 이 책이 온전하게 세상에 나올 수 있도록 마지막 한 챕터를 담당하신 유석규 부사장님께도 감사드립니다.

이 지루한 작업을 곁에서 묵묵히 응원해 준 제 가족에게도 물론 고맙다는 말을 전하며, 이 책을 아버지께 바칩니다.

서문
감사 인사

━━━━━━━━━━━━━━━━━━━━━━━━━━━━━━
제1부
프로세스
━━━━━━━━━━━━━━━━━━━━━━━━━━━━━━

| 제1장 | **SCM의 정의** ··· 026

01 SCM은 의도한 대로 실행하는 과정입니다

02 SCM은 체계를 잡아가는 과정입니다

03 SCM은 운영의 모든 활동입니다

| 제2장 | **SCM 제1법칙** ··· 035
(부제: 한 번에 두 마리 토끼 잡기)

01 SCM의 지향점은 서로 충돌합니다

02 결과를 직접 건드리면 실패합니다

03 한꺼번에 두 마리 토끼를 잡는 방법이 있습니다

| 제3장 | **혁신에 대한 생각** ――――――――――― 047

    01   30% 이상은 혁신(Innovation)이고,

            그 미만은 개선(Improvement)입니다

    02   혁신을 하려면 단선적인 사고에서 탈피해야 합니다

    03   운영의 복잡도가 증가하는 속성을 알아야 합니다

    04   운영 환경이 복잡해지면, 도대체 무엇이 문제란 말입니까?

    05   복잡도를 제어하는 방법을 찾아야 합니다

    06   복잡도를 가장 잘 통제하는 방법이 바로 MRP 활용입니다

| 제4장 | **혁신의 실천** ――――――――――――― 085
(단선적 사고의 극복)

    01   열 가지 긴급 상황을 모두 해결하려고 하지 마십시오

    02   안정적으로 운영하겠다고 확정구간을 무조건 늘리지 마십시오

    03   딜레마 - '해야 하는 것'과 '할 수 있는 것' 중에서

            하나를 선택해야 한다면?

    04   운영은 조급하면 안 됩니다

| 제5장 | **혁신과 개선의 차이** ――――――――― 103

    01   효과성과 효율성

    02   신뢰성과 타당성

    03   준수율과 달성률

    04   조정자를 통한 해결과 담당자끼리 직접 해결

| 제6장 | **Weekly Operation** ———————————— 114

01 멋진 발명품, 주간 운영체계(Weekly Operation System)

02 월간도 일간도 아닌, 왜 하필 주간(Weekly)인가요?

03 계획의 핵심, MPS(Master Production Schedule, 생산(물동)계획)

| 제7장 | **SCM 혁신의 효율적인 수단,** ———————— 123
KPI(Key Performance Indicators) **점검**

01 조직원의 행동을 변화시키는 힘

02 KPI 점검 진행 방식

03 KPI 점검 대상

04 SCM 혁신을 위해서는 준수율을 관리해야 합니다

05 달성률과 준수율 계산하기

06 활용제안

① 활용제안(1); KPI 시행 초기에는 개인(혹은 조직)의 성과와 연계하지 않아야
  합니다

② 활용제안(2); 집계는 자동으로 해야 합니다

③ 활용제안(3); KPI 측정은 디테일이 살아 있어야 합니다

④ 활용제안(4); 호손 효과를 잘 활용해야 합니다

⑤ 활용제안(5); 계획이 차질을 빚으면 계획을 개선해야 합니다

제2부
시스템 (MPS)

| 제8장 | **계획에 대한 이해** ·· 142

    01   공급계획(MP)의 핵심, 생산계획(MPS)

    02   ERP와 APS의 관계

    03   ERP에서 MRP를 수행하는 과정 (DM → MPS → MRP)

    04   MRP에 영향을 주는 요인들

    05   생산요청량, 생산가능량, 그리고 생산계획(MPS)

    06   MPS를 만드는 방법

    07   생산가능량의 다양성

    08   제2부의 진행 순서

| 제9장 | **생산요청량** ·· 171
(MTG, MPS Target Generator) 만들기

    01   공급계획(MP)의 중요성

    02   자세한 형태의 공급계획

    03   생산요청량(MTG) 산출 과정

| 제10장 | **능력치**(캐파) **점검 계산기** ···················· 194
(CAO, Capacity Allocation Optimizer)

01 능력치(캐파) 측정의 정의

02 MPS와 RCCP(개략적인 능력측정, Rough–Cut Capacity Planning)의 관계

03 능력치(캐파) 측정을 위한 여러 가지 접근방법

　① 물량 할당 방법(1) – 총 작업시간의 최소화

　② 물량 할당 방법(2) – 설비별 부하의 평준화

　③ 물량 할당 방법(3) – 설비별 부하의 하향 평준화

04 선형계획법(Linear Programming) 소개

　① 접근방법(1) – 그래픽을 통한 접근

　② 접근방법(2) – 대수적인 방법을 통한 접근

　③ 접근방법(3) – 시스템을 통한 접근

05 실습 – 능력치(캐파) 측정

　① 능력치 측정(1) – 기본 문제

　② 능력치 측정(2) – 설비별 조업시간과 예상가동률이 서로 다른 경우

　③ 능력치 측정(3) – 문제의 규모가 큰 복잡한 문제

　④ 응용문제(1) – 여러 공장 혹은 업체에 물량을 배분하는 문제

　⑤ 응용문제(2) – 설비별로 균등한 부하율이 나오지 않는 문제의 해석과 처리 방법

| 제11장 | **생산요청량에서 생산가능량을** ············· 272
뽑아 주는 PMO(Product Mix Optimizer)

01 PMO에 대한 일반 설명

02 PMO(설비)의 기본 문제

03 PMO(설비)의 응용 – 전략적 요구사항의 반영

04 PMO의 또 다른 형태 – PMO(자재)

05 PMO의 종결판, PMO(설비+자재, 이윤)

| 제12장 | **수요계획에 대한 RTF 점검** | 319 |
| | (Post MTG) | |

제13장	(외전 편) **'수요계획'을 만족하는**	327
	적당한 수준의 '생산가능량'에	
	단숨에 도달하기 – 플래닝 기법	

| 제14장 | (특별수록) **MPS 프로젝트 사례** | 350 |
| | –유석규 박사– | |

01 타이어 산업 구축 사례
　　① 타이어 제조 공정
　　② 생산계획 수립과 운영
　　③ 공정간 동기화 생산계획
　　④ 시스템 구축 및 성과

02 제지(골판지) 산업 구축 사례
　　① 골판지 상자 제조 공정
　　② 단납기 MTO 생산계획
　　③ 생산 운영 표준화 및 최적화 생산계획
　　④ 시스템 구축 및 성과

마무리 – 내용의 요약

|일|러|두|기|

1. 되도록 모든 단어를 한글로 표기하고자 하였으나, 문맥상 필요하다고 생각하는 곳에는 제한적이지만 영어 단어를 사용하였습니다. 독자들의 너그러운 이해를 구합니다.

2. 저는 이 책에서 핵심이 되는 단어인 MPS를 주간 생산물동계획, 주간 생산계획, 생산물동계획, 혹은 생산계획 등과 같이 여러 단어를 섞어서 사용하였는데 모두 같은 뜻임을 밝힙니다.

3. MPS는 요일별로 수립하는 상세한 생산계획과는 차이가 있는데 MPS를 뜻하지 않는 생산계획을 지칭할 때에는 공장계획이라는 단어를 사용함으로써 독자들의 혼동을 줄이고자 하였습니다.

4. 이 책에는 많은 수식과 그림이 담겨 있는데 이해를 돕기 위하여 엑셀로 만든 원본을 블로그에 올렸습니다. blog.naver.com/scmpi932에서 다운로드할 수 있습니다.

제 **1** 부

프로세스

1.
SCM의 정의

지금부터 SCM에 대한 이야기를 시작하겠습니다. SCM은 Supply Chain Management의 약자입니다. 우리 말로는 '공급망관리'라고 합니다. 앞으로 저는 SCM이라고 부르겠습니다. SCM은 제조, 물류, 유통, 그리고 일부 서비스업에까지 두루 사용하는 용어인데 이 책에서는 주로 제조업에 초점을 맞추었습니다. SCM을 다룬 책은 우리나라에도 이미 수십 종이 출판되었습니다. 대학 교재용으로 원서를 번역한 책들이 주를 이루고 있는데 내용은 대동소이합니다. 새로운 개념을 다루기 위해서는 키워드의 정의부터 시작합니다. 어떤 학문은 키워드가 하도 많아서 핵심 단어들의 정의만 익히다가 지쳐서 포기하는 경우도 있는데, SCM에서는 그럴 걱정은 하지 않아도 됩니다. 많은 책들이 SCM에 대해서는 지켜야 할 7가지 원칙(7 Rights)을 사용하여 정의합니다. "고객이 원하는 제품(Right Product)을, 원하는 수량과(Right Quantity), 원하는 상태로(Right Condition), 원하는 장소와(Right Place), 원하는 시간에(Right Time), 정확한 고객에게(Right Customer), 원하는 가격(Right Price)으로 인도하기 위한 모든 과정"

이라고 정의하고 있으며,[3] 경우에 따라서는 이 가운데 3~4개의 단어만 골라서 SCM을 정의하는데 사용하기도 합니다. 개념을 묘사하는 데 무리가 없는 적절한 단어들이라고 생각합니다.

　그런데 이 설명은 어딘가 모르게 정적(Static)인 느낌을 줍니다. SCM을 잘하기 위해 필요한 자격 요건들을 표현하고는 있지만, 어떻게 해야 SCM을 잘하는지에 대해서는 설명이 부족합니다. 공급망관리도 넓게 보면 관리(Management)의 일종입니다. 저는 관리의 4대 사이클인 P-D-C-A(Plan-Do-Check-Action, 계획-실행-평가-개선)에 입각하여 SCM을 아래 〈그림1〉과 같이 정의합니다. **SCM은 "1) 의도한 대로 실행하기 위해서 2) 체계를 잡아 수행하는 3) 운영의 모든 활동"입니다.** 이 짤막한 문장을 세 부분으로 더 나누어 보겠습니다.

〈그림1. SCM의 정의〉

3　Springer Link에 있는 Encyclopedia of Production and Manufacturing Management의 Seven "Rights" of Logistics의 내용을 발췌하여 인용하였습니다. (https://link.springer.com)

01   SCM은 의도한 대로 실행하는 과정입니다

SCM, 혹은 운영에는 늘 혁신(Innovation)이라는 말이 따라다닙니다. 혁신이라는 용어 사용이 생소하다면 개선(Improvement)이라는 용어는 그래도 자주 들었을 것입니다. 머물러 있지 않고 굴러가는 모든 것에는 개선이라는 과제가 꼭 따라다닙니다. 과정의 개선도 있지만 주로 결과를 놓고 개선이 잘되었는지 여부를 평가합니다. 개선의 상태가 지속적이고 발전 지향적이 되기 위해서는 의도가 꼭 필요합니다. 운영을 할 때 의도는 계획(Planning)에 담아 표현합니다. 운영을 하다 보면 의도와 상관없이 우연히 좋은 결과를 얻을 때도 있는데 그렇다고 계속해서 우연히 좋은 결과만 기대하는 어리석음을 범하면 안 될 것입니다.

저는 당구를 좋아합니다. 오랜 기간 동안 '쓰리쿠션'을 즐겨 치는데 참으로 늘지 않는 것이 당구입니다. 당구에서 제일 기본적인 포지션으로 '뒤돌려치기'가 있습니다. 대충 쳐도 공은 코너를 향해 움직이기 때문에 내가 맞추어야 할 공(제2적구)이 당구대의 구석진 곳에 위치해 있으면 성공 확률이 크게 높아집니다. 그런데 매번 '대충 쳐도 코너로 가서 맞아주겠지.' 하는 마음으로 샷(Shot)을 하니 어느 때는 성공하고 어느 때는 실패를 하는데, 성공과 실패라는 결과는 운의 작용, 그 이상도 이하도 아닌 것이 되었습니다. 그러던 어느 날, 여느 때와 같이 공(제2적구)을 맞추려고 했는데 실패를 하고는 "공(제1적구)이 생각한 것보다 너무 두껍게 맞았네, 혹은 너무 얇게 맞았네." 하면서 온전히 결과만 놓고 후회하는 제 모습을 발견하였습니다. 이러한 행태를 자그마치 30년 동안 반복하였으니 당구가 좀처럼 늘지 않는 게 어쩌면 당연한 결과였겠다는 반성과 함께 말입니다.

다른 취미가 없으니 당구만이라도 잘 치고 싶은데, 이렇게 긴 시간 동안 실력이 늘지 않는 이유가 무엇일까? 무엇이 문제인지 차근차근 진단해 보기로 했습니다. 답은 간단하였습니다. 그동안 잘 치겠다는 의지와 욕구만 있었지, 구체적이고 명확하게 목표 설정 ――― 저는 이것을 '의도'라고 표현했습니다 ―――을 하지 않은 채 대충(?) 내질렀던 큐가 만들어 내는 결과만을 중시했다는 결론에 도달했습니다. 이것은 마치 농구 슛을 연습할 때 막연히 골대를 향해 공을 던지겠다는 의지만을 가지고 연습을 하는 사람과, 정확하게 목표지점을 설정하고 공을 던지되 성공과 실패에 따라 끊임없이 자기 피드백을 하는 사람으로 나누어 수천 번쯤 같은 동작을 반복하게 하면, 두 사람 사이에는 확연한 실력의 차이를 보이는 것과 같은 이치입니다.

이제는 실천이 남았습니다. 공을 잘 치겠다는 막연한 의지는 버리고, 정확하고 구체적 목표인 의도를 가지기로 마음먹었습니다. 공의 배치에 따라 공의 진행 방향을 3쿠션, 4쿠션, 혹은 5쿠션으로 나누고 반드시 세분화된 의도에 맞춰 공을 치기로 했습니다. 적어도 뒤돌려치기 만큼은 구체적 의도 없이 막연하게 잘 치겠다는 의지만을 가지고 대충 치지 않기로 말입니다. 이 실험을 진행하는 동안 공을 맞추었는지 여부에 집착하지 않았습니다. 대신에 구체적으로 설정한 목표와 비슷한 궤적으로 공을 굴리는 데에만 최대한 집중을 했습니다. 그런데 막상 이것을 실천하는 것이 그리 쉬운 일은 아니었습니다. 사람들과 게임을 하는 동안에는 승패를 따질 수밖에 없는데 내가 친 결과에 집착하지 않고 초연(超然)하려니 여간 어려운 것이 아니었습니다. 비유가 적절할지는 모르겠지만 학생 시절 수학 문제를 풀 때 문제를 다 풀기 전에는 중간에 답안지를 쳐다보지 않아야 된다고는 하지만, 어려운 문제를 접하여 딱히 해법이 떠오르지 않을 때 답안지 들춰 보고 싶은 유혹을 차마 떨치기 힘들었던 것과 비슷한 맥락이겠습니다.

새로운 연습법의 성과에 대해서는 이제는 뒤돌려치기 말고도 앞돌려치기, 제각돌리기, 빗겨치기, 걸어치기, 그리고 원뱅크넣어치기 등에도 같은 방식을 적용하고 있다는 말로 그 효과를 대신하겠습니다.

▎02 SCM은 체계를 잡아가는 과정입니다

의도란 원하는 결과를 얻기 위해 정교하게 고민한 목표입니다. SCM에서 의도는 계획(Planning)에 담아내고, 계획은 숫자로 표현합니다. 기업이 운영을 하면서 구체적인 목표를 설정하는 이유는 회사라는 전체 시스템의 성능을 지속적으로 개선하려는 데에 있습니다. 막연하게 원하는 이상향을 추구하면서 이상향에 도달했는지 여부에 따라 희비를 교차하는 것보다는 목표를 구체적으로 수립하고 그 구체적인 목표를 달성하는 과정을 하나씩 밟아 나가는 것이 조직의 수준을 보다 효과적으로 끌어올릴 수 있습니다. 계획에는 의도가 담겨 있기 때문에 목표 지향적인 성격이 강합니다. 목표를 구체적 형태인 계획으로 선언(Declaration)한 다음에 선언한 목표를 실현시켜 나아가는 것이 의도가 지닌 본래의 뜻입니다.

목표는 일회성으로 달성하는 데에 그치지 않고 꾸준히 달성해야 합니다. 선언한 계획을 지속적으로 달성하기 위해서는 실행도 잘 따라야 하겠지만 더 중요하게는 한결같은 수준으로 결과가 나오도록 계획을 수립해야 합니다. 누가 수립하든, 언제 수립하든 주어진 상황이 유사하면 늘 비슷한 수준으로 계획을 수립하는 것, 우리는 이것을 **계획의 신뢰성**이라고 부릅니다.[4] 신뢰성이 가장 높은 계획은 아마도 엑셀에 전부 수식이 걸려 있어 인풋 값만 넣으면 바로 결과가 나오는 형태일 것입니다. 누가 수립하든 언제나 늘 일정한 수준의 값을 계획으로 제공받을 수 있기 때문입니다. 엑셀에 들어 있는 수식은 일종의 규칙(Rules)과 같습니다. 그 수식은 계획수립 담당자가 단독적으로 만든 것일 수도 있고, 운영 조직들이 만나 일정한 절차에 따라 합의를 본 규칙을 반영한 것일 수도 있습니다. 기업의 운영 환경은 매우 복잡하고 고려해야 할 사항이 많기에 계획수립 담당자 개인이 임의로 정한 규칙 보다는 여러 조직이 만나서 합의를 본 규칙을 따르게 하는 것이 이해관계자들 간의 의견 충돌로 인한 잡음을 줄일 수 있습니다. 우리는 운영을 하는데 적용되는 기준을 **운영기준**이라고 부릅니다.[5] 회사의 운영이 얼마나 체계적인지는 수립한 운영기준의 수준을 보면 알 수 있습니다. 회사의 운영기준은 문서로 만들

---

4 계획의 속성에는 신뢰성 말고도 타당성이 있습니다. 결과가 현실을 잘 반영하면 계획의 타당성이 높다고 합니다. 계획의 신뢰성과 타당성의 문제는 제4장 '혁신의 실천' 편에서 다시 언급하겠습니다.

5 운영기준보다 큰 상위의 규칙을 운영정책(Operational Policy)이라고 부르는데, 이 책에서는 운영기준과 운영정책이라는 용어를 엄격하게 구분하지 않고 사용합니다.

어 관리하는데, 그 운영기준들을 숫자로 반영한 것이 바로 계획입니다. 그러므로 계획은 운영기준의 집약체입니다.

[시스템 수준 향상 과정 [=운영 개선 과정]]

1. 운영기준을 체계적으로 수립한다.
2. 운영기준들을 반영하여 계획을 수립한다.
3. 계획을 체계적으로 수립하여 계획의 신뢰성을 높인다.
4. 신뢰성 높은 계획을 바탕으로 계획의 타당성 또한 높인다.
5. 타당성 높은 계획을 수립하여 계획에 대한 실행력을 높인다.
6. 계획한 대로 실행함으로써 의도한 방향으로 회사를 운영한다.

▌03 SCM은 운영의 모든 활동입니다

가끔 취업 포탈을 통해 SCM 업무를 수행할 인재를 찾는다는 공고를 우연히 볼 때가 있는데, 물류나 구매에 한정하여 인재를 찾는 경우가 대부분입니다. 물류나 구매 업무에 종사하는 인력의 수가 많아서 SCM도 이러한 업무를 위주로 지칭하는 것 같습니다. 하지만 이 책에서는 SCM을 물류나 구매에 한정하지 않고 보다 넓은 범위로 적용합니다. 회사를 구성하고 떠받치는 4개의 기둥으로 인사, 재무, 개발, 그리고 운영이 있다고 하면, **SCM은 그중에서 운영의 전부와 개발의 일부 영역을 포함합니다.**[6] 고객이 원하는 물건을 제때 공급하기 위해 동원하는 모든 운영

---

6 이 책에서는 SCM과 운영(Operation)을 엄격하게 구분하지 않고 섞어서 사용합니다.

활동을 SCM의 영역으로 보면 틀림이 없습니다. 구체적으로는 아래 〈그림2〉와 같이 판매와 생산, 그리고 구매하기 위하여 **계획을 수립하고** 계획을 근거로 **실행을 하는** 모든 활동, 그리고 계획과 실행을 효과적으로 수행하기 위한 **IT 지원**, 이 모든 활동이 SCM의 영역에 해당합니다.

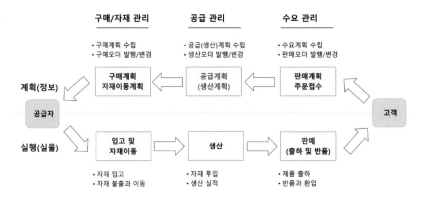

〈그림2. SCM을 구성하는 요소(계획과 실행)〉

광범위한 SCM 영역에서 어느 것 하나 중요하지 않은 것이 없습니다. 모두 사슬로 연결되어 있기 때문에 SCM을 구성하는 요소 가운데 어느 하나라도 문제가 있으면 회사의 운영체계(Operational System)가 영향을 받습니다. 전체 체계를 개선하기 위해서는 중심이 필요한데 그 중심이 계획(Planning)입니다. 특히 매주 수립하는 공급계획(MP, Master Plan), **그 공급계획을 구성하는 여러 개별 계획 중에서도 생산(물동)계획**(MPS, Master Production Schedule)**이 운영체계 개선의 핵심입니다.**[7] 생산(물동)계획(MPS)을 계획한 대

---

7   공급계획(MP, Master Plan)에는 많은 계획이 포함됩니다. 공급계획을 구성하는 여러 계획들로는 영업에서 보는 영업입고계획, 물류창고에서 보는 물류출하계획, 공장에서 보는 공장출고계획과 생산(물동)계획 등이 있는데 그중에서도 생산(물동)계획(MPS, Master Production Schedule)이 공급계획의 핵심입니다. 여기에서 생산(물동)계획(MPS)은 주간 단위의 완제품 생산 수량을 말하며, 공장에서 상세하게 수립하는 요일별 생산(공장)계획과는 구분됩니다. 앞으로는 별도의 설명 없이 사용하는 생산계획은 모두 주간 생산(물동)계획, 즉 MPS를 지칭합니다. 공급계획의 자세한 형태는 이 책의 제2부 9장 〈그림31〉에 나와 있습니다. 생산(물동)계획은 〈그림31〉에서 '생산(가능)' 항목에 해당합니다.

로 잘 준수하면 공장출고, 물류창고입고, 완제품출하, 그리고 판매가 연쇄적으로 좋은 영향을 받습니다.

수요가 늘어 매출은 증가하는데 납품일을 자꾸 어겨 고객으로부터 불만이 많아지고 있는 회사, 예상치 못한 긴급 출하 요청 때문에 잔업이 늘고 있는 회사, 긴급 출하에 대응하느라 제품을 소량만 진행하고 자주 교체하여 공장의 생산 효율이 떨어지고 있는 회사, 구매나 조달 담당자가 온갖 비난의 화살을 받고 있지만 그렇다고 딱히 항변을 할 처지도 못 되는 회사, 매출 증가에 못지않게 재고 역시 늘고 있는 회사, 그리고 불용재고를 폐기하는 금액이 증가하고 있는 회사들은 전부 생산(물동)계획(MPS)을 지금보다 어떻게 더 잘 수립할지에 관심을 기울여야 합니다.

생산(물동)계획(MPS)을 지금보다 잘 수립하고 수립한 생산(물동)계획을 계획한 대로 잘 실행하려면 생각의 전환, 사고방식의 변화, 새로운 정보 수집과 분석 기법의 도입, 그리고 계획에 적용할 계산 로직 발굴 등이 필요한데 이것들을 전부 **혁신활동**이라고 부릅니다. 앞으로 대부분의 지면을 할애하여 MPS를 계획한 대로 잘 실행할 수 있는 방안을 논하고자 합니다. 그러려면 기존에 가지고 있던 사고방식의 변화가 필요한데 이어지는 장을 통해 고정관념을 허무는 계기가 되었으면 합니다.

SCM 혁신과 생산계획

2.
SCM 제1법칙
(부제: 한 번에 두 마리 토끼 잡기)

프로젝트를 수행하러 이 회사 저 회사 다니다 보면 중요한 문구를 적은 현수막을 보게 됩니다. 이 현수막들은 주로 공장에 걸려 있는데 크게 다음과 같은 두 종류의 문구로 요약할 수 있습니다. "고객 대응력[8]을 높입시다!"라는 문구를 적은 회사가 있는 반면, "재고를 줄입시다!"라는 문구를 적은 회사도 있습니다. 물론 두 종류의 문구를 한꺼번에 걸어 놓은 회사도 있습니다. 그 문구들은 SCM 활동을 성공적으로 수행해야만 얻을 수 있는 일종의 이상향(理想鄕)을 나타냅니다. 어쩌면 우리의 직장생활은 이 2개의 지향점을 두고 시계추처럼 끊임없이 왔다 갔다 반복하고 있다는 생각도 듭니다.

---

8   고객 대응력이란 고객이 원하는 물건을 제때에 제공하는 능력을 말합니다. MTS(Make To Stock, 완제품 재고를 보유하고 있다가 고객의 주문에 대응하는 운영 형태) 환경에서 재고가 적으면 아무래도 대응력이 떨어질 수밖에 없습니다.

01   SCM의 지향점은 서로 충돌합니다

고객 대응력이 떨어져서 매출을 일으킬 기회를 놓치는 일이 종종 일어나면 회사의 화두, 엄밀하게는 회사 최고 의사결정권자의 관심이 고객 대응력을 높이는 쪽으로 집중됩니다. 고객 대응력을 높이려면 아무래도 재고를 평소보다 여유 있게 확보하려고 하는데 이는 과잉재고를 유발하고, 더 이상 사용할 수 없는 불용재고가 증가하여, 결과적으로 불용재고를 폐기하는 비용의 문제가 또 다른 문젯거리로 등장합니다. 그러면 이번에는 재고를 줄이기 위한 방안을 수립하는 데에 모든 관심이 집중합니다. 재고를 줄이기 위해 애를 쓰다 보면 또다시 고객 대응력이 떨어지는 결과를 되풀이합니다. 두 마리 토끼를 다 잡고는 싶지만, 두 개의 지향점이 서로 충돌하는 관계에 있는지라 그럴 수도 없습니다. 결국 둘 중에 최근의 이슈로 부각되는 하나의 지향점에 도달하기 위해 열심히 활동하다 보면, 그 반대되는 지향점은 무너질 수밖에 없습니다. 이런 상황을 여러 번 경험한 직원들 중에는 어차피 이번 소동이 끝나고 나면 다음에는 그 반대의 상황이 또 기다리고 있을 테니 그저 회사가 정한 방향에 따라 움직이겠다는 수동적인 자세를 보이기도 합니다.

02   결과를 직접 건드리면 실패합니다

자, 그렇다면 SCM 혁신활동은 2개의 궁극의 지향점 중에서 하나만 선택하여 열심히 뛰다가 그 반대되는 지향점에 문제가 생기면 관심을 달리하여 또 열심히 뛰는 그러한 활동일 수밖에는 없는 것인가요? 2개의 지향점을 동시에 달성할 수는 없을까요? 이 물음에 답을 하기 전에 그동안 많은 기업들이 펼친 SCM 혁신활동이 일정 기간 동안은 성과가 있는 듯하다가 조금만 지나도 같은 문제를 반복하는 이유가 무엇 때문인지를 파악해야 합니다. **저는 많은 회사가 펼치는 혁신활동이 '재고'(혹은 '대응력')라고 하는 결과 변수를 직접 제어하려고 하기 때문이라고 생각합니다.** 재고는 운영 활동의 결과물입니다. 물건을 팔기 위해 원자재를 구매하여 생산하고 출하한 이후에 남은 결과가 재고입니다. 결과에 영향을 주는 요인은 개선하지 않은 채 결과 자체를 아무리 좋게 만들려고 해 봐야 원하는 성과를 얻을 수는 없는 법입니다. 재고에 대해서 상위 관리자 입장에서 할 말이 무엇인가요? 재고를 줄이자, 혹은 줄여야 한다는 당위적인 말 이외에 할 수 있는 이야기가 무엇이 더 있을까요? 그렇다면 이번에는 그 말을 들은 실무자들이 할 수 있는 일은 또 무엇이 있을까요?

▌03   한꺼번에 두 마리 토끼를 잡는 방법이 있습니다

해결책으로 다음과 같이 제안합니다. 완제품 재고가 만들어지기까지의 여러 과정 중에서 핵심 항목을 선정하고, 선정한 대상을 개선하고 견고히 하는 활동을 혁신의 테마로 삼아야 합니다. 완제품 재고는 위의 〈그림2〉와 같이 여러 운영 과정을 거쳐서 발생합니다. 그리고 미래에 수행할 여러 운영 과정들을 의도를 담아서 체계적으로 표현한 것이 공급계획입니다. 공급계획에는 운영을 수행하기 위한 목표들이 숫자로 표현됩니다. 공급계획 속에는 실행하고 난 이후에 재고가 얼마가 남을지에 대한 정보도 함께 담겨 있습니다. 실행했던 결과물이 재고로 남게 되는데 계획을 완벽하게 실행한다면 계획을 수립할 때 예상했던 것과 같은 수량의 재고가 남을 것이고, 계획한 대로 실행하지 못하면 재고는 계획을 수립할 때 예상했던 것보다 많거나 모자랄 것입니다. **결국 관건은 계획에 대한 실행력을 향상시키는 문제로 모아집니다.**[9] **막연하게 재고를 줄이자는 지향점은 통제가 어렵지만, 계획한 대로 실행하자는 목표는 제어가 가능합니다.** 재고를 줄이자는 목표는 아무리 노력해도 우리가 의도한 결과를 얻기 어렵지만, 계획한 대로 실행하자는 목표는 달성하고자 하는 방법과 노력 여하에 따라 얼마든지 실현할 수 있습니다.

계획한 대로 잘 실행하는 조직이라면 계획을 수립할 때 미래 시점의 재고가 얼마가 될지 예측할 수 있습니다. 수요가 70개인데 100개를 공급하면 30개의 재고가 남는 것을 누구나 예측할 수 있습니다. 게다가 계획수립 담당자 개인의 재량에 너무 의존하지 않고, 회사의 운영정책에 따라 여유 재고의 수준이 정해지면 더욱더 바람직합니다. 지금까지 재고라는 관점에서만 내용을 기술하였는데 고객 대응력 향상도 마찬가지의 논리를 적용시킬 수 있습니다. 계획한 대로 실행하는 체계를 갖추자는 것이 제가 이 책에서 강조하는 일관된 주제입니다. **계획대로 실행을 잘하면 고객 대응력도 높일 수 있고, 동시에 적정 수준의 재고도 보유할**

---

9   여기에서 계획은 넓은 의미로는 주간 공급계획(MP)을 뜻하고, 좁게는 주간 공급계획 중에서도 '생산(물동)계획(MPS)'를 지칭합니다. 앞으로 별 조건이 없으면 계획은 주간 공급계획 가운데에서도 생산(물동)계획, 즉 MPS를 가리킵니다.

SCM 혁신과 생산계획

수 있습니다. 실은 이것 말고는 우리가 운영을 통하여 지향점에 도달하는 좋은 방법이란 현재까지는 존재하지 않습니다.

SCM이 추구하는 이상향 혹은 지향점에 도달하는 과정을 아래 〈그림 3〉에 맞춰 조금 더 말씀드리겠습니다. 말이 쉽지, 계획한 대로 실행하기란 매우 어렵습니다. 미래에 대한 불확실성, 그리고 회사 통제범위 밖에 있는 고객과 공급업체와의 문제가 늘 개입하기 때문입니다. 게다가 회사 내부 조직이라고 하여 항상 회사가 원하는 방향대로 통제할 수 있는 것도 아닙니다. 계획한 대로 실행하려면 수립한 계획을 잘 준수해야 하겠지만, **역으로 생각하면 실행 가능한 계획을 수립해야 합니다.** 실행 가능한 계획을 수립하려면 회사에는 명문화된 운영기준들이 잘 정의되어 있어야 하고 계획을 수립할 때 운영기준들이 최대한 반영되어야 합니다. 공급계획 하나에는 여러 계획 항목들이 있는데(주석 7번 참조), 개별 계획 항목 하나에도 많은 운영기준들이 녹아들어 있습니다. 따라서 품질 좋은 --- 계획의 신뢰성과 타당성이 높은 --- 공급계획을 수립하기 위해서는 운영에 필요한 운영기준이 광범위하게 잘 정비되어 있어야 합니다. 특정 조직의 이익을 좇지 않고, 균형 감각을 갖춰 회사 전체에 도움이 되는 방향으로 운영기준을 수립하기 위해서는 회사 내부의 혁신조직(PI 담당자)이 현업 조직과 함께 만들어 가야 하는데, 이때 외부 전문가인 컨설턴트의 도움을 받기도 합니다. 그런데 컨설턴트도 사람인지라 어차피 자기의 지식과 경험을 토대로 하여 고객사에게 의견을 줄 수밖에 없는 존재입니다. 그렇기 때문에 회사의 혁신 담당자에게는 컨설턴트의 자질과 수준, 그리고 컨설턴트가 제안하는 성향이 회사가 가려고 하는 방향과 맞는지 헤아릴 줄 아는 능력 ――― 저는 이 능력을 '감수성'이라고 부릅니다―――이 요구됩니다.

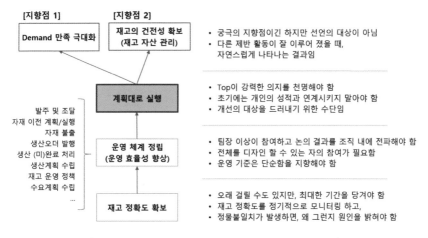

〈그림3. SCM 두 가지 이상향에 도달하는 논리적 과정〉

〈그림3〉의 제일 아랫부분에 '재고 정확도 확보'가 있는데 실행력 높은 계획을 수립하는데 필요한 운영기준도 재고가 맞지 않으면 아무런 소용이 없습니다. 제조업을 하는 대부분의 회사들은 완제품 재고는 잘 관리하는 데 반하여 원자재 재고를 정확하게[10] 관리하는 회사는 그리 많지 않습니다. 애석하지만 재고가 안 맞는 경우에 이를 맞출 수 있는 다른 좋은 방법은 없습니다. ERP를 사용하는 회사라면 자재의 실물이 움직일 때마다 ERP 처리 화면에 들어가서 처리 결과를 정확하게 입력하는 것이 유일한 방법입니다. 재고가 안 맞으면 타협의 여지가 없습니다. 반드

---

10 원자재 재고의 정확도가 적어도 97% 이상은 되어야 정확하다고 말할 수 있습니다. 100개 종류의 원자재를 불시에 점검하여 97종 이상은 정확하게 그 숫자가 맞아야 합니다.

SCM 혁신과 생산계획

시 극복하여 정물일치(情物一致)를 이루어야 합니다. 전산(ERP)에 있는 재고와 실제 창고에 있는 재고의 숫자를 정확하게 맞추려면 원론적이지만 재고가 틀어지지 않도록 체계를 잘 잡아야 하고, 만일 재고가 틀어지는 것이 발견되면 그때마다 전산을 바로잡아야 주어야 합니다.

쉬어 가는 페이지(1) - 재고 정확도 향상 방안

재고 정확도를 높이기 위해서는 왕도가 없다고 하지만, 그래도 이 자리를 빌려서 정기 재물조사(Cycle Counting), 혹은 비정기 재물조사를 열심히 하는 것 말고도 재고 정확도를 높이는 방안에 대하여 말씀드리겠습니다.

1. 실물이 움직이면 지체하지 말고 ERP에서도 처리를 해야 합니다.

가장 기본이 되므로 부연 설명을 생략합니다. ERP를 실제로 처리한 날짜와 장부에 올리는 Posting Date를 정기적으로 비교하여 두 날짜가 서로 다르면 담당자가 처리를 왜 늦게 했는지 이유를 계속 짚어봐야 합니다.

2. ERP 운영의 마스터(최고권위자)를 양성하여 처리하기 복잡한 부분은 ERP 운영 마스터가 처리하게 하는 것도 처리 과정에서 겪는 실수를 예방하는 좋은 방법입니다.

모든 운영 담당자는 자기가 처리한 내용을 즉시 ERP에 기록하는 것이 원칙이긴 합니다만, 회사는 ERP 처리에 능숙한 사용자를 양성할 필요가 있습니다. 이 내용은 아래 3번과도 연관이 있는데, 의욕이 앞선 나머지 너무 정교하게 ERP를 설계하였다면, 모든 담당자가 완벽한 수준으로 ERP를 처리하지 못하는 상황이 종종 발생합니다. 이럴 때에는 ERP 운영의 마스터가 실수 없이 내용을 처리하는 것이 재고 정확도를 맞추는 데 도움이 됩니다. 운영의 마스터는 아래 5번과 같이 난이도 높은 정보 관리에도 역할을 담당하여 재고가 틀어지는 것을 막는데 기여합니다.

3. ERP를 구축할 때 재고 정물일치가 확보될 수 있도록 디자인해야 하는데, 이때 과욕은 금물입니다.

입고 품질 검사를 꼼꼼하게 해야 해서 물건이 입고되면, 일단은 검사재고(Inspected Stock) 상태로 둔 다음에 검사에서 합격 판정을 받아야 비로소 가용재고(Unrestricted Stock)로 전환하도록 운영기준을 수립한 회사들도 있습니다. 그런데 생산에서 급하다고 검사 중인 재고를 가져가면 재고가 틀어질 위험이 있습니다. 그나마 위의 내용들이 ERP를 구성하는 여러 모듈 가운데 MM(Material Management) 모듈 하나로만 처리하면 별로 문제될 것이 없습니다. 그런데 품질관리를 더욱 잘하기 위해 QM(Quality Management) 시스템을 구축하고 QM 시스템의 결과를 ERP의 MM 모듈과 연결을 하면 처리의 복잡도가 기존 MM 모듈만 사용할 때보다 몇 배 증가합니다. 여기에다가 재고의 보관 위치까지 관리하기 위하여 WM(Warehouse Management) 시스템까지 갖추게 되면 시스템 간의 연계성으로 인하여 운영의 복잡도는 더욱더 높아집니다. **여러 시스템을 운영하면서 곤란을 많이 겪는 경우는 처리했던 내용들을 취소(Cancel)할 때입니**

다. 예를 들어 총 5단계의 과정을 처리해야 비로소 완료되는 작업이 있다고 해 보겠습니다. 이때 1단계의 과정을 진행한 다음에 이 내용을 취소하는 것은 비교적 쉽습니다. 그런데 3단계까지 과정을 진행한 다음에 이것을 취소하여 이전 상태로 되돌리려면 처리가 많이 복잡합니다. 왜냐하면 2단계 상태로 되돌리는 경우와 1단계 상태까지 되돌려야 하는 경우 처리 방법이 다를 수 있기 때문입니다. 진행을 많이 하면 할수록 진행한 결과를 취소하기가 더욱 복잡합니다. 논의의 핵심은 MM 하나만 구축하고 다른 시스템은 설치하지 말아야 한다가 아니라, 자재관리를 더욱 정교하게 하기 위해서 ERP의 MM 모듈 이외에도 이종(異種) 시스템인 QMS, 그리고 WMS 등을 구비하여 시스템 간 연계를 꾀할 때에는 사용자들이 취소 처리를 능히 해낼 수 있는지를 살펴야 합니다. 취소 처리가 용이하지 않으면 데이터가 꼬여서 나중에는 재고가 틀어집니다.

다른 예를 하나 더 들겠습니다. ERP에 반드시 요일이라는 개념을 두고 관리해야 하는지 문제제기를 하려고 합니다. 엑셀을 사용하여 요일별로 편성한 공장의 상세 생산계획을 ERP에도 요일별로 반영해야 하는지, 요일별 생산계획에 맞춰서 생산에 필요한 원자재도 요일별로 나누어서 발주하도록 ERP에서 관리해야 하는지에 대한 문제입니다. 실은 저 역시도 답하기 어려운 문제입니다. 생산과 발주일을 반드시 요일별로 나누어서 관리해야 하는 회사도 있을 것입니다. 그와 반면에 생산이나 발주일을 반드시 요일별로 나눌 필요가 없이, 일주일 단위로 묶어서 관리해도 충분한 회사도 있습니다. 한 덩어리의 단위를 어떻게 정의하여 ERP를 운영하느냐는 대단히 중요한 문제입니다. 운영의 수준이 미처 따라가지 못하는데 ERP에서 관리하는 데이터 수준을 너무 정교하게 정의하여 운영이 잘 안 되는 경우를 저는 많이 보았습니다.

4. ERP에서 재고를 소진하는 정책을 잘 세워야 합니다.

ERP에서 원자재 재고를 소진하는 방법은 두 가지가 있습니다. 하나는 Goods Issue 방식이고, 다른 하나는 Backflush 방식입니다. 전자는 생산에 투입되는 시점에 **사용자가 ERP 화면에 들어가서** 생산에 사용하는 수량만큼 원자재를 재고 자산에서 직접 **빼내는** 방식입니다. 원자재 재고가 100개가 있는데, 생산을 위해 20개를 투입하면 투입하는 시점에 재고 자산에서 출고했기 때문에 생산 중에는 80개만 재고로 보이게 됩니다. 당연히 이렇게 하면 재고 수량을 올바르게 파악할 수 있습니다. 후자는 생산이 종료되는 시점에 **시스템이 BOM 정보 등을 적용하여 원자재 재고를 자동으로** 소진하는 방식입니다. 원자재 재고가 100개가 있는데, 생산을 위해 20개를 투입하여도 생산이 종료되기 전까지는 여전히 재고가 100개로 보입니다. 이 방식을 사용하면 생산이 종료되기 전까지는 그 원자재를 필요로 하는 다른 사람들이 재고가 충분한 줄로 오해하는 일이 생기기도 합니다. 그런데 전자인 Goods Issue 방식은 생산에 투입하는 시점에 사용하는 모든 원자재를 사람이 일일이 ERP 화면에 들어가서 재고 소진을 위한 처리를 해야 하는데 처리하는 데이터 양이 매우 많습니다. 게다가 사람이 직접 처리하므로 처리 과정에서 실수가 발생합니다. 재고 수량을 왜곡 없이 잘 파악하겠다는 의욕은 있었지만, 사용하는 과정에서 실수가 누적하여 오히려 재고 수량이 더 자주 틀어집니다. **이러한 이유 때문에 Backflush 방식을 사용하는 것이 보다**

정확하게 재고를 관리할 수 있습니다. 게다가 Backflush 정책을 사용하면 논리적인 오류(예. 생산은 100개를 다 했는데, 정작 생산에 사용했던 원자재의 재고가 전산(ERP)에 80개밖에 없는 경우)가 자동으로 집계되어 문제의 현황들을 리포트 형태로 제공받을 수 있습니다. 이 내용을 매일 반복적으로 들여다보고 논리적 오류의 발생 원인이 무엇인지를 찾아야 합니다.

5. BOM, 그중에서도 Order BOM을 잘 관리해야 합니다.

Backflush 정책을 사용하면 BOM에 등록한 정보대로 재고를 소진하기 때문에 BOM 관리는 중요합니다. 그런데 BOM을 관리하면서 특히 주의를 요하는 부분이 대체(Alternatives)와 대치(Follow-Up) 관리입니다. **대체는** 제품A를 만들기 위한 여러 부품 중에서 특정 부품은 원자재a도 가능하지만 원자재b로도 대체 가능한 경우입니다. **대치는** 변경점(BP, Break Point)과도 관계가 있는데 언제까지는 c라는 원자재를 사용하다가 어느 시점 이후부터는 d라는 원자재로 대치해야 하는 경우입니다. 다양한 기능을 제공하는 고가(高價)의 ERP에는 당연히 BOM에서 대체와 대치를 관리할 수 있습니다. 이번에는 BOM이라고 하는 마스터 정부를 활용하여 실행하는 상황을 예로 들겠습니다. ERP를 중심으로 한 운영 체제에서 생산 실행은 ERP에 탑재되어 있는 MRP를 수행하여 얻은 계획오더(Planned Order) 중의 일부를 생산오더(Production Order)로 전환하여 사용합니다. MRP가 계획오더를 만들어 낼 때, BOM 마스터를 사용하므로 계획오더로부터 전환한 생산오더는 결국 BOM 마스터를 가지고 만든 정보입니다. 모든 개별 생산오더에는 사용하는 부품들의 정보가 BOM 형태로 담겨 있는데, 비록 원천은 같지만 BOM 마스터와 구분하기 위하여

'Order BOM'이라고 부릅니다. Backflush 방식을 사용하면 생산오더를 종료할 때 Order BOM에 있는 부품들이 소진되는데, 마스터 BOM을 관리하고 있다고 하여 Order BOM 관리를 소홀히 하면 대체와 대치 문제로 인하여 재고가 틀어지게 됩니다. 많이 불편하지만 생산오더에 있는 Order BOM을 일일이 살펴서 대체와 대치 문제로 인해 재고가 틀어지는 부분을 막아야 합니다. 이러한 이유 때문에도 위의 2번에서 ERP 운영 마스터를 양성하자고 제안하였습니다.

3.
혁신에 대한 생각

이제부터 혁신에 대한 이야기를 하겠습니다. 예상되는 독자층은 기업체 임원, 운영 담당자, 계획수립 담당자, PI 담당자, 그리고 컨설턴트 등이 될 것입니다. 열거한 독자층들은 나름대로 혁신이라면 일가견을 이루고 있는 분들입니다. 저는 혁신의 내용을 다루는 이번 장에서 제 주관적인 견해를 피력하려고 합니다. 독자들의 비판이 무서워서 비판을 피하기 위한 글을 적으면 그 내용이 추상적이고 모호하며 당위성을 강조한 도덕책처럼 될 것이 뻔하기 때문에 차라리 제가 경험한 것에 입각하여 혁신의 내용을 담아낸다면, 그 내용이 다소 엉뚱하고 한쪽에 치우친 것 아니냐는 독자의 반박이 예상될 수는 있지만 전달하려고 하는 메시지는 오히려 명쾌해지리라 기대합니다.

많은 회사들이 혁신활동을 하기 위해 프로젝트팀을 구성하면 그 구성원에 들어가는 사람들 --- 물론 회사에서 상당히 인정받는 핵심 인물들입니다 ---은 마음이 편치 않을 것입니다. 왜냐하면 혁신활동 프로젝트에 참여하면 으레 힘도 많이 들고, 스트레스도 많이 받고, 밤늦게까지 일해야 하고, 으쌰으쌰도 해야 하고, 사람들 만나서 술도 마셔야 하는 등의 일들이 자연스럽게 떠오르기 때문입니다. 정도의 차이는 있지만 저는 혁신활동을 이것과는 다르게 바라봅니다. **혁신활동은 고도로 잘 계산된 전략적이고도 지적인 활동입니다.**

  SCM 혁신활동은 무엇 때문에 진행하는 것일까요? SCM 혁신활동을 통해 얻으려는 것은 무엇인가요? 그것은 바로 고객이 원하는 물건을 제때 잘 납품하면서도 적정 수준의 재고를 유지하기 위함입니다. 그런데 이들 자체로는 목표가 될 수 없기 때문에 이러한 결과를 야기시키는 대상을 공략해야 한다고 앞에서 말씀드렸습니다. **운영 혁신의 목표는 계획한 대로 실행하는 것입니다.** 계획한 대로 실행을 잘하려면 회사의 운영이 체계적이고 안정적이어야 합니다. 그런데 회사가 커질수록 운영이 복잡해지는데, 그럴 때마다 조직원들에게 이전보다 더 많은 수고와 노력을 강요한다면 그러한 접근방법은 필연적으로 한계에 부딪힙니다. 이 한계를 극복하는 것이야말로 혁신이고, 한계를 극복하기 위해서는 우리가 그동안 지니고 살아온 상식의 세계에서 때로는 벗어날 줄도 알아야 합니다. 아래의 내용들은 우리가 살면서 한두 번쯤 다 들어 본 이야기이겠습니다만, 그 구슬들을 한 데 엮어서 혁신의 마인드를 장착하는데 사용할 목걸이를 한번 만들어 보겠습니다.

01 30% 이상은 혁신(Innovation)이고, 그 미만은 개선(Improvement)입니다

이 세상에 있는 모든 조직은 지금보다 더 나은 삶을 살기 위하여 모두 개선을 하면서 살아갑니다. 작게는 내 방의 가구 배치를 옮기면서 내 주변 환경을 개선시키기도 하고, 크게는 회사의 운영을, 더 나아가서는 국가를 개선시키기 위해 정부와 지자체는 유형과 무형의 발명품을 끊임없이 창출해 냅니다. 그런데 개선에는 의지만 있으면 비교적 쉽게 달성할 수 있는 개선도 있는 반면에, 의지만 있다고 해서 원하는 만큼의 효과를 기대하기 어려운 개선들도 있습니다. 특히 실력을 향상시키는 개선활동의 경우가 그렇습니다. 역도 선수들은 20세 이후에 획득한 자기 최고 기록에서 불과(?) 몇 Kg을 더 들기가 매우 어렵다고 합니다. 육상 선수들도 20세 이후의 자기 최고 기록에서 몇 초를 더 당기기가 마찬가지로 매우 어렵습니다. 굳이 멀리서 찾지 않아도 되겠습니다. 저는 당구를 18점 칩니다. 그런데 3년 전에도 이미 18점을 쳤습니다. 최근 들어 자주 치는데도 좀처럼 늘지를 않습니다. 지금보다 몇 배 더 노력하여 연습하면 아마도 몇 년 후에는 19점으로 올라가지 않을까 내심 기대합니다.

이제 기업, 특히 기업의 운영으로 그 관심을 돌려 보겠습니다. 회사마다 운영의 수준이 다릅니다만 저마다 그 수준을 높이는 개선활동을 끊임없이 전개합니다. 그런데 기업 정도의 규모가 되면 개인인 경우에는 잘 사용하지 않던 용어가 등장합니다. 바로 '혁신'입니다. 기업은 개선과 혁신을 함께 사용합니다. 더 큰 조직인 정부를 대상으로 이야기할 때면 이제는 개선이라는 단어는 거의 사용하지 않고 혁신이라는 용어를 주로 사용합니다. 우리의 관심은 기업이므로 기업 이야기만 하겠습니다. 도대체 개선과 혁신의 차이는 무엇인가요? 두 용어 모두 지금 보다는 나은 어떤 수준의 결과물을 얻기 위한 활동인 것 같은데 왜 굳이 용어를 나누었을까요? 현재보다 나아지려는 것을 개선이라고 하고, 현재에 없는 무언가를 새로이 창출하는 것을 혁신이라고 부르는 것은 아닐까 하는 생각을 해 보지만 왠지 억지가 있어 보입니다. 기업에는 운영을 개선한다는 말과 운영을 혁신한다는 말을 두루 사용하는데 운영 혁신을 한다고 하여 기존에 운영하던 방식을 깡그리 무시하고 전혀 새로운 무언가를 만들어야 하는가에 대해서는 의문이 듭니다. **그래서 저는 개선과 혁신을 엄격하게 구분하지 않고 사용하겠습니다.** 다만 기업 운영의 측면에서 현재의 운영 수준과 비교하여 30% 이상 개선의 성과가 나오도록 하는 생각과 활동을 혁신이라고 부르겠습니다. 혁신이라는 말을 남발하지 않으려는 저의 의지입니다.

운영 수준은 운영을 해내는 능력에 대한 수준입니다. 앞에서 역도와 육상 선수의 예를 들었습니다만 우리가 어느 정도 체격을 갖추고 나면 현재의 수준에서 단 5%를 끌어 올리는 것이 너무도 어렵다는 것을 잘 알 것입니다. '하면 된다'는 신념으로 시간과 노력을 더 해 보아도 충분히 올라가 있는 수준을 더욱 끌어올리는 데에는 한계가 있습니다. 회사의 규모가 커지고 운영이 복잡해졌다고 해서 8시간 근무하던 것을 10시간 넘게 일하게 하고 사람을 몇 명 더 채용한다고 해서 문제들이 잘 해결되지는 않습니다. 시간빵 몸빵으로는 이제 개선조차도 쉽지 않습니다. 그렇다면 30% 이상을 지칭하는 혁신은 영원히 요원한 것인가요? 그렇지 않습니다. 생각을 바꾸면 가능한 일입니다. 적어도 기업의 운영 수준에 대해서만큼은 지금보다 30% 이상 향상시킬 수 있습니다.

운영 수준을 단지 5% 끌어 올리는 일은 어렵고, 30% 이상 올리는 것은 가능하다는 이상한 논리가 어느 정도 타당하다는 것을 다음의 사례를 통해 들어 보려고 합니다. 아주 오래된 이야기입니다. 저는 단기사병 출신입니다. 소속은 공병대이지만 PX에서 물건을 팔았습니다. PX병이 되면서부터 이미 SCM에 입문을 하였는지도 모르겠습니다. 중요한 것은 제가 PX병이라는 사실이 아니라 공병대 출신이라는 점입니다. 작업의 달인(達人)인 제 동기로부터 어떤 이야기를 듣고 발상의 전환이 왜 중요한가에 대해 생각하는 계기가 있었기 때문입니다. 제 동기가 제법 고참이 되었을 때였습니다. 지금부터는 제 동기가 하는 말입니다. 초봄이었는데 꽃샘추위가 몰려와서 땅에 살얼음이 낄 정도로 쌀쌀한 날이 계속되었습니다. 추운 날씨임에도 불구하고 여느 때와 마찬가지로 작업 반장이 되어 후배들을 이끌고 삽질을 하러 갔습니다. 땅을 파야 하는데 땅이 얼어서 삽질이 평소와 같지 않았습니다. 소대장에게 작업 보고를 하려면 성과, 다시 말해서 작업의 결과물이 있어야 하는데 도무지 진도가 나갈 것 같지 않았습니다. 하기야 비록 살짝이지만 언 땅에 삽질을 해 봐야 무슨 진척이 있겠습니까? 여러분이라면 어떻게 하시겠습니까? 평소에 하는 것보다 훨씬 더 강도 높게 삽질을 하여 땅을 파겠습니까? 제 동기의 판단과 행동이 기가 막힙니다. 작업장에 같이 간 후임병들에게 장작이나 잔뜩 구해오라고 했습니다. 땅 팔 곳에 장작을 쌓아 놓고 불을 지폈습니다. 그냥 불구경하기 적적하니까 PX에서 아이스크림을 사 가지고 하나씩 물면서 하고 싶은 거나 하라고 했습니다. 자리 이탈하지 말고서 말이죠. 실컷 불을 쬔 다음에 땅을 녹여서 무사히 임무를 완수했다고 저에게 자랑을 했습니다.

어떤가요? 발상이 참으로 참신하지 않나요? 우리 독자들 중에는 언 땅에 불을 쬔다고 해서 언 땅이 쉽게 녹겠냐고 반박하실 분은 없을 것으로 생각합니다. 예를 든 내용이 구라냐 아니냐가 중요한 것이 아니니까요. 요약하자면 제 생각에는 땅이 얼었을 때 평소보다 더 많은 노력을 들여서 땅을 파면 그것은 개선이고, 느긋하게 마음먹고 불을 쬐면서 땅이 녹기를 기다렸다가 파면 그것이 바로 혁신이라고 생각합니다. 앞으로 발상의 전환을 가져오는 예를 몇 개 더 들어 보겠습니다.

▌02 혁신을 하려면 단선적인 사고에서 탈피해야 합니다

고대 그리스 철학자 플라톤에 따르면 진리는 육체적 감각에 의해서가 아니라 오직 이성에 의해서만 파악할 수 있다고 말하며 이 세상을 감각기관을 통해 인지하는 세계와 이성에 의해 인지하는 세계, 이렇게 둘로 나누어 구분하고 있습니다. 감각이 아닌 이성으로 파악되는 것만이 실재(Reality)이며, 그 외에는 거짓이라는 것이 이데아(Idea) 사상입니다.

플라톤이 말하는 이성이란 뭐니 뭐니 해도 수학적인 추론 능력을 말합니다. 이성적인 인간을 영어로 표현하면 Rational Person인데 여기서 Rational은 합리적인 혹은 이성적인 뜻을 가지고 있지만 이것 말고도 Number와 결합하여 유리수, 다시 말해서 나눌 수 있는 수를 의미합니다. 유리수는 비례 관계이며 비례식은 선형(Linear)입니다. 비례식을 통해 우리 인간은 마주하는 현실에 대해서 상황을 이해할 수 있고 미래도 추론할 수 있습니다. 인간이 위대한 이유 중의 하나는 바로 비례식을 써서 추론하고 미래를 예측하여 미리 대응하는 능력을 갖춘 데에 있다 하겠습니다. 그런데 우리가 선형인 비례식에 너무 익숙해져 있어서 때로는 문제가 됩니다. 현재처럼 복잡한 세상을 살기에는 선형인 관계만 가지고 추론하면 안 되는 일들이 너무 많아졌기 때문입니다. 선형의 관계인 비례식을 이용한 추론을 '단선적 사고'라고 부르겠습니다. 우리의 일상에서 단선적 사고에 의한 추론은 여전히 유용하고 합리적인 접근방법입니다. 다만, 경우에 따라 복잡한 환경을 이해할 때 무조건적인 단선적 사고에 의한 접근방법은 잘못된 진단을 낳고 잘못된 결과를 불러일으킬 수 있습니다.

시스템 다이내믹스라는 학문이 있습니다. 복잡한 세계를 이해하고 연구하는 방법론인데, 복잡계를 이루고 있는 각 구성요소들 간에는 서로 인과성이 있으며 그 인과성 또한 한 방향이 아니고 서로에게 영향을 준다는 순환적 인과관계와 피드백을 강조합니다. 이 시스템 다이내믹스에서는 복잡계에 대한 속성을 정확하게 이해하는 데 방해가 되는 추론의 형태를 포괄적으로 '단선적 사고'라고 부릅니다. 물론 이 단선적 사고 속에는 위에서 말한 맹목적인 비례 추론의 형태도 포함합니다. 이러한 단선적 사고는 우리의 일상과 근무 현장 곳곳에서 발견할 수 있습니다. 대표적인 단선적 사고의 형태를 짚어 보겠습니다.[11]

첫째, 현상의 반대를 결론으로 삼는 행위입니다. 가령 A가 피곤하다고 하니까 B가 (거의 반사적으로) 그럼 휴가를 쓰라고 하고, 다른 예로 A가 제품이 잘 안 팔린다고 하자 B가 어떻게든 팔아야 한다는 식의 형태로 답변을 하는 경우가 그 예입니다.

둘째, 틀(프레임)에 갇힌 생각입니다. 뭐만 하면 SWOT 분석을 하자고 하거나, 로직 트리를 만들라고 하거나, 아니면 BPR(Business Process Reengineering, 업무 처리방식 재설계) 방법론을 꺼내 드는 경우가 이에 해당합니다. 키워드에서 생각이 멈추는 경우도 마찬가지입니다. "차별화하자", "경쟁 우위를 확보하자", "고객 만족을 높이자" 등의 틀에 박힌 구호를 남용하는 경우가 단선적 사고에 속한다고 하겠습니다.

위에서 든 예가 단선적 사고방식이니, 무조건 좋지 못한 접근 방식이라고 매도하기에는 무리가 따릅니다만 복잡계 현상을 간파하는 데에 한계가 있는 방식인 것도 사실이니 독자들이 현명하게 판단해야 한다는 말씀을 드립니다.

단선적인 사고가 지니는 위험성을 경고하는 곳이 또 있습니다. '성장의 한계'라는 책을 통해 시스템 다이내믹스를 사용하여 환경 문제에 대

---

11   아래에 든 예는 "1등의 통찰"(히라이 다카시 지음. 이선희 옮김. 다산북스)의 제1강에 있는 내용 중에서 일부를 발췌하였습니다.

한 심각성을 경고한 도넬라 메도즈는 시스템 사고와 상충하는 단선적 사고가 우리의 일상적인 사고에서 구체적으로 어떻게 나타나고 있는가에 대해 다음과 같이 11개의 유형을 소개했습니다.[12]

1. 하나의 원인이 하나의 결과를 가져온다. (영업사원을 증원시키면 매출도 늘 것이라는 생각)
2. 모든 성장은 좋은 것이며, 또한 달성 가능하다. (근거 없는 성장 일변도의 연간 경영계획)
3. 쓰레기통에 버리면 깨끗이 사라진다. (부하직원에 대한 스트레스 해소의 부메랑 효과)
4. 어떤 문제든지 기술로 해결할 수 있다. (시스템 구축 위주의 SCM 문제해결 방식)
5. 미래는 예측되는 것이지, 선택되거나 창조되는 것이 아니다. (수요를 관리하려고 하지 않고, 단지 예측의 대상으로 봄)
6. 문제를 측정할 수 없으면, 그 문제는 존재하지 않으며 중요하지도 않다. (실제로는 숫자로 표현하기 어려운 문제들도 많음)
7. 모든 것의 존재 이유는 '경제성'에서 찾을 수 있다. (이익을 강조하여 품질 문제가 발생함)
8. 관계성은 직선적이고, 시간 지연이 없으며, 연속적이다. (불용재고가 많이 쌓이면 무조건 재고를 줄이라고 지시함)
9. 투자한 만큼 결과를 얻는다. (시스템을 구축했으니, SCM 수준이 올라갈 것이라고 착각함)
10. 모든 시스템들이 분리되어 있다. (수요, 생산, 구매 모두 따로 각 부서의 입장에서 계획을 수립함)
11. 기존의 시스템은 견딜 만하고 또 그다지 나빠지지 않을 것이다. (임계점을 지나면 SCM 수준이 급격히 떨어짐)

도넬라 메도즈가 언급한 단선적 사고의 예는 SCM의 영역에 빗대어

---

12   이 예는 "시스템 다이내믹스"(김도훈, 문태훈, 김동환 저, 대영출판사)의 제1부 제1장 제4절의 내용을 인용하였습니다.

보아도 비슷한 사례를 발견할 수 있습니다. 위에 적은 열한 가지 내용 중에서 몇 개만 추려서 언급해 보겠습니다.

[운영에서 흔히 겪는 단선적 사고의 사례] (1)

4. 어떤 문제든지 기술(Technology)로 해결할 수 있다.
9. 투자한 만큼 결과를 얻는다.

회사가 성장하면 운영을 지원하는 도구인 시스템을 필요로 합니다. 회사마다 정도의 차이는 있겠지만 일반적으로 운영의 행위를 기록하고 그 기록의 결과로 회계 결산을 수행하기 위하여 ERP(Enterprise Resource Planning)를 제일 먼저 구축합니다. 그다음에 공장의 생산 활동을 지원하기 위하여 MES(Manufacturing Execution System)를 구축합니다. 다음으로 재고 관리를 좀 더 철저히 하고자 WMS(Warehouse Management System)를 구축합니다. 그러다가 계획과 실적을 비교하는 KPI(Key Performance Indicators) 점검 시스템도 구축합니다. 이 단계가 지나면 (아마도 마지막 단계가 될 텐데) 계획을 좀 더 잘 수립하기 위하여 APS(Advanced Planning and Scheduling)에 눈을 돌립니다. 그런데 앞에서 열거한 ERP, MES, WMS, KPI 등과 같은 도구들과 APS 사이에는 성공 확률 면에서 커다란 차이가 있습니다. 돈과 시간, 그리고 사람을 투입했는데 실패하는 시스템 구축 프로젝트도 있냐고 의아해하는 분들도 있을 텐데 실제로 APS 프로젝트를 하다 보면 고객인 기업이나 시스템을 구축해 주는 쪽이나 서로 아쉬움이 남을 때가 있습니다. 운영 시스템의 마지막 관문인 만큼 APS는 프로젝트

난이도가 상당합니다. **나머지 다른 시스템들은 이미 발생한 실행의 결과를 그대로 적는 도구인데 반해, APS는 미래의 계획을 만드는 데 도움을 주는 도구입니다.** 사용자도 미래의 정답을 모르고 APS를 구축해 주는 업체 쪽에서도 미래의 정답을 잘 모르다 보니 결과를 검증하기가 어려워 시스템이 제공하는 계획 결과의 품질을 높이기가 여간 어려운 것이 아닙니다. 결과가 잘 안 나오면 고객사 측에서 당황하고 불안해합니다. 이전까지는 투자만 하면 어떻게든 사용할 수 있는 시스템을 성공적으로 구축했기 때문입니다. 그러다 보니 관성이 생겨서 APS도 투자를 하면 당연히 성공할 것으로 기대합니다. 더 나아가 APS를 활용하기만 하면 회사의 운영 수준도 한 단계 높아질 것이라고 기대도 합니다. 그렇지만 이 세상에 시스템만 깔았다고 해서 운영 수준이 저절로 업그레이드되는 경우는 없습니다. 시스템은 사람들이 모여서 협의한 운영기준을 담아 표현하는 그릇인데, 운영기준을 바로잡아 가며 프로젝트를 수행하기에는 기간이 부족합니다. 그래서 프로젝트 막바지에 가면 조급한 나머지 고객사 측에서 시스템에 이런 로직을 반영해 달라, 저런 로직을 반영해 달라고 끊임없이 요구합니다. 이런 식으로 프로젝트가 흘러가서는 결과가 좋을 리 없습니다. APS는 규모가 제법 되는 회사의 운영 수준을 한 단계 높여 줄 수 있는 최선의 대안입니다만 막연하게 APS를 구축하면 회사의 운영 수준이 저절로 높아질 것이라는 기대는 하지 말아야 합니다.

[운영에서 흔히 겪는 단선적 사고의 사례] (2)

8. 관계성은 직선적이고, 시간 지연이 없으며, 연속적이다

대표적인 경우가 과잉재고가 생겨 불용으로 폐기하는 비용이 회사의 문제로 떠오르면 바로 재고를 줄이라는 목표를 경영진이 실무진들에게 하달하는 경우인데, 이러한 사례는 제2장에서 자세히 언급했으므로 여기서는 생략하겠습니다. 결과인 종속변수에 바로 손을 대면 이는 마치 풍선효과와 같아서 다른 어딘 가에 좋지 않은 영향이 반드시 가게 되어 있습니다.

▎03 운영의 복잡도가 증가하는 속성을 알아야 합니다

회사의 규모가 커지면 그에 따라 운영의 복잡도도 커지게 마련입니다. 복잡도가 커지면 무엇이 문제입니까? 회사가 원하는 방향으로 혹은 의도한 대로 운영을 제어하기 힘들다는 점이 가장 큰 문제입니다. **이 말은 계획한 대로 실행하기 어렵다는 말과 같습니다.** 하루에 5~6시간만 하면 되던 일들이 8시간을 넘겨 잔업을 해도 쉽사리 마칠 수 없는 상황이 반복하는데, 업무 시간에 긴급한 문제들을 해결하느라 많은 시간을 보내기 때문입니다. 아직 생산을 하지도 않았는데 내일까지 반드시 출하를 해야 한다고 영업 쪽에서 긴급하게 요청하면 생산은 이것을 해결하기 위해 기존 계획을 변경하고 현재 진행 중인 라인도 긴급하게 교체를 해야 합니다. 여기에서 끝이 아닙니다. **악순환의 고리에 빠진다는 데에 문제의 심각성이 있습니다.** 무리한 라인 교체 작업으로 라인 효율성은 떨어지고, 라인 효율성이 떨어져서 당초에 계획한 물량을 준수하지 못하고, 그러다 보면 지난번에 하기로 했지만 다 하지 못한 잔량을 이번에 계획을 수립할 때 반영해야 하는지 안 해도 좋은지 고민을 하지만 쉽게 답을 찾지 못하고, 차질을 빚은 잔량을 계획에 제대로 반영하지 못하여 결국 번번이 좋은 계획을 수립하지 못합니다. 할 수 있는 계획을 제대로 수립하지 못하면 계획과 실행 간의 괴리가 생기는데, 이 괴리는 운영을 하면서 긴급 요청이라는 증상(Symptom)으로 표출이 됩니다. 저는 컨설팅을 의뢰한 고객과 이야기를 할 때, 긴급 요청이 증가하게 된 원천이 어디인지를 밝히는 데 공을 들이는 편입니다. 기업의 긴급 요청은 고객이라는 외부요인 때문에 발생하기도 하지만, 이에 못지않게 회사 내부요인 때문에 긴급 요청이 발생하기도 합니다. 외부요인 때문에 발생한 긴급 대응 문제는 해결방안을 내놓기가 어렵지만, 내부요인 때문에 생기는 긴급의 문제는 치료를 위한 처방을 비교적 명쾌하게 내릴 수 있습니다.

운영의 복잡도에 대한 이야기를 좀 더 해 보겠습니다. 원인이 내부요인이 되었든 외부요인이 되었든 상관없이 긴급 요청이 증가하면, 계획한 대로 실행을 할 수 없습니다. 그렇지만 이 어려운 가운데에서도 회사는 꾸역꾸역 운영을 해 나갑니다. 영업에서 출하가 급하다고 하면 생산은 출하를 맞추기 위해 야근을 하고, 일정에도 없는 생산을 진행하기 하기 위해 부족한 원자재를 지정된 공급업체가 아닌 다른 업체까지도 수소문하여 비싼 값을 주고서라도 긴급 공수해 오기도 합니다. 심지어는 창고에 보관 중인 다른 완제품을 해체하여 공용 반제품을 확보하여 긴급 출하에 필요한 제품으로 화려하게 환골탈태(換骨奪胎)시키기도 합니다. 이처럼 운영을 담당하는 조직원들의 헌신적인 노력으로 힘든 상태에도 운영이 유지됩니다. 그렇지만 조직원의 희생만으로 운영을 유지하는 방식에는 한계가 있습니다. 더 이상 운영의 복잡도를 감당할 수 없을 때에는 수습 불가능한 혼돈(Chaos)의 상태에 직면하게 되고, 그 결과 회사는 한 단계 성장할 수 있는 기회를 놓치기도 합니다. 이러한 혼돈의 상태는 예고나 사전 통보 없이 한방에 찾아오기 때문에 미리 대비를 하기가 참으로 어렵습니다. 회사의 규모가 커지면 운영의 복잡도 또한 커지는 것은 분명 맞는 말인데 회사의 규모와 운영 복잡도의 관계가 일정하지 않은 것이 우리의 판단을 어렵게 합니다. 회사의 운영이 급격하게 복잡해지는 시기를 운영의 변곡점이라고 부르며, 이 변곡점이 언제 도래하는지는 회사마다 전부 다릅니다. 한 가지 분명한 사실은 긴급 요청이 예전보다 많이 늘었다는 보고가 자주 올라오면 지금이 바로 변곡점을 지나는 시기라고 판단해도 좋습니다.

기업을 운영하는 데에는 운영과 관련하여 필연적으로 해결해야 하는 두 가지 과제상황이 있습니다. 운영의 복잡도가 폭발적으로 증가하는 시기를 비교적 정확하게 미리 감지할 수 있는지가 하나이고, 운영의 복잡도가 폭발적으로 증가하기 전에 그 복잡도를 우리의 통제 범위 안으로 잡을 수 있는 방법을 찾는 것이 또 다른 하나입니다.

연 매출 10억 원 하는 회사가 20억 원이 되면 규모가 2배가 되었으니 운영의 복잡도 또한 2배가 된다고 생각할 수 있는지요? 연 매출 100억 원 하는 회사가 연 매출 200억 원이 되면 그때 운영의 복잡도가 2배가 된다고 생각할 수 있는지요? 이번에는 연 매출 1,000억 원 하는 회사가 연 매출 2,000억 원이 되면 그때의 운영 복잡도는 2배가 된다고 할 수

SCM 혁신과 생산계획

있는지요? 단선적인 사고방식으로 접근하면 세 가지 경우가 모두 2배라고 하겠지만, 실제로는 그렇지 않습니다. 변곡점을 지나기 전에는 회사의 규모가 커져도 복잡도가 커진다는 생각이 별로 안 드는데, 변곡점을 지나면서부터 회사의 규모가 조금만 커져도 복잡도는 급격이 증가합니다.

제 경험상 운영의 복잡도는 볼륨(총 금액 또는 총 물량) **보다는 만드는 제품의 가짓수**(제품 종류)**에 좌우되는 경향이 많습니다.** 취급하는 제품의 가짓수가 한 단위[13] 늘 때마다 얼마나 운영이 복잡해지는지는 다음의 '완전 그래프(Complete Graph)'를 통해 그 감을 잡기 바랍니다. 어떤 점들(Nodes)이 있을 때, 이 점들을 빠짐없이 선분으로 연결한 도형을 완전 그래프라고 하는데 **점들의 개수에 따라서 완전 그래프를 만들기 위해 잇는 선분의 수가 관심의 대상이 됩니다. 여기에서 점들은 복잡도를 야기하는 원인들, 즉 제품의 가짓수를 뜻하고 점들을 모두 이은 선분들의 개수는 운영의 복잡도와 아주 잘 들어맞습니다.** 아래 〈그림4〉를 보겠습니다. 점이 2개가 있으면 이것을 연결한 선분은 1개밖에 없습니다. 점이 3개이면 점 3개를 연결하는 모든 선분의 개수는 3개입니다. 점이 4개이면 총 6개의 선분을 이을 수 있습니다. 점이 5개이면 총 10개의 선분을 이을 수 있습니다. 점의 개수(n)에 따른 완전 그래프를 구성하는 선분의 개수(Kn)에 대한 관계식은 다음과 같습니다. $Kn = n(n-1)/2$. 이 관계식을 통해 점이 많아지면 이을 수 있는 선분의 수는 천천히 증가하다가 어느 순간부터는 꽤나 빨리(n^2의 속도만큼) 증가함을 알 수 있습니다.

---

13 제품 한 종류를 한 단위라고 부를 수도 있고, 제품 열 종류를 한 단위라고 부를 수도 있습니다. 여기에서 한 단위는 회사가 처한 상황마다 다릅니다.

Nodes	1	2	3	4	5	6	7	8	9	10	11	12	13	14	15	16	17	18	19	20
선분 수	0	1	3	6	10	15	21	28	36	45	55	66	78	91	105	120	136	153	171	190

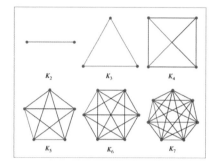
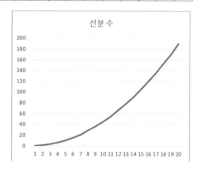

〈그림4. 점의 개수와 완전 그래프를 구성하는 선분의 개수〉[14]

04 운영 환경이 복잡해지면, 도대체 무엇이 문제란 말입니까?

어떤 회사가 처음으로 운영이라는 커다란 수레바퀴를 한 바퀴 돌리고 나면, 그 회사는 좋든 싫든 운영이라는 바퀴를 계속 굴려야 합니다. 기업이 망해서 없어질 때까지 말입니다. 그것이 기업이 지닌 숙명입니다. 여기에서 운영은 일회성이 아니란 사실이 중요합니다. 이번에 한 번 바짝 잘해서 좋은 성과를 내거나 또는 이번에 한 번 잘못했으니 다음번에 잘하면 그만이지 하는 그런 차원의 문제가 아닙니다.

운영을 하다 보면 의도한 대로, 다시 말해 계획한 대로 실행을 하지 못하는 경우가 종종 발생합니다. 이럴 때에는 보통 어떻게 하는지요? 아

---

14   출처: https://mathworld.wolfram.com/CompleteGraph.html

래 〈그림5〉를 보겠습니다. 매주 화요일마다 공급계획의 초안(Draft)을 작성하는 어떤 회사가 있습니다. 이번 주를 27주차라고 하겠습니다. 공급계획의 초안을 작성하는 날인 27주차 화요일은 이미 월요일이 지나가 버렸기 때문에 당해 주차인 W27[15]에 대한 계획을 새롭게 수립하지 않고 지난주(26주차)에 수립한 W27 구간의 계획에 맞춰 운영을 해 나갑니다. 이것을 '1주 확정' 운영이라고 합니다. 그래서 〈그림5〉의 왼쪽 그림을 보면 '기확정', '신규확정', '계획구간'[16]이라는 용어로 나누었습니다. '기확정'이라는 말은 W27의 계획 값은 이번 주차(27주차)에 수립한 계획 결과가 아니라 한 주 전(26주차)에 수립한 W27 구간의 계획을 그대로 들고 왔다는 뜻입니다. 경우에 따라 운영의 안정에 더 비중으로 두어 2주 확정 운영을 하는 회사도 있습니다. 아래 〈그림6〉을 보고 차이를 확인하기 바랍니다.

〈그림5〉의 내용을 조금 더 보겠습니다. 왼쪽 그림은 계획한 대로 완벽하게 실행(예. 생산)을 하여 다음 구간에 대한 계획을 수립할 때 아무런 문제가 없는 상황입니다. 앞에서 당해 주차에는 계획을 새로 수립할 필요가 없다고 했으니 27주차에는 W28의 구간부터 착실하게 계획을 수립하면 됩니다. 그런데 한 주가 지나 오른쪽 그림과 같이 28주차에 다시 계획을 수립하려고 하는데, 지난 W27 동안 제품A를 700개 (생산)하기로 했

---

15 계획을 표현할 때, 계획을 수립하는 시점(주기, Cycle)과 계획 값이 들어 있는 구간(버킷, Bucket)을 구분해야 할 때가 종종 있습니다. 앞으로 계획을 수립하는 시점은 위에서 든 예와 같이 '27주차', 그리고 계획 값이 들어 있는 구간은 'W27'로 표현함으로써 시점과 구간을 구분하겠습니다.

16 '기확정'을 제외한 '신규확정'과 '계획구간'은 모두 미래의 계획을 의미합니다. 다만 전체 계획구간 중에서 이번에 새롭게 확정하는 구간이라는 의미에서 특별히 '신규확정'이라는 용어로 나누었을 뿐입니다.

는데 600개밖에 못하여 결과적으로 100개의 차질이 발생하였음을 알았습니다. 제품C도 마찬가지로 수립한 계획과 비교하여 100개의 차질이 발생하였습니다. 이 경우에 여러분이 만일 계획을 수립하는 담당자라고 한다면 어떠한 의사결정을 하겠습니까?

별수 있습니까? 영업담당자와 일일이 확인해 보는 수밖에 없습니다. 실은 영업담당자도 고객의 요구사항이 무엇인지 들어 봐야 아는 문제입니다. 제품A에 대해서는 이번만큼은 차질분 100개를 더 이상 공급하지 않아도 된다는 답변을 고객으로부터 듣습니다. 하지만 제품C는 100개의 차질분을 최대한 신속하게 공급해달라는 통보를 받습니다. 자, 그다음이 문제입니다. 제품A는 그렇다 치고, 제품C의 차질분을 계획에 어떻게 반영하여야 하나요? 계획 확정을 전제로 한다면 다음 두 가지 방법을 생각해 볼 수 있습니다.

[방법1] 지난주(27주차)에 확정한 이번 주(W28) 계획은 변경하지 않고 그대로 유지한 채, 지난주 차질분은 이번 주에 추가 잔업을 통해서 만회한다.

[방법2] 이번 주(W28) 구간은 이미 지난주(27주차)에 확정했으므로 손을 댈 수 없으니, '신규확정' --- 여기서는 1주 확정을 예로 들었으므로 W29 --- 구간에 차질분을 포함하여 한 주 동안의 공급 능력치를 감안한 계획을 수립한다.

결론적으로, 방법1과 방법2 모두 그리 좋은 대안이 되지 못합니다. 비록 방법1이 방법2보다 다소 현실적이기는 합니다만, **방법1은 악순환을 야기시키는 대안입니다.** 이미 이번 주(W28)는 지난주(27주차)에 공급의 능력치를 최대한 반영하여 총 1,000개의 계획을 수립했을 것이기 때문에 이미 꽉 채워진 계획에 더하여 지난주(W27) 차질분을 추가로 한다는 것은 이번 주에 더 큰 차질을 발생시킬 가능성이 높아집니다. 언젠가 미래 구간에 계획을 확 줄여서 이 문제들을 해소해야 하는데 실전에서는 이러한 의사결정을 하기가 여간 어려운 것이 아닙니다. 방법2는 요약하자면 지난 차질분은 '기확정' 구간인 이번 주에 소화하지 말고, '신규확정' 구간인 다음 주(W29)에 반영하자는 방식인데, 차질분을 이렇게 여유 있게 기다려 줄 고객을 만나기란 매우 드물 것입니다. 더군다나 취급하는 제품의 종류가 많아서 차질이 발생한 어떤 제품은 방법1을 적용해야 하고, 또 다른 제품은 방법2를 적용해야 한다면, 이는 이론상으로나 가능한 이야기일 뿐, 현실적으로는 불가능합니다.

[27주차에 수립한 계획 결과]

제품	W27 기확정	W28 신규확정	W29 계획구간
A	700		400
B		500	
C	300		600
D		500	
계	1,000	1,000	1,000

1. W27 구간의 계획은 26주차에 수립한 것임
2. 27주차에는 W28을 신규로 확정함

[28주차에 계획을 수립할 때의 모습]

제품	W27 계획	실적	차질	판단	W28 기확정	W29 신규확정	W30 계획구간
A	700	600	(100)	휘발		400	100
B					500		200
C	300	200	(100)	이월		600	300
D					500		400
계	1,000	800	(200)	-	1,000	1,000	1,000

1. W27에 계획을 다 완수하지 못하면
2. 다음과 같은 고민거리가 생김
   1) (고민1) - W27 구간의 계획 차질분을 날려버릴(휘발시킬) 것인가?
   2) (고민2) - 아니면, 차질분을 다음 구간으로 이월시킬 것인가?
3. 이월시킨다면
   1) (고민3) - 기확정 구간인 W28의 계획에 차질 수량을 추가해야 하는가?
   2) (고민4) - 아니면, 신규확정 구간인 W29에 차질 수량을 포함해야 하는가?

〈그림5. 계획대로 실행하지 못한 경우, 그 다음번 계획에 반영하는 방법〉

제품	W27	W28	W29	W30
	기확정	신규확정	계획구간	계획구간
A	700		400	100
B		500		200
C	300		600	300
D		500		400
계	1,000	1,000	1,000	1,000

1. W27 구간의 계획은 26주차에 수립한 것임

[2주 확정의 예]　　　　　(현 시점: 27주차 화요일)

제품	W27	W28	W29	W30
	기확정	기확정	신규확정	계획구간
A	700		400	100
B		500		200
C	300		600	300
D		500		400
계	1,000	1,000	1,000	1,000

1. W27 구간의 계획은 25주차에 수립한 것임
2. W28 구간의 계획은 26주차에 수립한 것임

〈그림6. 1주 확정계획(왼쪽)과 2주 확정계획(오른쪽)〉

　　그러므로 한 번 계획에 차질을 빚으면 회사는 운영 면에서 다음 두 가지 문제에 봉착하게 됩니다. 차질분을 과감하게 날려버릴지, 아니면 차질분을 이번 주로 이월시켜서 최우선으로 만회를 할지 정해야 하는데 제품마다 혹은 고객의 반응에 따라 대응하는 방식이 매번 달라지기 때문에 규칙을 만들어 일괄 적용하기가 어렵습니다. 그리고 매주 주간 공급계획을 수립하는 회사라면 이것을 판단하는 시간이 절대적으로 모자랍니다. **결과적으로 계획의 품질이 떨어집니다.** 실행 가능한 계획이 되지 못할 확률이 높다는 말입니다. 이월된 차질분은 고스란히 이번 주 구간의 계획에 더해져 추가로 실행해야 하는 부담으로 작용하기 때문입니다. **그리고 지난 계획의 차질분은 이번 주 실행에 훼방꾼 노릇을 하게 됩니다.** 차질분만큼 이번 주에 해야 할 일이 늘어나기 때문입니다. 운영 수준이 높은 회사에 어쩌다 한 번 문제가 생겨서 차질을 빚었다면 그때는 잔업이나 별도의 조치를 취하여 얼마든지 만회할 수 있습니다. 그렇지만 운영 수준이 운영 환경의 복잡도를 감당하지 못하는 회사라면 얘기가 달라집니다. 계획을 전부 실행에 옮기지 못하여 차질이 발생하는 빈도도 늘고, 차질의 양도 점점 많아집니다. 우리는 이것을 '악순환의 강화(Reinforcement) 현상'이라고 합니다. 악순환의 고리는 끊기가 매우 어렵습니다. 이러다가 자포자기하는 경우도 생길 수 있습니다. 될 대로 되라는 식으로 말입니다. 우리가 살림을 하다가 돈이 부족하여 마이너스 통장을 만들거나 카드사에 리볼빙 서비스를 일단 한 번 받으면 이것을 졸업하기가 매우 힘든 것과 비슷한 이치입니다.

▌05 복잡도를 제어하는 방법을 찾아야 합니다

가정에 참으로 무심한 아빠인 저도 큰애가 어릴 적에 자기 전에 방에 불을 끈 채, 눈을 감고 이런 놀이를 해 준 적이 있습니다. 사교육이여, 물러가라는 열망을 담아서….

아빠 태민아, 우리 자기 전에 숫자 맞히기 게임 한 번 할까? 1부터 99까지의 숫자 중에서 아무 숫자를 생각해 봐. 아빠가 7번 내로 맞힐게. 대신에 이것만 해 줘. 일단 아빠가 아무 숫자를 부를게. 그러면 너는 네가 생각한 숫자(예. 65)가 아빠가 부른 숫자(예. 87)보다 작으면 '작아!' 하고 소곤소곤 대답하고, 반대면 '커!'라고 큰 소리로 말해 줘.

태민 아이, 신나라. 생각했어요. (아이는 31이라는 숫자를 생각함)

아빠 50

태민 작아! 한 번 지나갔어요.

아빠 26

태민 커! 두 번 지나갔어요.

아빠 38

태민 작아! 아싸, 세 번 지나갔어요.

아빠 32

태민 작아! (휴~ 살았다. 한 끗 차이로 빗나갔네) 네 번 지나갔어요.

아빠 29

태민 커! 다섯 번 지나갔어요.

아빠 31

태민 헉! Bingo! 여섯 번 만에 맞히다니. 킹받네. 한 판 더해요!

혜민(태민이 동생) 오~ 아빠 오늘 좀 멋있어요.

어떤 문제를 생각하건 언제나 아빠의 승리로 돌아갑니다. 역할을 바꾸어서 하면 아들은 7번의 시도에도 정답을 맞히지 못하는 경우가 훨씬 더 많습니다. 어떻게 해결하면 좋은지에 대한 접근방법을 알 때까지는 말입니다. 문제를 맞히는 방법은 간단합니다. 항상 범위의 절반을 잘라서 부르는 겁니다. 처음에는 무조건 1~99까지의 범위 가운데에서 절반인 50을 부릅니다. 아이로부터 돌아오는 대답이 이것보다 작다고 하면 이제는 범위를 1~50으로 다시 설정하여 그것의 절반인 26을 부릅니다. 그다음에 정답이 이것보다 크다고 하면 이제는 범위를 26~50으로 다시 설정하여 그것의 절반인 38을 부릅니다. 이런 방식으로 계속하여 32, 29, 그리고 마지막으로는 정답인 31에 도달합니다. 정답에 도달하는 과정을 아래의 〈그림7〉에서 다시 표현하였으니 참고하시기 바랍니다.

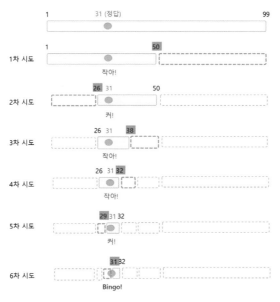

〈그림7. 1~99까지 상대방이 원하는 숫자 맞추기〉

이 문제 풀이 접근방법은 문제의 범위가 클수록 더욱 위력을 발휘합니다.

이번에 아빠가 새로운 제안을 합니다.

1부터 999까지의 숫자 중에서는 열 번 만에 맞히기로. 아이가 생각할 때에는 문제의 범위가 확 늘어난 데 반해 문제를 맞히는 시도는 상대적으로 많이 늘어나지 않았으니 밑지는 장사가 아니라고 생각하여 아빠의 제안을 받아들였으나 이번에도 아빠의 승리로 돌아갑니다.

다음번에 아빠는 더 놀라운 제안을 합니다.

1부터 9999까지의 숫자 중에서는 열네 번 만에 맞히는 것으로. 이번에도 역시 아빠의 승리로 돌아갑니다. 아빠를 대단하다고 여길지, 아니면 아빠가 자기를 속이는 나쁜 사람이라고 생각할지 태민이는 머릿속이 복잡하기만 합니다. 에라, 모르겠다. 발 닦고 잠이나 자야겠다.

범위를 달리하여 6번의 게임을 한 결과가 〈그림8〉에 나타나 있습니다. 모두 아빠가 제시한 횟수 내에 정답을 맞혔습니다.

범위	게임	정답	횟수	1	2	3	4	5	6	7	8	9	10	11	12	13	14
1	1	31	아빠의 시도	50	26	38	32	29	31								
~			아이의 대답	작아!	커!	작아!	작아!	커!	Bingo!								
99	2	99	아빠의 시도	50	75	87	93	96	98	99							
			아이의 대답	커!	커!	커!	커!	커!	커!	Bingo!							
1	3	600	아빠의 시도	500	750	625	563	594	610	602	598	600					
~			아이의 대답	커!	작아!	작아!	커!	커!	작아!	작아!	커!	Bingo!					
999	4	127	아빠의 시도	500	251	126	189	158	142	134	130	128	127				
			아이의 대답	작아!	작아!	커!	작아!	작아!	작아!	작아!	작아!	작아!	Bingo!				
1	5	500	아빠의 시도	5000	2501	1251	626	314	470	548	509	490	500				
~			아이의 대답	작아!	작아!	작아!	작아!	커!	커!	작아!	작아!	커!	Bingo!				
9999	6	8230	아빠의 시도	5000	7500	8750	8125	8438	8282	8204	8243	8224	8234	8229	8232	8231	8230
			아이의 대답	커!	커!	작아!	커!	작아!	작아!	커!	작아!	커!	작아!	커!	작아!	작아!	Bingo!

〈그림8. 범위를 달리하여 숫자를 맞히기까지 시도한 횟수〉

이것은 실은 데이터를 찾거나 정렬을 할 때 사용하는 기법 중의 하나인 '분할과 정복 알고리즘(Divide and Conquer Algorithms)'을 이용한 문제입니다. 이 기법을 적용하기 위해서 피질문자는 질문자가 제시한 숫자를 듣고 자기가 생각한 정답과 비교하여 정답보다 큰지 혹은 작은지 정도는 답을 해 주어야 합니다. 이 조건이 문제를 밑이 2인 로그함수로 우리를 이끄는데, 로그함수는 문제 크기(진수)가 커져도 그 값이 아주 완만히 증가한다는 특성이 있습니다. 아래 〈그림9〉에 로그함수에서 진수를 달리할 때 얻어지는 값을 표와 그래프로 나타냈습니다.

SCM 혁신과 생산계획

갈래길(밑)	2	2	2	2	2	2	2	2
범위(진수)	9	99	999	9999	99999	999999	9999999	99999999
값	3.169925	6.629357	9.964341	13.28757	16.60963	19.93157	23.2535	26.57542
시도	4	7	10	14	17	20	24	27

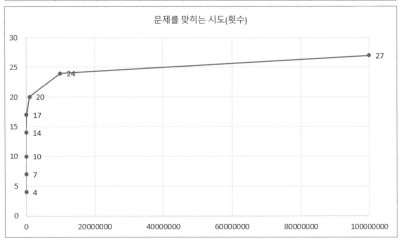

〈그림9. 밑이 2이고 진수를 달리하였을 때의 로그함수 값〉

이 문제로부터 복잡도를 다루는 좋은 영감들이 떠오르면 좋겠습니다. 기업이 성장함에 따라 운영 환경이 복잡해지는데, 이것이 처음부터 그러한 것은 아닙니다. 서서히 복잡해지다가 어느 규모 이상이 되었을 때부터 복잡도가 급격히 올라갑니다. **그렇지만 운영 환경이 아무리 복잡해져도 운영의 복잡도를 항상 일정한 수준으로 유지시킬 수 있는 방안 또한 있습니다. 그 방안을 찾아서 실천에 옮기는 활동, 그것이 바로 운영 혁신입니다.**

| 06 복잡도를 가장 잘 통제하는
방법이 바로 MRP 활용입니다

"영업 때문에 회사가 잘 되고, 운영(SCM) 때문에 회사가 어려워진다."라는 말이 있습니다. 그냥 제가 한 번 적어 본 말입니다. 영업이 이끄는 정도가 회사가 성장할 수 있는 최대치이고, 그 회사의 운영 수준이 회사가 진짜로 성장할 수 있는 한계치입니다. 영업이 100만큼 판매를 하겠다고 선언하면 최대한 100만큼 성장할 수 있습니다. 그러나 운영 수준이 이에 한참 못 미치는 40밖에 안 되면,[17] 그 회사는 100만큼 성장할 기회가 있음에도 불구하고 결과적으로 40만큼만 성장을 합니다. 지금부터 〈그림10〉에 있는 내용을 말씀드리겠습니다. 특히 매출은 급격히 올라가는데, 불용재고가 많아 폐기 금액이 커지고, 긴급 출하요청이 예전보다 많이 늘어 생산 대응을 하느라 하루가 정신없이 지나가고, 그러면서도 납기를 어길 적이 많아 고객으로부터 원성이 많아진 회사라면 한 번 진지하게 보시기 바랍니다. **운영 혁신이란 무엇이고, 운영 혁신을 가로막는 장애물은 무엇이며, 운영 혁신을 하기 위해 필요한 발상의 전환이 무엇인지를 이야기하겠습니다.**

아주 많은 회사를 경험한 것은 아니지만, 그래도 주로 운영 혁신과 관련한 일을 하면서 회사들을 살펴보니 발견되는 공통점이 하나 있습니다. 그것은 바로 정말 이 회사 수준에서 이 정도의 관리가 필요할까? 하

---

17 회사 매출이 증가함에 따라 운영 환경이 복잡해지는데, 회사의 운영 수준이 딸려서 운영의 복잡도를 따라가지 못해 우왕좌왕하다가 결과적으로 회사가 마이너스 성장을 하게 되는 경우도 있습니다.

는 궁금증이 생길 정도로 관리를 너무 상세하게 하고 있다는 점입니다. 조금 더 엄밀히 말씀드립니다. '정말 이 정도로 상세한 정보까지도 계획을 수립할 때 고려해야 하는가?' 하는 궁금증이 생깁니다.

생물학에 "개체발생은 계통발생을 되풀이한다."는 말이 있습니다. 이것이 참인 명제인지 거짓인 명제인지 저는 잘 모릅니다. 그렇지만 이 명제가 지닌 통찰력은 참으로 놀랍습니다. 지금 내게 관심 있는 하나의 대상이 어떤 방향으로 나아갈지는 이미 다른 계통들의 진화 과정을 통해 어느 정도 예상할 수 있기 때문입니다. 앞으로 제가 드릴 말씀에 대해 섣부른 일반화의 오류라고 지적하실 독자도 있을 텐데 그 비난을 감수해서라도 제 의견을 드리겠습니다.

어떤 한 개체로서 회사, 특히 제조업을 하는 회사는 생성 – 성장 – 성숙 – 사멸의 과정을 거칩니다. **이때 회사의 경영자는 성장기에서 성숙기로 넘어가는 시기를 잘 감지해야 합니다.** 성장기는 회사의 내적 관리수준이 외형적이 성장을 따라가지 못하는 시기입니다. 그렇기 때문에 각종 원치 않는 증상이 나타나는 시기이기도 합니다. 불용재고가 많아 폐기하는 금액이 점차 증가하기도 하고, 고객에게 제때 제품을 납품하지 못해 고객의 원성이 커지기도 합니다. 하지만 성장기에는 영업이익률이 높아서 많은 문제점들이 수면 아래에 묻혀 잘 보이지 않는 시기이기도 합니다. 그래서 위기감을 별로 느끼지 못한 채 그냥 지나칠 때가 많은데 경영자는 이 시기를 잘 포착해야 합니다. 이때가 바로 운영의 혁신활동을 펼쳐야 하는 시기입니다. 본격적으로 성숙기에 접어든 다음에 운영 혁신을 하면 늦습니다. 성숙기에는 이익률로 승부를 내는 시기가 아닙니다. 많은 물량으로 규모의 경제를 실현시켜 낮아진 이익률을 커버해야 하는 시기입니다. 그런데 성장기가 한창인 시기부터는 회사의 외형적 성장과 맞물려 운영 환경이 급격히 복잡해집니다. 복잡한 운영 환경에 휩쓸려 우왕좌왕하지 않으려면 그 환경에도 견딜 수 있도록 체질 개선이 필요한데 개선활동이 어느 정도 성과를 보려면 반드시 시간[18]이 필요하기 때문에 성숙기에 접어든 연후에 체질 개선을 하려면 늦습니다.

이제 회사의 성장 과정을 묘사해 보겠습니다. 처음에는 좋은 아이디어를 가지고 회사를 창업합니다. 이때 취급하는 제품의 가짓수나 매출액은 크지 않습니다. 어림잡아 10~50종 정도의 제품을 취급합니다. 관리할 것도 별로 많지 않고 관리수준도 낮습니다. 그러다가 회사가 보유한 기술과 운(運)이 맞아 떨어져서 회사는 성장을 합니다. 판매하는 제품도 50~100종으로 늘고, 매출도 증가하여 외부에서 경험과 실력 있는 인재들을 영입합니다. 회사의 규모에 부합하는 더 높은 수준의 관리가 필요한데 때맞춰 회사마다 각광받는 인재가 등장을 합니다. 창업 초창기부터 함께 한 인원이든 외부에서 영입을 한 인원이든 주목을 받는 그들은 매우 탁월한 수준의 데이터 관리 능력을 보입니다. 이때의 데이터라고 함은 추적(Tracking) 관리에 필요한 데이터를 말합니다. 주로 '제번(Lot)'의 형태로 이력 관리를 위해 사용하는데 생산관리나 품질관리를 위해서는 반드시 필요합니다. 그런데 과연 운영(SCM, Operation)을 하는 데에 추적관

---

18 시스템 다이내믹스, 혹은 시스템 사고에서는 이를 지연(Delay)이라고 하는데, 중요한 것은 개선의 효과를 보기까지 얼마가 걸릴지 정확하게 예측하기란 매우 어렵습니다. 제 경험상 운영의 체질을 변화시키는데 약 2년 정도가 걸린다고 보는데 이 또한 회사의 호응도에 따라 차이가 많이 납니다.

SCM 혁신과 생산계획

리를 위한 제번(Lot)의 형태를 고수해야만 하는가 하는 질문을 여기서 던져 봅니다.

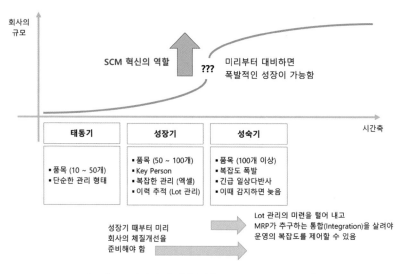

〈그림10. 회사의 운영 혁신을 준비해야 하는 시기〉

아래 〈그림11〉의 왼쪽 그림을 통해서 제번(Lot)의 개념을 좀 더 살펴보겠습니다. 완제품(A)는 상위 반제품1(X)와 하위 반제품2(Y)로 연결되어 있고, 완제품(B)는 상위 반제품1(W)와 하위 반제품2(Y)로 연결되어 있습니다. 여기에서 주목할 것은 반제품2(Y)가 두 개의 상위 반제품1(X, W)에 공통적으로 사용된다는 점입니다. 제번(Lot)의 개념을 적용한다는 말은 내가 지금 만들고 있는 반제품2(Y)가 상위 반제품1 중에서 X를 위해 만드는지, 아니면 W를 위해 만드는지를 구분한다는 뜻입니다. 그래야 완제품에 품질 문제가 발생하면 어느 단계에서 문제가 있었는지 추적이 가능하기 때문입니다. **이처럼 사용하면 유용한 추적관리의 방법도 운영과**

충돌하는 부분이 있습니다. 첫째, 제번(Lot)의 개념에 충실하면 점차 반제품 재고를 잘 관리하지 않게 됩니다. 그래야 추적하는데 편리하기 때문입니다. 아래 〈그림11〉의 왼쪽 그림에서 반제품1인 X를 100개, 그리고 W를 50개 만들려고 합니다. 이들 두 반제품1에 공통적으로 사용하는 반제품2인 Y는 기초재고로 이미 120개가 있습니다. Y를 추가로 몇 개 더 만들어야 하는지 결정해야 하는데, 기초재고를 감안하여 꼭 필요한 수량 30개를 만들면 추적관리 하는데 아무래도 불편함이 따릅니다. 계획을 갱신할 때마다 재고 상황이 바뀌면 이전에 계획을 수립할 때 고려했던 관계가 틀어질 수 있기 때문입니다. 그렇기 때문에 제번(Lot) 관리를 할 때에는 보통 기초재고를 감안하지 않고 상위에 필요한 수량만큼 하위 반제품의 생산 수량도 정합니다. 이런 방식으로 운영을 하다 보면 재고가 자꾸만 늘어날 수밖에 없습니다. **둘째, 제번(Lot) 관리를 운영과 접목하면 운영과 충돌하는 부분이 더 있습니다. 바로 관리해야 할 정보의 양이 늘어난다는 점입니다.** 〈그림11〉의 왼쪽에서 내가 관리할 정보는 완제품이 2개, 반제품1이 2개, 반제품2가 2개 이렇게 총 6개의 정보를 관리해야 합니다. 여기에서 정보라 함은 ERP에서 관리하는 '생산오더'를 머릿속에 그리면 이해하기 편합니다. 공용 반제품2(Y)와 상위 반제품1(X, W)를 각각 구분하면 6개의 생산오더 데이터를 관리해야 하지만, 공용 반제품2(Y)를 하나로 묶어서 관리하면 전체 데이터를 5개로 줄일 수 있습니다. 예제만 가지고는 관리해야 할 데이터 절감 효과가 얼마 안 돼 보이지만, 대상을 원자재 레벨까지 확장시키면 관리해야 할 데이터 절감 효과는 상당합니다.

SCM 혁신과 생산계획

〈그림11〉에서 제번(Lot)의 개념을 적용한 왼쪽 운영 방식과 대비하여, 오른쪽은 ERP에 있는 MRP 기능을 사용할 때의 모습입니다. 요구량에 대하여 보충량을 산정할 때 기초재고를 감안하기 때문에[19] 재고가 낭비되는 일이 줄고, 공용품은 합쳐서 정보를 관리하기 때문에 관리해야 할 정보의 양도 줄어듭니다. 이러한 방식으로 운영하면 운영 환경의 복잡도가 크게 증가하더라도 실제 운영을 일정 수준의 난이도로 유지한 채 운영할 수 있습니다. 마치 앞에서 예로 든 로그함수처럼 말입니다. **이것이 바로 MRP에서 강조하는 통합**(Integration)**의 기능입니다.** SCM을 잘 하려면 물론 계획한 대로 실행을 잘 해야 합니다. 그런데 복잡한 운영 환경 속에서도 계획한 대로 실행을 잘 하려면 운영 자체를 덜 복잡하게 수행해야 합니다. MRP가 추구하는 방식을 따름으로써 운영을 덜 복잡하게 수행할 수 있습니다.

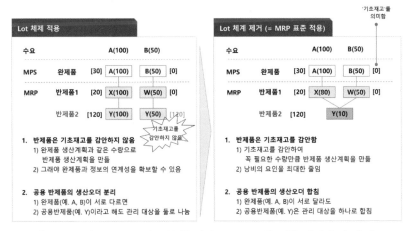

〈그림11. 제번(Lot) 개념을 적용할 때와 MRP 표준을 따를 때의 운영 비교〉

---

19 기말재고가 0이 되어서 결품이 발생할 가능성이 있으면, 얼마든지 안전재고를 설정하여 결품이 발생하는 것을 사전에 예방할 수 있습니다.

몇몇 중견기업들로부터 운영 혁신에 대한 컨설팅을 의뢰받아 만나 보면 기업들이 늘 비슷한 과정을 반복하고 있다고 느낄 때가 참으로 많습니다. 회사가 이제 곧 성숙기에 접어들거나 이미 성숙기에 접어들었는데 여전히 계획과 운영에서 제번의 형태를 고수함으로써 스스로 관리를 어렵게 하는 모습을 바라볼 때면 많이 안타깝습니다. 특히나 ERP는 기본적으로 제번의 개념을 허용하지 않는데도 ERP를 억지로 뜯어고쳐 가면서 제번의 개념을 유지하는 회사들이 참으로 많습니다. 그래서 제가 ERP에서 만큼이라도 제번(Lot)의 개념을 떼고, MRP가 추구하는 본래의 뜻에 따를 것을 제언 드리면 고객들의 반응이 한결같습니다. 데이터 처리에 뛰어난 능력을 보이는 인재들이 어떻게 고생해서 지금의 관리수준으로 끌어올렸는데, 왜 수준 낮은 과거로 회귀하려 하느냐는 반감을 보입니다. 재고를 감안하고, 불필요한 정보를 합치는 활동이 운영의 복잡도를 해소하는 데 큰 도움이 되는데도 말입니다.

이어서 MRP 표준을 잘 사용한 회사의 사례를 소개하겠습니다. 제가 몸담았던 곳이기에, 그리고 성공체험을 했던 곳이기에 애착이 많이 갑니다. 실제 사례를 통해 운영 혁신의 실마리를 찾아보시기 바랍니다.

쉬어 가는 페이지(2) - MRP를 잘 활용했던 회사의 사례

• 회사의 상황

연 매출이 5,000억 원 정도 하는 회사가 있었습니다. 그 회사는 매년

SCM 혁신과 생산계획

수십 퍼센트씩 외형적인 성장을 계속하고 있었습니다. 그렇지만 실은 불용으로 폐기하는 원자재가 많아 회사는 고민이 많습니다. 영업이익률이 높던 시절에는 모든 것이 다 용서가 되었습니다. 불용재고가 발생하여 폐기하는 금액이 커져도 영업이익률이 워낙 높던 터라 위험의 요인이 수면 아래에 잠겨서 잘 안 보였습니다. 그런데 매출이 더욱 커진 어느 시기부터 영업이익률이 급격히 감소하기 시작했고, 불용재고를 폐기하는 비용 또한 문제로 부각되었습니다.

다행히도 이 회사의 경영진은 회사가 곧 성장기를 마치고 성숙기에 접어들고 있다고 간파하여 착실히 운영 혁신을 위해 공부도 열심히 하고, 이 분야에 유명한 컨설턴트도 초빙하여 체계적인 개선작업을 진행하였습니다. 계속 성장하던 회사가 한 번 더 폭발적인 성장을 하게 되면 다음과 같은 기로에 놓입니다. 운영의 복잡도가 커져도 운영 혁신을 통하여 기업의 성장통을 슬기롭게 극복하느냐, 아니면 운영 환경의 복잡도를 감당하지 못해 매출 신장의 기회도 상실하고 불용재고도 증가하여 결국 주저앉고 마느냐는 2개의 결과 중 하나를 거칩니다.

이 회사는 연 매출 5,000억 원이 넘는 순간부터 수년 내로 연 매출 1조 원을 돌파할 것으로 관측하였습니다. 여기에서 여러분께 질문을 하나 드립니다. 이때 여러분들 같으면 인력을 얼마나 더 보강하겠습니까? 매출이 두 배가 늘면 규모도 두 배가 될 것이고, 인력 또한 두 배가 더 필요하니, 회사는 인력 충원 목표를 두 배 이하로 설정한 다음에 두 배 이내로 충원하면 잘한 일이라고 스스로 칭찬해야 할까요? 이러한 접근

방법이 바로 단선적 사고의 한 형태가 아닐까요? 이미 회사의 규모가 충분히 큰데도 여전히 성장하고 있고, 해외에 있는 자가공장을 포함하여 전 세계에 열 군데 정도의 생산 기지로 자재를 때 맞춰 보내야 하며, 완제품 대부분을 수십 개 나라에 수출해야 하는데 매출이 두 배로 늘면 복잡도 또한 두 배만 늘어난다고 생각하면 될까요?

· 과정

회사가 운영 혁신활동을 하게 된 계기는 실행(Execution) 때문이었습니다. 특히 재고 정확도에 문제가 있었는데 ERP에 있는 전산 재고 수량이 실제와 맞지 않거나, 설령 맞는다고 해도 넓디넓은 창고에서 어디에 있는지 찾지 못하여 제때에 생산을 진행하지 못하는 일이 반복하였기 때문에 재고의 정물일치를 맞추는 활동을 먼저 시작했습니다.

이즈음에 외부로부터 SCM 컨설턴트를 초빙하여 운영 혁신활동에 대한 가이드를 받았는데, 컨설턴트는 회사가 성장통을 극복하고 한 단계 더 도약을 하려면 실행보다는 계획수립 프로세스를 개선해야 한다고 하였습니다. 특히 매주 계획을 수립하고 실행하는 주간 운영체계를 정착시켜야 한다고 강조했고, 회사는 그 제안에 따라 다음 세 가지 활동을 전개하였습니다.

첫째, ERP 활용의 수준을 높였습니다. 단지 재고를 확인하고 결산을 수행하는 용도로만 ERP를 사용하는 데 그치지 않고, ERP에 있는 MRP 결과를 믿고 따르도록 기준정보를 바로잡는데 노력하였습니다. 다행히도 회사는 SCM 개선활동을 본격적으로 펼치기 전부터 엑셀 사용을 지양하고, ERP에 있는 MRP 결과만을 보면서 업무를 하려는 시도가 있었습니다.[20] ERP를 잘 사용한다 함은 곧 MRP가 제시하는 결과대로 운영을 하겠다는 것을 의미하기 때문에 이 같은 시도는 의미가 큽니다. MRP 결과를 보고 일을 하려면 실행 가능한 MRP 결과를 얻어야 하는데, 이를 위해 MRP 결과에서 수량과 시점에 영향을 주는 기준정보[21]들에 대해 체계를 만드는 작업에 많은 노력을 기울였습니다. 특히 MRP 결과 중에서 시점에 영향을 주는 기준정보에 대해서는 세밀하고 정교함에 치중하기보다는 주간 단위로 운영을 하는데 이해하기 쉽고 관리하기 쉽도록 MRP 결과에 일정한 패턴을 갖도록 하는 데 힘썼습니다. 예를 들어, 발주는 화요일에 낼 수 있도록 하고, 물류 출하는 매주 금요일, 그리고 자재 입고는 매주 월요일로 신호가 나갈 수 있도록 리드타임에 대한 기준정보도 유형을 만들어서 관리하였습니다.

둘째, 하기로 한 것을 잘 지키려고 하였습니다. ERP에서 관리해야 하는 가장 중요한 정보는 각종 오더(Order)입니다. 오더에는 판매오더(Sales Order), 생산오더(Production Order), 그리고 구매오더(Purchase Order)가 있는데, MRP가 제공하는 결과의 수준이 높아짐에 따라 MRP 결과를 기반으로 하여 생

---

20 그럼에도 불구하고 포장류와 같은 단납기 자재의 조달 담당자는 MRP와 엑셀을 병행하였는데 이는 올바른 대응이었다고 생각합니다. MRP에는 잘 준수할 수 있는 주간 단위의 조달 물량만을 관리하고, 자주 변동하는 일별 공장계획에 맞춰 조달 업무를 수행하려면 ERP와 엑셀을 병행하는 것이 보다 효과적입니다. 의욕이 넘치는 나머지 변동성이 심해서 잘 준수하기 어려운 관리 대상까지 ERP에 담아내고 ERP대로 일하라고 하면 일이 제대로 돌아갈 리가 없습니다.

21 MRP 결과에서 시점에 영향을 주는 중요한 정보로 PDT(Plan Delivery Time, 발주를 하고 입고 받을 때까지 걸리는 시간), IPT(Inhouse Production Time, 생산을 진행하는데 걸리는 시간), 그리고 GRT(Goods Receipt processing Time, 입고를 한 다음에 생산에 투입하는데 걸리는 시간) 등이 있습니다.

성하는 생산오더와 구매오더의 신뢰성 또한 높아졌습니다. 다음 주에 실행할 것들을 ERP의 오더로 발행하고, 발행한 오더를 얼마나 잘 실행했는지 준수율 측면에서 비교하는 KPI 점검 활동을 지속적으로 펼침으로써 선언한 계획은 반드시 지킨다는 생각들이 자리 잡게 되었습니다.

셋째, 할 수 있는 계획을 수립하려고 하였습니다. 모든 운영 활동의 중심에는 MRP가 있습니다. 이 MRP 결과를 좋게 하려면 ERP에서 관리하는 기준정보를 잘 관리해야 할 뿐만 아니라, MRP의 인풋 데이터 중에 하나인 MPS가 좋아야 합니다. MRP의 인풋으로 사용할 MPS를 만드는 방식은 크게 세 가지입니다. **하나는 ERP에 수요계획을 입력한 다음에 ERP 자체가 보유한 MPS 엔진을 사용하여 MPS 결괏값을 얻는 방법입니다.** 그런데 ERP가 보유한 MPS 엔진은 실행 가능한 계획을 수립하지 못하기 때문에 일정 규모 이상이 되는 제조업에서는 운영할 수 있는 수준의 결과를 제공하지 못합니다.[22] **다음으로 계획수립 담당자가 엑셀을 사용하여 수요계획을 만족하면서도 어느 정도는 실행 가능한 MPS를 직접 수립한 다음, 그 MPS를 ERP에 업로드하여 MRP의 인풋으로 사용하는 방식이 있습니다.** 그런데 이 방법도 한계가 있습니다. 운영이 복잡하지 않은 회사에서는 사용자가 엑셀로 수립한 MPS를 MRP의 인풋으로 활용해도 운영을 하는데 별문제가 없는데, 운영이 복잡한 회사에서는 사용자가 엑셀로 MPS를 수립한 다음, 그 결과를 ERP에 업로드하여 MRP의 인풋으로 사용하면 거의 대부분 설비 캐파나 자재를 충분히 고려하지 못하여 실행 불가능한 결과를 얻게 됩니다. 이럴 때 문제를 바로

---

22   이것이 무슨 의미인지 제2부 8장에서 자세히 설명하겠습니다.

SCM 혁신과 생산계획

잡기 위하여 ERP에서 MPS 결과를 직접 고친 다음, 그 결과의 타당성을 검증하기 위해 MRP를 다시 수행합니다. 문제는 여기에 있습니다. MPS를 바꿀 때마다 MRP를 돌려야 하니 MRP 결과 또한 매번 바뀌어 MRP 결과를 보고 일을 하는 담당자가 갈피를 잡지 못하게 됩니다. **마지막으로 계획수립 담당자가 APS를 사용하여 수요계획을 만족하는 MPS를 수립하고, 실행 가능한 MPS가 될 때까지 APS에서 고치는 방법입니다.** 엑셀로 MPS를 수립할 때에는 MPS를 바꿀 때마다 MRP를 돌려야 하기 때문에 실행을 담당하는 사람들이 혼란스럽지만, APS를 통해서 MPS를 수립하면 ERP가 아닌 다른 환경, 즉 APS에서 타당성을 검증할 수 있어 수행 가능한 MPS를 수립할 때까지 얼마든지 수정을 할 수 있습니다. 물론 최종적으로 수행 가능한 MPS를 수립하면 그 결과를 ERP에 업로드하고, 완벽한 상태에서 MRP를 한 번만 수행하니 담당자들이 겪는 혼란이 많이 줄어듭니다.

사례에서 소개한 회사는 계획을 수립할 때 엑셀이 아닌 APS를 활용하여 계획을 수립하기로 이미 회사에서 중요한 의사결정을 하였습니다. 그런데 APS를 제대로 활용하려면 준비가 많이 필요하다는 것을 알았고 이를 위해 미리 ERP도 정비하고, 계획한 것을 잘 실천하는 체질을 갖추고자 KPI 점검 활동도 지속적으로 하였습니다. APS를 섣부르게 도입하여 실패를 한 많은 회사들과는 달리 준비가 철저했습니다.

• 결과

이 회사는 ERP도 정비하고, 계획한 것을 준수하고, 그러면서도 실행 가능한 MPS를 만들어 내는 데에 2년이라는 기간 동안 혁신활동을 하였고, 같은 기간 동안에 매출이 5,000억 원에서 1조 원이 되었습니다. 단순히 매출이 급성장만 한 것은 아니었습니다. 불용으로 폐기하는 재고를 50% 이상 줄였습니다. 그러면서도 고객이 원하는 시점에 제품을 잘 납품하였습니다. 회사의 외형이 커졌는데도 운영 인력은 크게 늘지 않았으며, 긴급의 문제가 완전히 사라진 것은 아니지만 충분히 감당할 만한 수준을 유지하였습니다. 무엇보다도 이러한 성공체험을 바탕으로 직원들 모두 앞으로 운영 환경이 더욱 복잡해지더라도 능히 헤쳐 나갈 수 있다는 자신감을 가지게 되었습니다.

4.
혁신의 실천
(단선적 사고의 극복)

혁신의 마인드를 장착했다면 이제 혁신을 실천하는 일만 남았습니다. 혁신의 성과를 맛보려면 때로는 우리가 맹목적으로 따르던 믿음을 타파하는 용기가 필요합니다. 절대적이라고 믿었던 생각들이 어쩌면 미신일지도 모르기 때문입니다.

┃ 01 열 가지 긴급 상황을 모두 해결하려고 하지 마십시오

제조업을 하는 회사치고 긴급 출하 때문에 긴급 생산을 한 번도 하지 않은 곳은 아마도 없을 것입니다. 제조업을 하는 이상 숙명처럼 받아들입니다. 회사의 규모가 커지면 당연히 거래를 하는 고객도 늘고, 같은 고객에 대해서 납품하는 제품의 종류도 많아지며, 제품별 납품 수량 또한 증가합니다. 그러니 예상치 못한 주문의 빈도가 높아지는 것은 어쩌면 당연한 결과입니다.

그런데 우리는 여기에서 긴급 출하를 발생시킨 장본인이 누구인지를 냉정히 봐야 할 필요가 있습니다. 긴급 출하를 발생시킨 장본인이 전적으로 고객에게 있다고 하면, 공급을 담당하는 회사들은 모두 작두를 타야 합니다.[23] SCM 개선활동보다는 수요를 어떻게 하면 잘 맞출지에 대해서 더욱 고민해야 할 것입니다. 그런데도 회사에 있는 많은 사람들은 긴급 출하를 하게 될 경우에 긴급 수요가 발생했다고 표현합니다. 긴급 출하와 긴급 수요는 분명히 어감이 다릅니다. 단어가 제공하는 프레임에 갇히면 문제의 발원지를 착각할 수 있습니다. 용어 선택에 크게 신경 쓰지 않은 채 긴급으로 처리해야 하는 일들을 가리켜 긴급 수요가 발생했다고 하면, 웬만한 긴급은 모두 고객 때문에 발생한다고 생각하게 되어 있습니다. 그런데 비판적 시각을 가지고 삐딱하게 현상을 바라보면 **'긴급'이 붙은 내용은 자가 발전**(Self-Generating)**하는 경향이 있음을 발견합니다.** 외부 고객이 긴급하게 요청하는 것 말고도, 우리 내부의 운영 문제로 인하여 긴급하게 서두르는 일도 많다는 뜻입니다.

제조업을 하는 회사를 기능으로 나누면 운영을 담당하는 인력이 압도적으로 많습니다. 그 운영 인력들은 모두 문제해결이라는 과제를 안고 삽니다. 기계적이고 늘상 반복하는 일 말고도 예상치 않게 터진 일들을 해결해야 합니다. 이 예상치 못한 일들을 '긴급'이라고 하는데, 만약 우리에게 하루 5건 정도의 긴급을 처리할 능력이 있다고 할 때, 하루 3~4건 발생하는 긴급은 처리하는 데 문제가 없습니다. 아니, 이것을 긴급으

---

23 수요에 변동이 있어도 우왕좌왕하지 않고 체계적으로 대응하는 것과 예측력을 높이는 것과는 차이가 있습니다. 솔직히 저는 예측력을 높이는 방법에 대해서는 잘 알지 못합니다.

로 인식조차 하지 않습니다. 그런데 하루에 7~8건 긴급이 발생하면 상황이 완전히 달라집니다. 능력치의 한계인 5건의 긴급을 처리하고 2~3건만 미결로 남겨두는 것이 아니라, 능력치의 반도 처리하지 못하는 상황이 자주 발생하게 됩니다.[24]

이미 회사에서 '긴급'을 발생시키는 많은 부분의 원인 제공자가 우리 내부에 있음을 앞에서 설명드렸습니다(제1부 3장 4절 운영 환경이 복잡해지면, 도대체 무엇인 문제란 말입니까? 참조). 계획대로 실행을 하지 못하면 그 차질분 때문에 다음번에 좋은 계획을 수립하기 어렵고, 잘못된 계획으로 인해 실행에 차질을 빚게 됩니다. 의욕만 앞세운 나머지 실행할 수 없는 계획을 수립하여 실행에 차질을 빚으면, 연쇄적으로 또 다른 실행의 변경을 야기하고 이것 때문에 긴급하게 출하를 해야 하는 상황들이 발생하는데 우리는 종종 이 현상을 가리켜 긴급 수요가 발생했다고 표현을 합니다. **결론적으로 긴급 출하는 고객 때문에 발생하는 것 못지않게, 우리 내부의 문제로 발생하는 경우도 상당히 많다는 점을 인식해야 합니다.** 긴급의 문제는 많은 부분이 내부 운영의 문제에서 비롯하기 때문에 오히려 개선할 여지가 있다고 긍정적으로 보는 것이 여러모로 좋겠습니다.

회사의 긴급 수요가 전적으로 고객 때문에 발생을 한다면, 우리는 예측력을 높이는 것 외에는 별다르게 할 수 있는 일이 없습니다. 그러나 미래의 내 마음을 나 자신도 모르는데 하물며 남, 그것도 고객의 마음을 내가

---

24 스타크래프트에서 서로의 공격력과 방어력이 같을 때, 우리 편 10유닛와 상대편 6유닛이 맞붙으면 우리 편 4유닛이 남는 것이 아니라 보통은 6유닛 이상이 남습니다. 이 또한 단선적 사고로 접근하면 안 되는 일입니다.

어떻게 알 수 있다는 말입니까? 그렇다면 우리 내부에서 발생하는 문제로 돌아가서 계획대로 실행할 수 있도록 계획을 잘 수립하는 쪽으로 방향을 틀어야 합니다. 수립한 계획의 결과는 고스란히 ERP의 MRP 결과에 반영일 될 것이므로 MRP 대로만 일하면 되는 환경을 만들어야 합니다.

글을 적다 보니 원래 제목에서 의도했던 내용을 벗어나고 말았습니다. 다시금 방향을 추스르면서 글을 마무리하겠습니다. 운영을 하면 긴급의 상황은 늘 만나게 되어 있습니다. 그것이 내부요인 때문에 발생을 하였든, 외부요인 때문에 발생하였든 말입니다. 긴급은 악순환의 고리를 만들기 때문에 악순환의 고리를 끊으려면 반드시 근본적인 치료가 필요합니다. 근본적인 치료를 위해서는 우선 내부요인을 선별해야 합니다. 내부요인 중에서도 단발성으로 발생한 문제점은 과감히 잊고, 고질적으로 발생하는 문제점들을 찾아서 근본 치료할 수 있는 방법은 없는지를 고민해야 합니다. 긴급 상황을 발생시키는 열 가지 문제가 있다고 해서 그때마다 열 가지 문제들을 다 해결하려고 하지 마십시오. **열 가지 중에서 네 가지 문제만 체계적으로 해결하려고 노력하기 바랍니다.** 4건만 성공해도 회사는 예전과 비할 수 없이 안정적으로 운영됨을 체감할 것입니다.[25] 이는 비단 긴급의 문제에 국한하지 않습니다. 운영을 하면서 문제가 발생할 때마다 조급해하거나 완벽하게 처리하려고 지나치게 애쓰지 말기를 권합니다. 넓게 보면 이것 역시 단선적 사고에서 탈피해야 하는 좋은 사례라 생각합니다.

---

25 문제해결 능력이 감당하지 못할 정도로 문제가 발생하면, 보유하고 있는 문제해결 능력치조차도 발휘하지 못하게 됩니다. 마찬가지로 발생하는 모든 문제들을 다 해결하지 않아도 문제해결 능력 범위 안으로만 문제가 발생하도록 제어하면 나머지 문제들은 일상에서 모두 소화가 가능합니다.

SCM 혁신과 생산계획

▎02 안정적으로 운영하겠다고 확정구간을 무조건 늘리지 마십시오

일을 하러 다녀 보면 확실히 정보가 활발히 교류되고 있음을 체감합니다. 기업 운영의 개선을 담당하는 직원들은 인터넷 블로그나 카페를 방문하기도 하고, 동영상으로 공부도 하고, SCM 전문 회사 사이트에도[26] 들어가서 설명자료도 보고, 협회나 소모임에도 참여하고, 벤치마킹하러 다른 기업들도 방문하고, 그리고 CPIM 자격증 준비도 하면서 나름의 내공을 키워 나갑니다. 아주 바람직한 모습입니다. 정보가 잘 공유되어 모든 기업의 운영 수준이 한 단계 더 높이 올라가기를 저 역시도 간절히 바랍니다. 거기에 작은 보탬이 되고 싶은 게 저의 바람이기도 합니다.

집단의 수준은 그 집단에서 사용하는 용어의 수준과 비례합니다. 운영도 마찬가지로 용어가 참 중요합니다. 왜냐하면 회사에서 운영과 관련한 회의를 하고 나면 동상이몽(同床異夢), 아전인수(我田引水)라는 단어가 자주 떠오릅니다. 회의장에 다 같이 있었는데도 어쩌면 그리도 사람들마다 다른 내용으로 해석들을 하는지 깜짝깜짝 놀랄 때가 많습니다. 듣고 싶은 대로 들린다는 말을 이럴 때 사용하나 봅니다. 그래서 저는 고객사와 함께 일할 때는 용어를 통일하려고 많이 노력을 기울입니다. 상황에 맞는 적절한 용어를 구사함으로써 집단이 가지는 생각의 수준을 끌어올리고, 자의적인 해석을 방지하여 결국 회사가 한 방향으로 나아가는 데

---

26   읽을거리가 있는 웹사이트를 소개합니다. (http://vmsscm.com)

도움이 되기 때문입니다.

어쨌든 회사들을 방문하면 규모가 작은 회사들도 이미 이 바닥에서 통용되는 SCM 용어들을 전부 꿰차고 있습니다. 그중에서도 SCM 체계를 정착시키기 위해서는 '2주 확정'을 해야 한다고 고객사 쪽에서 먼저 이야기합니다. 아니, 1주 확정도 아니고 하필이면 왜 2주 확정이란 말입니까? 이미 우리나라에서 가장 큰 기업이 사용하니 고객사도 따라서 해야 한다고 여기는 것은 아닌가요? 뒤에서 따로 언급할 주간 운영체계(Weekly Operation System)를 전제로 한다면 확정이라는 개념을 적용하는 것은 이치에 맞습니다. 보통의 경우, 계획은 주말에 수립하지 않고 주중에 수립을 합니다. 주중에 수립하면 이번 주에는 이미 실적이 발생하고 있기 때문에 이번 주는 더 이상은 새롭게 주 단위(Weekly) 계획을 수립하는 구간이 아닙니다. 과거(1주 전 혹은 2주 전 혹은 그 이전)에 수립한 계획에서 이번 주 구간은 그대로 수행한다고 가정을 합니다. 이래야 운영을 안정적으로 가져갈 수 있습니다. 최신의 상황을 계획에 반영하겠다고 해서 실행이 따라갈 틈도 주지 않고 계획을 바꿔 버리면 운영은 혼란에 빠질 것입니다.

주간 운영체계를 시행하는 회사는 매주 수요계획도 수립하고, 공급계획도 수립합니다. 그렇기 때문에 공급계획뿐만 아니라 원칙적으로는 수요계획도 확정의 대상입니다. 그런데 많은 고객사를 만나 봤지만, 수요계획을 확정하는 데 동의하는 회사는 아직까지 한 군데도 없었습니다. 아마도 최신의 시장상황을 반영하고 싶은 고객사의 열망이 반영된 것으로 보입니다. 수요도 확정해야 한다고 제안을 해도 요지부동입니다. 그래서 어느 순간부터 저도 받아들이기 시작했습니다. 수요만큼은 확정이 없는 것으로 말입니다. 이 말은 이번 주 중에 수요계획을 수립할 때, 이번 주 계획부터 새롭게 수립함을 의미합니다. 이번 주에 이미 실적이 발생했다면 실적과 남은 잔여 요일에 대한 수요를 더해서 이번 한 주의 수요계획을 만든다는 뜻입니다.

그런데 공급계획 확정 쪽으로 가면 확정이라는 정책을 적용해야 한다는 데에는 이견이 없지만, 구체적으로 확정구간을 얼마나 가져갈지에 대해서는 회사 내의 정치적 역학관계에 따라 회사들마다 차이를 보입니다. 영업과 마케팅 부서의 입김이 강하게 작용하는 회사는 공급계획 확정을 비교적 짧게 가져가려고 하고, 생산의 입김이 강하게 작용하는 회사는 공급계획을 비교적 길게 확정하여 운영하려고 합니다. 공급의 확정과 관련하여 이것보다 더욱 흥미로운 사실은 회사들이 어떠한 연유로 확정구간을 정했든 간에 현재 운영 중인 확정구간을 더 늘리면 운영이 보다 안정되리라 강하게 믿고 있다는 점입니다. 조금은 극단적인 형태입니다만, 확정을 소위 낙장불입(落張不入)으로 사용하는 곳도 있었습니다. 수요가 어떻게 바뀌었건 간에 이미 엎질러진 물이니 공급은 요지부동하고 있었습니다. 그것이 운영의 안정화를 꾀할 것이라는 강한 믿음과 함께 말입니다. 그런데 저는 위에 적은 고객사들이 보이는 반응의 형태에 동의하지 않습니다. **확정은 기업 내 정치적 역학관계 때문에 적용하는 것이 아닙니다. 그리고 확정은 운영의 안정화를 꾀하는 목적으로 적용하는 것은 맞지만, 확정구간을 길게 가져간다고 해서 운영을 안정적으로 유지할 수 있는 것은 결코 아닙니다.**

지금까지의 내용이 많이 복잡한가요? 잘 따라오리라 믿고 계속 진행하겠습니다. 하는 김에 여담 하나만 더하고 넘어가겠습니다. 제가 SCM 혁신활동을 하면서 제일 힘들었던 점이 있었습니다. 혁신활동을 하는 사람들끼리 일과가 끝나고 종종 저녁을 같이 하는데 그 시간에도 역시나 SCM 혁신과 관련한 이야기들을 주로 합니다. 어쩔 수 없나 봅니다. 그런데 대화를 나누다가 꼭 다음과 같은 문제에서 서로 의견이 갈립니다. "확정구간 안으로 갑자기 긴급 수요가 들어오면 이때는 대응(생산)을 해야 하나? 말아야 하나?"입니다. 같은 맥락에서 "확정구간 안에 있던 수요가 갑자기 확 날아가면 그래도 확정을 지키는 것이 중요하니 여전히 생산을 해야 하나? 아니면 생산을 취소해야 하나?"라는 문제가 늘 논쟁거리였습니다. 술 먹고 하는 이야기들이니 서로들 횡설수설하고 우기기 일쑤입니다. 술도 한 방울 못 마시고 말발(?)도 약한 저는 늘 경청하는 사람의 입장이 되어 이 사람 이야기도 듣고 저 사람 이야기도 들어야 하는데 서로 했던 말을 되풀이해서 여간 곤욕이 아니었습니다. 그런데 술자리에서 취한 사람들과 논쟁을 하는 것보다 저를 더욱 괴롭게 만든 것은 아직도 자기만의 대답을 찾지 못한 저의 모습이었습니다. 사람들은 저렇게도 자신 있게 자기 주장을 펴는데 왜 나는 아직도 나만의 답을 만들어 내지 못하고 있는가 하고 스스로 괴로워하던 시기가 있었습니다. 이제 다 지나간 이야기입니다. 시간이 흘러 이제는 어느 정도 답을 찾은 것 같습니다. "확정구간 안으로 갑자기 긴급 수요가 들어올 경우, 확정구간의 것을 다 하고도 여력이 되면 긴급 수요에 대응을 해 주고, 그러지 못하면 대응하지 않는 것이 원칙이다." 그리고 "확정구간 안에 있던 수요가 날아가면 그때는 확정이고 뭐고 없이 생산을 하지 않는 것이 원

　　　　　　　　　　　　　　　　SCM 혁신과 생산계획

칙이다."라는 것으로 말입니다.

말하자면 확정이란 것도 어느 정도는 유동성을 발휘해야 한다는 쪽으로 제 기준을 만들었습니다. 이제 확정구간이 길수록 운영을 안정적으로 가져갈 수 있냐는 문제에 대답할 차례입니다. **확정의 구간을 정하는 문제에서 가장 중요하게 고려해야 할 사항은 바로 회사의 계획에 대한 실행 능력입니다.** 적어도 (생산) 계획 대비 실행의 준수율이[27] 상당한 수준――― 예컨대 90% 이상 ―――에 도달해야 확정이라는 정책을 적용하여 운영의 안정화를 꾀할 수 있습니다. 그런데 계획 대비 실행력이 떨어지는 회사들이 확정의 구간을 길게 가져가게 되면, 계획 대비 실행의 차질분이 발목을 잡아 오히려 운영이 더욱 복잡해지는 문제에 봉착하게 됩니다. 제가 생각할 때 준수율이 받쳐주지 않는 중견기업은 2주 확정보다는 1주 확정부터 적용하기를 권합니다. 운영 수준이 매우 높은 거대기업이 사용하는 정책이라고 하여 우리 회사에도 잘 들어맞는 정책인지는 늘 진지하게 생각해 보아야 합니다.

▌03 딜레마 – '해야 하는 것'[28]과 '할 수 있는 것' 중에서 하나를 선택해야 한다면?

운영은 기능 조직들이 담당하는 각 영역마다 계획을 수립합니

---

27 계획 대비 실행의 준수율은 '제7장 KPI 점검' 편에서 자세히 다룹니다.

28 해야 하는 것'은 '하고 싶은 것'으로 바꾸어 표현할 수 있습니다.

다. 운영계획에는 크게 수요계획, 출하계획, 생산계획, 구매(조달)계획 등이 있습니다. 그런데 운영계획을 수립하는 각 담당자는 항상 딜레마 상황에 처해 있는데, '해야 하는 것'과 '할 수 있는 것' 중에서 하나를 선택해야 합니다.

먼저 수요계획을 수립하는 담당자의 입장입니다. 판매 목표를 달성하기 위해 이번 주에 120을 판매해야 하는데(혹은 팔고 싶은데), 100밖에 못 팔것 같은 갈등의 상황이 이에 해당합니다. 이번에는 공급계획을 수립하는 담당자의 입장입니다. 수요계획을 만족하려면 이번 주에 100을 생산해야 하는데, 캐파와 자재 상황을 헤아려 보니 90밖에 못할 것 같습니다. 구매(조달)계획수립 담당자의 입장도 비슷합니다. 생산을 잘 지원하려면 이번 주에 자재를 100만큼 입고 받아야 하는데, 90밖에 못 할 것 같습니다.

이제 거꾸로 구매(조달) 담당자의 입장부터 정리해 보겠습니다. 구매(조달) 담당자는 생산계획을 수립하는 사람이 계획을 잘 수립하게 하기 위해서 자재의 입고예정 정보를 ERP에 입력해야 합니다. 그래야 그 정보를 기반으로 하여 생산계획을 수립할 수 있기 때문입니다. 그렇다면 구매(조달) 담당자는 ERP에서 관리하는 구매 입고예정 정보에 이번 주는 자재를 90만큼 입고할 예정이라고 적는 것이 맞습니까? 아니면 100만큼 입고할 예정이라고 적는 것이 맞습니까? 실제로 SCM 혁신활동을 하면, 구매(조달) 담당자로부터 가장 많은 문의를 받는 부분입니다.[29] 회사의 혁신을 담당하는 조직은 이 딜레마 **상황에서 정확하고 분명하게 행위의 방향을 정해 주는 것이 매우 중요합니다. 어떠한 경우이든 계획에는 '할 수 있는 것'을 적어야 합니다. '해야 하는 것(혹은 하고 싶은 것)'을 적으면 결코 안 됩니다.** 앞에서부터 초지일관 강조한 부분이기 때문에 이쯤 되면 제가 왜 할 수 있는 것을 적어야 한다고 하는지 이해가 갈 것입니다. 계획을 제대로 실행하지 못하여 차질을 빚음으로써 생기는 악순환의 고리를 만들지 않는 것이 SCM에서 가장 중요하기 때문입니다.

구매(조달)담당자가 난처한 부분이 구체적으로 무엇인지 잘 이해가 안 간다고요? 그러면 과연 구매(조달) 입장에서 '할 수 있는 것'과 '해야 하는 것(혹은 하고 싶은 것)'이 서로 어떻게 다른지 비교해 보겠습니다. 명확한 이해를 위해서 회사의 운영 상황을 가상으로 만들겠습니다.

- 회사는 매주 월~화 기간 동안 수요계획을 수립하고, 수요계획을 받아서 수~목 기간 동안 공급계획을 수립합니다.
- 생산과 같은 주차에 출하를 할 수 있다고 가정합니다. 생산을 하면 지체하지 않고 출하를 할 수 있다고 가정하고 계획을 수립합니다.
- 생산 투입 일주일 전에 자재를 확보하기로 운영기준을 삼았습니다.

---

29 각자의 KPI와 맞물려 있기 때문입니다. 구매(조달) 담당자에 대한 KPI는 대표적으로 두 가지가 있는데 하나는 구매(조달) 담당자가 입고하겠다고 선언한 대로 잘 입고했는지를 평가하는 '납기준수율'이 있고, 다른 하나는 MRP가 제공하는 자재 입고권고일에 맞춰 ERP에서 관리하는 구매오더 화면에 입고예정일을 작성했는지 평가하는 '입고권고일 준수율'이 있습니다. 그런데 그 둘은 서로 충돌관계에 있습니다. 전자는 할 수 있는 것, 그리고 후자는 해야만 하는 것을 하겠다고 선언하는 것입니다.

이 말은 생산하는 주간에 자재가 입고될 예정이면, 계획을 수립할 때에는 자재가 부족하여 생산이 한 주 연기된다고 가정합니다.

- 마지막으로 생산의 리드타임은 하루 이내로 매우 짧습니다.

위의 내용을 적용하여 회사가 계획을 수립하는 모습을 그려 봅니다. 〈그림12〉를 참고하면 이해가 좀 될 것입니다.

‖ 40주차 수~목 상황 - 공급계획수립(결과)

수요계획을 만족하려면 W43에 출하를 120개 해야 하므로 완제품 기초재고를 감안하여 W43에 생산을 100개 하기로 확정했습니다.

‖ 41주차 월~화 상황 - MRP 수행 결과 분석

앞에서 정한 생산 100개가 MPS가 되어 ERP에 있는 MRP를 돌리면 특정 자재에 대해 다음과 같은 MRP 결과를 확인할 수 있습니다. W43에 생산 100개를 달성하려면 생산 일주일 전인 W42에 자재 100개를 확보해야 합니다. 만일 자재의 기초재고가 하나도 없다면 W42에 자재 100개를 입고해야 합니다. 그런데 구매(조달)담당자가 공급업체에 확인해 보니 입고 받을 수 있는 수량이 기껏해야 90개뿐입니다.

이때 구매(조달) 담당자는 다음과 같은 내적 갈등을 겪습니다. 이 갈등의 상황은 〈그림13〉에 묘사를 하였습니다. 내가 진짜로 W42에 입고할 수 있는 수량은 90개인데

[갈등1] "입고 받을 수 있는 수량인 90개를 선언하면, 나 때문에 회사는 생산계획을 100개가 아닌, 90개밖에 수립하지 못해. 나는 회사에 이런 피해를 줄 수 없어. 예전에 발행한 90개짜리 발주서 말고도 10개를 더 발행하여 100개를 입고시키겠다고 선언해야지."

[갈등2] "아니야, 할 수 있는 것, 다시 말해서 W42에 진짜 입고 받을 수량만 선언하는 것이 내가 할 도리야. 비록 나 때문에 회사의 매출이 10만큼 줄어들지언정 진짜로 할 수 있는 계획을 선언하여 실행이 잘 되도록 해야 해."[30]

‖ 41주차 수~목 상황 – 공급계획수립

앞에서 적은 구매(조달) 담당자가 (갈등1)에 입각한 행위를 한다면, 생산계획을 100개 수립할 수 있고, (갈등2)에 입각하여 행동을 하였다면, 생산계획을 90개만 수립할 수 있습니다. 〈그림12〉는 W42에 입고 받을 수 있는 수량 90개만을 구매 입고예정 계획으로 선언하였기 때문에 생산 또한 100개가 아닌, 90개만 수립하는 상황을 그렸습니다. 우리는 이것을 '자재 제약'을 반영하여 생산계획을 수립했다고 표현합니다.

---

30 (갈등1)에 얼마나 잘 따라왔는지를 평가하는 KPI를 '입고권고일 준수율'이라고 하고, (갈등2)에 얼마나 충실하였는지를 평가하는 KPI는 '납기준수율'이라고 부릅니다. 지표 관리를 할 때 이처럼 서로 충돌되는 지표를 둘 다 만들어서 한꺼번에 관리하면 회사가 한 방향으로 나아가기 어렵습니다.

(수립한 생산계획과 '자재 입고 예정 계획') 그리고 (자재 입고 예정 계획과 생산 계획 수립)과의 관계입니다.

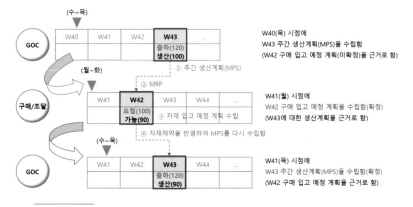

W40(목) 시점에
W43 주간 생산계획(MPS)을 수립함
(W42 구매 입고 예정 계획(미확정)을 근거로 함)

W41(월) 시점에
W42 구매 입고 예정 계획을 수립함(확정)
(W43에 대한 생산계획을 근거로 함)

W41(목) 시점에
W43 주간 생산계획(MPS)을 수립함(확정)
(W42 구매 입고 예정 계획을 근거로 함)

※ 위의 예시는 다음을 가정함 (생산한 주차에 출하가 가능함. 생산 1주 전에 자재는 입고되어야 함)

〈그림12. 생산계획수립과 자재 입고예정 정보의 내부 순환 관계〉

여기서 중요한 질문을 드립니다. 여러분이 만일 구매(조달) 담당자라면 위에서 예로 든 41주차 월~화 기간에 MRP 결과를 분석하고 (갈등1)과 (갈등2) 중에서 어떤 결정을 하겠습니까? 지금까지 내용을 잘 따라오고 있다면 이 문제는 더 이상 갈등의 상황이 아님을 알 것입니다. SCM 활동을 통해 원하는 이상향에 잘 도달하려면 계획한 것을 철저히 준수해야 하는데, **그러려면 할 수 있는 계획을 수립하여 선언**(Declaration)**하고 배포**(Release)**해야 합니다.**

논어에 '지지위지지 부지위부지 시지야(知之爲知之 不知爲不知 是知也)'라는 문장이 있습니다. '아는 것을 안다고 하고 모르는 것을 모른다고 하는 것, 이것이 진짜 아는 것이다'라는 뜻인데 새가 지저귀는 듯한 음률이 있어 예로부터 논어의 유명한 문구로 알려졌습니다. 논어에 나오는 이 문

SCM 혁신과 생산계획

장을 차용하여 저는 다음과 같이 표현을 합니다. '가지위가지 불가위불
가 시능야(可之爲可之 不可爲不可 是能也)'라고. 이것이 SCM 혁신을 향한 마음
가짐입니다.

입고 예정 계획은 무엇에 비중을 더 두느냐에 따라 '납기준수율'과 '입고 권고일 관리'로 나눌 수 있습니다.

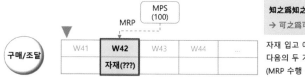

知之爲知之　不知爲不知　是知也 (논어 위정편)
→ 可之爲可之　不可爲不可　是能也 (932 어록)

자재 입고 예정 계획은
다음의 두 가지 방식으로 수립할 수 있다.
(MRP 수행 결과와 현실 상황과의 gap 발생 시)

납기준수율	입고 권고일 관리
[개념] 현실적으로 조달 가능한 계획을 선언함 MRP는 100을 필요로 하나, 조달하는 입장에서 90밖에 확신할 수 없는 경우, 입고 예정 계획을 90이라고 선언함	**[개념] MRP 요구량에 맞게 입고 예정 계획을 관리함** 그 동안 90으로 관리하던 입고 예정 계획에 대해 MRP에서 100을 요구할 경우, 입고 예정 계획을 100으로 변경함
[상황] 생산계획 변경 여부에 따라 생산계획이 변경(특히 증량)된 경우와 생산계획은 불변이나 조달 상황이 바뀐(안 좋아진) 경우	**[상황] 생산계획 변경 여부에 따라** 생산계획이 변경(특히 증량)된 경우와 생산계획은 불변이나 조달 상황이 바뀐(안 좋아진) 경우

납기준수율은 회사의 원칙과 관련이 있고, 입고 권고일 관리는 회사의 대응 수준과 관계가 있음
양쪽이 서로 충돌하면 납기준수율을 지켜야 함

〈그림13. 구매(조달) 담당자가 겪는 딜레마〉

▎04　운영은 조급하면 안 됩니다

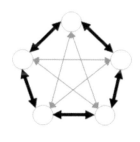

　　원인변수를 개선하면 결과가 좋아지는 프로
세스가 있습니다. 주로 개발이나 품질 프로세
스가 그렇습니다. 이러한 프로세스와는 달리
운영은 결과가 또 다른 대상들의 원인이 되고

그러한 인과관계가 꼬리에 꼬리를 물고 있어서 하나의 문제를 개선해도 한 번에 전체 시스템의 성능이 좋아지지 않습니다. **단기간에 성과가 잘 나타나지 않기 때문에 운영 혁신활동은 가늘고 길게 가는 전략이 좋습니다.** 짧은 기간 동안 집중적으로 많은 투자를 하여 개선활동을 펼쳐도 가시적인 성과가 잘 나타나지 않는 이유는 이 때문입니다.[31]

  흥미로운 것은 가장 약한 고리(조직 혹은 기능)**가 일정 수준에 도달하면 어느 날 불현듯 운영이라고 하는 복잡한 체계인 시스템이 안정적이면서도 좋아졌다고 느끼게 됩니다.** 서서히 단계적으로 좋아졌다고 느껴지는 경우는 거의 없고, 운영을 하다 보면 어느 순간 '어! 왜 이렇게 좋아졌지?' 하고 갑자기 좋아졌음을 느끼게 됩니다. 결국 개선에는 필연적으로 시간이 걸리니 조바심을 내면 안 됩니다. 너무 열심히 개선하겠다고 해서 '긁어 부스럼'을 만들 필요는 없습니다.

쉬어 가는 페이지(3) -
운영을 개선하려면 어디부터 시작하는 것이 좋은가요?

  회사의 운영을 개선하려고 처음 기획을 할 때면 운영의 영역이 워낙 넓어 어디에서부터 개선작업을 시작할지 엄두가 나지 않습니다. 수요예측, 주문관리, 공급계획수립, 생산오더 발행, 구매오더 발행(발주), 자재

---

31 이렇기 때문에 규모가 큰 APS 구축 프로젝트를 하기 전에, 외부 전문가와 함께 호흡을 길게 하여 회사의 프로세스 개선을 진행하는 것이 바람직합니다. 외부 전문가의 도움을 일주일 내내 받을 필요까지는 없고, 일주일에 한두 번씩 회사의 중요한 정기 회의체에 참석하여 회사의 문제점이 무엇인지 진단하고, 임직원들 교육도 진행하면서, 회사와 함께 운영 개선 방안을 만들어 가는 것이 무엇보다 중요합니다.

입고예정일 관리(조달), 불출, 출하 등이 전부 사슬로 물려 있어서 어느 하나를 개선하려고 하면 그 결과물이 다른 요인의 원인이 되어 이게 개선으로 연결되는지조차 판단하기 힘들기 때문입니다.

　결론부터 말씀드리면 불출을 하기 전에 챙겨 볼 수 있는 **'자재충족률'** 부터 점검해 보기를 권합니다. 운영에서 중요하지 않은 영역은 없습니다. 무엇 하나라도 소홀히 하거나 취약하면 운영 전체에 영향이 가기 때문입니다. 영업이나 구매와 같이 누가 봐도 가장 중요하다고 생각되는 운영의 기능들이 있습니다만, 중요한 만큼 위험부담이 항상 따릅니다. 혁신활동을 하면서 한 번 실패한 분야는 더 이상 혁신활동을 진행하기가 어렵습니다. 예를 들어, 운영에서 가장 중요한 것을 수요관리로 보고, 수요관리 중에서도 주문관리를 제때 잘하기로 목표로 삼았습니다.[32] 그런데 회사는 막상 혁신활동에 대한 분위기도 형성되지 않았고, 더군다나 영업과 마케팅 조직의 특성상 공장보다는 상대적으로 규율에 얽매이지 않는 자유로운 분위기가 있는데 고객으로부터 주문을 받음과 동시에 회사가 사용하는 ERP에 판매오더를 입력하라고 아무리 떠들어도 그 활동이 얼마나 힘이 들고 귀찮은 줄 아냐며 듣는 척 만 척합니다. 이래서 한 번 실패하고 나면, 다시는 사전에 판매오더를 관리하는 운영체계를 갖추기가 매우 어렵게 됩니다.

32　고객으로부터 주문이 들어오면 주문을 접수받은 시점에 지체하지 않고 주문의 내용을 ERP에 판매오더(Sales Order)로 입력을 하면 운영을 할 때 여러모로 도움이 많이 됩니다. 그렇지만 실제로 주문을 받은 날 판매오더를 ERP에 입력하는 회사들은 생각보다 많지 않습니다. 그렇기 때문에 주문관리는 운영 개선을 추진할 때 빠지지 않고 등장하는 단골손님입니다.

이러한 이유 때문에 혁신활동을 전개할 때에는 영업과 구매와 같이 회사 외부요인, 즉 고객이나 공급업체와 인접한 영역을 다루는 분야의 개선활동은 조금 뒤로 미루고, 순수하게 회사 내부의 활동과 연계한 생산이나 자재 문제부터 손을 대는 것이 성공 확률이 높습니다. **저는 그 가운데에서도 생산에 필요한 자재를 사전에 얼마나 확보했는지를 제일 먼저 살핍니다.** 가령 생산에 투입하기 일주일 전에 자재를 확보하기로 운영기준을 정했다면,[33] 생산을 진행하는 주차의 월요일에 이번 한 주 동안 생산하는데 필요한 자재가 얼마나 확보되었는지를 평가해 보는 것입니다. 이것을 측정하는 지표를 가리켜서 **'자재충족률'**이라고 부릅니다. 생산하기 얼마 전까지 자재를 확보하자는 기준만큼은 그 어떤 운영 대상보다도 회사 조직원들 간에 합의가 잘 이루어지는 편입니다.

생산에 필요한 자재가 제때 확보되지 않은 원인은 비교적 명확합니다. 계획수립 담당자가 주간 생산계획(MPS)을 수립할 때 자재의 입고예정일을 감안하지 않고 계획을 수립했거나, 구매(조달) 담당자가 선언한 자재의 입고예정일대로 자재를 입고시키지 못한 경우밖에는 없습니다. 이들 두 가지 사유 모두 회사의 운영을 개선하는 데 화두가 되어 조직원들의 자발적 참여를 이끌어 내는 데에 중요한 역할을 담당합니다.

---

33 아마도 모든 종류의 자재를 생산 투입 일주일 전에 확보하기는 어려울 것입니다. 부피가 큰 포장 자재는 일일 공장계획을 보면서 입고 시점을 매일 조율해야 하기 때문입니다. 그렇다면 부피가 작은 자재들에 한해서 생산 투입 일주일 전에 자재를 확보한다는 기준을 적용할 수 있습니다. 적용할 대상을 유형(예. 자재그룹)으로 나누는 활동, 그 자체도 운영 개선에 매우 중요한 부분을 차지합니다.

5.
혁신과 개선의 차이

앞에서 혁신을 하려면 단선적 사고의 틀에서 벗어나야 한다고 했는데, 한 가지 오해가 없으면 합니다. 제가 그동안 혁신에 걸림돌이 되는 단선적 사고의 사례들을 보여 왔기 때문에 마치 단선적 사고가 무조건 나쁜 것처럼 비쳐졌는지도 모르겠습니다. 하지만 이성적 판단의 근간은 비례식에 입각한 단선적 사고방식입니다. **단선적 사고가 무조건 나쁜 것은 아닙니다.** 다만 상황이 단선적이지 않은데 문제를 단선적으로 정의하고, 단선적인 접근방법을 통해 문제해결을 시도할 때가 문제라는 것입니다. 그렇기 때문에 운영 혁신도 단선적 사고방식으로 접근할 때와 그렇지 않을 때를 구분해야 합니다.

책의 제일 앞부분에서 저는 운영을 언급할 때 개선과 혁신이라는 용어를 구분하지 않고 두루 사용하겠다고 말씀드렸습니다. 운영을 잘하기 위해서는 단선적 사고도 필요하고, 단선적 사고를 극복하는 것도 필요합니다. 직관적으로 드는 생각이 개선은 단선적 사고와 친하고, 혁신은 단선적 사고와 멀게 느껴져서 〈그림14〉과 같이 이분법으로 나누되 옳고 그름의 문제가 아니기 때문에 그냥 청팀, 홍팀으로 표기했습니다. 열거한 대상들 중에 앞에서 이미 말씀드린 것들은 빼고 추가로 언급할 필요가 있는 것들만 조금 더 짚고 넘어가겠습니다.

내용	청팀	홍팀	내용
30% 이하	개선	혁신	30% 이상
투입 대비 산출, 능률	효율성	효과성	목표지향적, 목표달성도
현실과 비슷한 결과	타당성	신뢰성	항상 일정한 결과
일단 많이 잡아야 그나마 실행함	해야 하는 계획	할 수 있는 계획	계획한 것은 반드시 실행함
총량적 달성	달성율	준수율	품목별 준수
단순한 세상을 전제로	단선적	비선형적	복잡계에 대한 인식
담당자가 직접 개입	담당자	조정자	조정자를 통해 접근
꼬리에 꼬리를 물어서 접근	이력 추적 (Lot)	통합 (Integration)	물량의 개념으로 묶어서 접근
10중에 10을 다 해결하려고 함	완결성	체계성	10중에 고질적인 4만 해결함
	…	…	

〈그림14. 개선과 혁신의 차이〉

▎01 효과성과 효율성

SCM 혁신 프로젝트에 처음 참여한 지가 엊그제 같은데 시나브로 이제는 다양한 회사, 다양한 형태의 프로젝트에 참여했음에 적잖이 놀랍니다. 제가 프로젝트에 참여한 형태는 크게 두 가지입니다. **그중 하나는 주로 프로세스 관점에서** 기업이 운영정책을 수립하고, 수립한 운영정책의 의도에 맞게 세부 규칙들인 운영기준을 제안하거나 고객사와 함께 만들어 나가는 활동입니다. 현재를 진단하고 미래의 좋은 방향을 제안하기 위해서는 거의 예외 없이 고객사가 현재 ERP를 어떻게 사용하는지 분석하고, 운영을 더 잘 하기 위해서 앞으로는 ERP를 어떻게 사용하면 좋을지를 제안합니다. 말하자면 'ERP 활용 고도화' 프로젝트를 수행합니다. **또 다른 하나는 'APS를 구축하는 프로젝트'**에 참여하는 형태입니다. 많은 기업들은 성장기에서 성숙기로 접어들면, 엑셀로 계획을 짜는 데 한계를 느낍니다. 그만큼 계획을 수립할 때 고려해야 할 것들이 많기 때문입니다. 계획을 수립할 때 도움을 주는 도구가 APS인데, 이 APS 구축 프로젝트에는 많은 양의 인풋 데이터를 활용하여 기업이 원하는 계획 결과를 도출하게 됩니다.

자, 이제부터가 하고 싶은 말입니다. 제가 주로 참여한 'ERP 활용 고도화' 프로젝트나 'APS 구축 프로젝트'들은 모두 많은 양의 데이터를 기반으로 혁신활동을 한다는 공통점이 있습니다. 운영정책과 운영기준을 새롭게 만들었으니 데이터 관리 또한 새로운 기준에 맞도록 변화를 시도해야 합니다. 당연히 중간 과도기에는 관리하기도 힘들고 데이터도 맞지 않습니다. 그런데 가끔은 고객사의 팀장님들이 저에게 이런 푸념들을 합니다. 프로젝트를 하고 나니, 우리의 삶이 더욱 힘들어졌다고 말입니다. 특히 일 양이 많아졌다고들 걱정합니다. 과거에 하던 행태와 비교하여 같은 효과를 보려면 시간이 더 많이 들기 때문에 이런 말들을 합니다. 다 그런 것은 아니지만, 몇몇 고객사 팀장님들은 효과성 보다는 효율성의 문제에 입각해서 업무의 가치를 판단하는 경향이 있나 봅니다. 그럴 때마다 목표로 한 것을 이룰 때까지는 지금보다 좀 더 괴롭더라도 잘 참아야 한다고 사전에 잘 말씀드리지 않은 것을 반성합니다.

우리는 SCM 혁신을 위해 '계획에 대한 실행력을 높여야 하는' 달성하기 쉽지 않은 목표를 가지고 움직입니다. 계획한 대로 실행하려면 실행 가능한 계획을 수립해야 하는데 그러려면 아무래도 예전에 하던 생각과 행동들을 바꿔야 합니다. 과도기가 있을 수밖에 없는데 과도기에는 많은 일들이 불편하고, 같은 일을 처리하는데도 시간이 많이 걸립니다. **일에는 두 가지 가치가 공존합니다. 바로 효과성**(Effectiveness)**와 효율성**(Efficiency)**입니다.** 효과성은 목표달성도를 말하고, 효율성은 투입 대비 산출 비율을 뜻합니다. 계획에 대한 실행력을 높이자는 목표를 세웠다면, 목표에 대한 효과성은 얼마나 실행 가능한 계획을 수립했는가에 달려있습니다. 실행 가능한 계획을 수립하기 위하여 인풋 데이터도 정비하고 APS라는 새로운 시스템도 구축하였으니 시스템 오픈을 준비하는 과정, 그리고 오픈한 직후의 안정화 기간 동안은 비록 운영에 불편한 점이 있어도 이것을 잘 참고 실행 가능한 계획을 수립할 수 있도록 모든 역량을 집중해야 합니다. 이와 대조적으로 효율성을 따질 때에는 주로 시간으로 목표를 잡습니다. 그동안 엑셀로 계획을 수립할 때에는 10시간 걸렸지만, APS로 수립하니 4시간이 걸렸다는 식으로 표현을 합니다. 그런데 이들 둘 간에는 일종의 성숙 과정이라는 것이 있습니다. **효과성을 먼저 이루고, 그다음에 효율성을 높이도록 해야 합니다.** 대부분은 효과성을 먼저 이루고 나면 효율성은 저절로 올라가게 되어 있습니다. 그렇기 때문에 손이 많이 간다고 하여 목표로 삼은 것을 포기하면 안 됩니다.

SCM 혁신과 생산계획

| 02   신뢰성과 타당성

APS는 회사에서 사용하는 많은 운영 시스템과 다른 면이 있습니다. APS는 미래 시점에 대한 결과를 제공합니다. 미래 시점에 대한 결과는 다시 예측(Forecasting)과 계획(Planning)으로 나눕니다. 그런데 우리는 APS 결과를 계획이라고 하지, 예측이라고 하지는 않습니다. 계획은 의도를 담고 반드시 달성해야 하는 점에서 예측과 구별됩니다.

APS를 사용하는 대부분의 기업이 APS의 인풋으로 확률 변수를 사용하지는 않습니다. 대신에 제품A를 한 단위 만드는데 2분 30초가 걸린다고 하는 것과 같이 정해진(Deterministic) 숫자를 사용하여 미래의 결괏값을 얻습니다. 시스템이 결과를 얻기까지는 여러 경로(Route)를 거쳐야 하고, 각 경로마다 갈래길들이 존재하는데 이 갈래길들을 조합하면 엄청나게 많은 경우의 수가 생깁니다. 그렇게 때문에 비록 정해진 숫자를 사용하지만, 계획의 결괏값을 제공하기까지는 아주 많은 수읽기 과정을 거쳐야 하기 때문에 보통 시스템을 오픈하고 얼마 동안은 APS가 제공한 계획의 결과가 현실과 맞지 않는 경우가 많습니다. 이 기간을 '안정화(Stabilization) 기간'이라고 하는데 프로젝트에서 가장 바쁘면서도 중요한 시기입니다. 계획 결과가 좋지 않으면, 다시 말해서 계획의 실현 가능성이 떨어지면 이것만은 반드시 바로잡아야 하는데, 계획 결과가 좋아지도록 APS를 튜닝하는 능력은 프로젝트 수행 인력들 간에도 편차가 큽니다.

이때 실력 있고 노련한 인력들은 계획 결과가 마음에 들지 않는다고 해서 계획 결과를 도출하기 위해 사용했던 로직을 성급히 바꿔가며 현실과 유사하게 만들려고 하지 않습니다. 대신에 항상 일정한 결과가 나오는지부터 점검합니다. 이즘에서 용어를 다음과 같이 정의합니다. 현실과 비슷한 결과를 얻으면 계획 결과에 '타당성'이 있다고 하고, (현실과 비슷한 결과를 제공하는 것과는 관계없이) 항상 일정한 값을 얻으면 계획 결과에 '신뢰성'이 있다고 합니다. 참으로 공교롭습니다. 앞에서 말씀드린 효과성과 효율성의 문제처럼 신뢰성과 타당성, 이들 둘 간에도 일종의 성숙 과정이라는 것이 있습니다. **시스템이 제공한 계획 결과에 신뢰성을 먼저 확보하고 나면, 타당성을 높이기가 수월합니다. 반대로 신뢰성을 확보하지 못한 채, 타당성을 높이려고만 하면 시행착오만 반복할 뿐 결과가 별로 좋아지지 못합니다.**

이 내용을 고스란히 운영에도 접목할 수 있습니다. 어쩌다 운영의 결과가 좋다고 해서 하나도 좋아할 일이 못 됩니다. 의도한 대로 꾸준한 결과를 내는 것이 진정한 운영 실력입니다.

| 03 준수율과 달성률

준수율은 계획에 대한 적중도를 말합니다. 계획한 것보다 더 많은 양을 수행해도 준수율이 떨어진다고 보기 때문에 100%가 넘는 준수율이란 있을 수 없습니다. 이와 반면에 달성률은 계획의 달성 정도를 말합니다. 계획에 대한 초과 달성을 허용하기 때문에 100%가 넘는 달성률이 얼마든지 가능합니다. SCM 관점에서는 준수율이 달성률보다 중요하다는 점만 일단 말씀드리고 이 내용은 '제7장 KPI 점검' 부분에서 자세히 다루겠습니다.

▌04　조정자를 통한 해결과 담당자끼리 직접 해결

회사에서 자주 볼 수 있는 상황을 그려보겠습니다. 겉으로 볼 때에는 회사가 아주 활기찹니다. 담당자들은 전부 전화기를 붙잡고 큰 소리로 서로가 원하는 것들을 말합니다. 때문에 회사가 아주 열심히 일하고 있다는 인상을 주기에 부족함이 없습니다. 전화 내용을 가만히 엿들으니, 내용인 즉 다음과 같습니다.

어느 날 오전, 구매(조달)담당자 'c'는 영업담당자 'A'로부터 다급한 전화를 한 통 받습니다. 내일 오후까지 제품A 100개를 급하게 출하해야 하는데 ERP를 통해 확인해 보니 다른 자재들은 다 충분히 있는데 원자재c의 재고만 60개밖에 없어서 생산을 의뢰할 수 없다고 아주 난리도 아닙니다. 구매(조달)담당자 'c'는 이 요청을 안 들어주면 또다시 영업으로부터 온갖 비난을 받을 텐데 여간 곤욕이 아닙니다. 실은 최근 들어 이렇게 영업으로부터 긴급 요청에 대한 전화를 받은 게 한두 번도 아닙니다.

위의 내용을 〈그림15〉에 담았는데 조금 더 자세히 상황을 들여다보겠습니다. 영업담당자 'A'는 제품A의 판매를 담당하고, 영업담당자 'B'는 제품B의 판매를 담당하는데 영업담당자 'A'는 고객으로부터 급하게 판매 의뢰를 받자 ERP를 통해 재고를 살핍니다. 제품A의 재고는 하나도 없고, 제품A를 만드는데 필요한 자재a 와 자재c의 재고가 각각 220개와 60개가 있음을 확인하였습니다. 이에 영업담당자 'A'는 자재c만 조금 더 확보하면 제품A를 만들어서 출하할 수 있다고 판단하여 구매(조달)담당자 'c'를 채근하기에 이르렀습니다.

이 상황에서 몇 가지 문제점을 짚어 볼 수 있습니다.

[문제점1] 자재(조달)담당자 'c'는 자재c를 내일까지 긴급하게 40개를 더 확보할 수 있다고 장담할 수 없습니다. 영업담당자는 자기가 원하는 것만 이야기하였을 뿐입니다.

[문제점2] 자재a는 비록 220개의 재고가 있지만, 그중에 200개의 재고 는 제품B를 만들려고 미리부터 확보한 것입니다. 실제 운영 에서는 이처럼 얽히고설킨 관계가 많습니다. 설령 자재c를 긴급하게 조달했다고 해도 자재a가 부족하여 결국 제품A나 제품B 중의 하나는 생산에 차질을 빚게 됩니다.

회사 내 조직(혹은 담당자)들은 모두 역할과 책임(R&R, Roles & Responsibilities)을 부여받습니다. 팔겠다고 수요계획을 수립했는데 고객이 제때 제품을 안 가져갔다고 하여 그 책임을 고객에게 떠넘길 수는 없습니다. 책임은 영업부서가 지는 것이 맞습니다. 마찬가지로 생산하기로 합의를 보았는데 공장의 문제로 생산을 제대로 못 하면 생산부서의 책임입니다.[34] 그리

---

34 엄밀하게 생산을 실행하는 조직보다는 생산계획을 수립하는 쪽에 더 많은 책임이 있습니다.

SCM 혁신과 생산계획

고 자재의 공급업체가 자재를 제때 공급하지 못했기 때문에 생산을 하지 못한 경우에는 구매(조달)부서에 귀책이 있습니다.[35] 운영에는 실은 이 것 말고도 더욱 빈번하게 발생하는 문제가 있습니다. 바로 할당(Allocation)의 문제입니다. 운영을 하면서 가장 풀기 어려운 문제이기도 합니다. 이 할당의 문제를 풀기 위해서는 많은 정보를 가지고 있어야 합니다. 따라서 공급계획을 수립하는 조직, 흔히 GOC(Global Operation Center)라고 부르는 조직에서 수집한 정보들을 이용하여 전체가 이로울 수 있도록 조정자(Coordinator) 역할을 수행해야 합니다. 아직 회사의 규모가 작아서 GOC 라는 조직이 없을지라도 누군가는 조정자의 역할을 담당해야 합니다.

위의 문제에서 영업담당자 'A'가 GOC 담당자에게 문의를 했다면 아마도 GOC 담당자는 이 문제의 핵심을 공용자재a에 있다고 보고, 영업담당자 'B'에게 납품을 미룰 수 있는지 사전에 확인하고 그(그녀)가 하는 답변에 따라 다음과 같이 대안을 모색할 것입니다.

[고려사항1] 제품B의 납품을 미룰 수 있다고 답변을 들으면

자재a를 제품B가 아닌, 제품A를 위해 사용하는 것으로 정하고 이제 구매(조달)담당자 'c'에게만 긴급 조달이 가능한지를 확인할 것입니다. 만일 자재c를 긴급히 조달할 수 있다는 답변을 들으면 이제야 비로소 예정

---

35 조달 상황이 여의치 않아 제때 입고할 자신이 없으면 구매(조달)담당자는 생산계획을 합의하기 전에 손을 들어 제때 공급할 수 없다고 미리 알려야 합니다. 일단 생산계획을 확정한 이후에는 자재를 제때 공급하지 못하여 생산 차질이 발생하면 그 책임은 구매(조달)에 있게 됩니다. 그런데 엑셀과 ERP만으로 생산계획을 수립하면 구매(조달)담당자는 특정 자재가 언제 필요한지조차도 미리 알기 어렵습니다. 이것을 도와주는 도구가 APS입니다. APS를 사용함으로써 생산계획을 확정하기 전에 무엇이 문제인지 미리 확인할 수 있어 실제 수행 가능한 계획을 수립할 수 있습니다.

에 없던 제품A를 100개 생산하는 대신에 제품B는 당초 200개에서 100개로 줄이라고 생산 변경을 지시할 것입니다.

[고려사항2] 제품B의 납품을 절대로 미룰 수 없다는 답변을 들으면
자재c 뿐만 아니라 자재a도 추가로 긴급하게 조달할 수 있는지 확인을 하고, 동시에 생산 캐파도 당초 200만 계획했던 것에서 100을 추가로 더 진행할 수 있는지도 확인합니다. 자재와 생산의 답변에 따라 계속해서 수행 가능한 해법을 모색해야 하는데 이 작은 문제조차도 헤아려야 하는 경우의 수가 참으로 많아서 이즈음에서 줄이겠습니다.

회사에서 벌어지는 작은 일상의 단면들을 통해 우리는 다음과 같은 교훈을 얻습니다. **교훈은 '바로 인접한 채널하고만 소통하라.'**입니다. 의사소통 채널(Communication Channel)을 두 단계 이상 건너뛰어 간섭하면 의도하지 않게 또 다른 채널에 영향을 줄 수 있습니다. 각 조직은 자기 조직에게 부여받은 역할만 충실히 하고 필요하면 자기와 인접한 채널과만 소통해야 합니다. **그리고 운영의 중심에 GOC와 같이 조정 역할을 담당하는 조직을 두고 정보가 한 곳으로 모이게 하여 할당의 문제를 해결해야 합니다.** 마지막으로 회사의 운영프로세스를 디자인하는 전담 조직과 담당자가 필요합니다.[36] 운영 혁신활동을 늘 수행하는 것은 아니기 때문에 규모가 크지 않은 회사는 임시 조직(Task Force) 형태로 운영할 때도 많습니다. 필요에 따라서는 외부 전문가의 도움을 받으면 좋습니다.

---

36 이때 혁신 부서 단독으로 디자인하는 경우는 없습니다. 현업 조직의 대표들과 늘 만나서 의견을 조율하고 합의를 하면서 만들어 나가야 합니다.

SCM 혁신과 생산계획

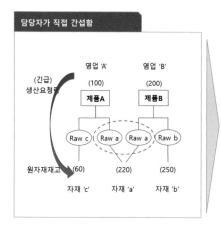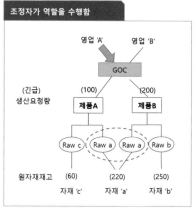

〈그림15. 영업이 구매에 직접 간섭하는 경우(왼쪽)와 GOC를 거치는 경우(오른쪽) 비교〉

6.
Weekly Operation

| 01   멋진 발명품, 주간 운영체계(Weekly Operation System)

유형의 발명 못지않게 중요한 것이 바로 무형의 발명입니다. 법과 제도가 대표적인 무형의 발명품입니다. 무형의 발명품은 국가와 사회만 만들고 사용하는 것이 아닙니다. 기업이 만들어 내는 혁신활동의 결과물, 예를 들어 기존과는 다른 방식으로 적용하는 운영정책과 운영기준들이 모두 중요한 무형의 발명품입니다. 무형의 발명품이 동시대를 살아가는 사람들에게 인정을 받으면 유행이 됩니다. SCM도 큰 범위에서는 사회 구성원들로부터 인정을 받은 무형의 발명품입니다. 그러면 범위를 좁혀서 SCM 내에서 가장 각광을 받고 회자되는 발명품으로는 무엇이 있을까요? 아마도 최근에는 S&OP(Sales & Operational Planning)이지 않을까 생각합니다. 운영을 혁신하겠다고 하는 회사들은 규모와 상관없이 죄다 S&OP를 하고 싶다고 합니다. 엄밀하게 S&OP는 '생판회의' 혹은 '판생회의'라고 불리는 일종의 정기 회의체에 불과합니다. 일주일에 한 번씩 S&OP 회의만 열심히 한다고 해서 운영이 개선되지는 않습니다. S&OP 회의체는 이보다 상위의 '주간 운영체계(Weekly Operation System)'의 하위 개념인데 멋진 발명품인 주간 운영체계의 취지를 정확하게 이해해야 S&OP 회의체를 제대로 활용하고 이를 통해서 복잡한 운영 환경 속에서도 휩쓸리지 않고 안정적으로 회사를 운영해 나갈 수 있습니다.

▍02 월간도 일간도 아닌, 왜 하필 주간(Weekly)인가요?

주간 운영체계는 일주일에 한 번씩 계획을 짜고, 한 주 동안 실행하여, 실행한 결과물을 매주 비교함으로써 지속적으로 운영을 개선해 나가는 체계입니다. 운영을 계획부터 실행까지 면밀히 분석하여 주간 단위로 운영할 수 있도록 회사의 체질을 바꾸어야 하기 때문에 회사에 미치는 파장이 큰 혁신활동입니다. 〈그림16〉은 회사의 운영 방식을 주간 운영체계로 정착시키기 위해 기존의 업무들을 어떻게 변화시켰는지 보여줍니다. 마치 오디오 시스템의 이퀄라이저와 비슷합니다. 그림은 비록 간단해 보이지만, 안에 들어 있는 내용들을 변화시키기 위해서는 시간도 많이 걸리고 노력도 많이 필요합니다. 개별 항목 하나하나가 큰 혁신 과제입니다.

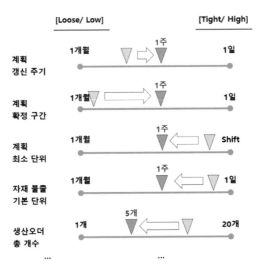

〈그림16. 주간 운영체계 확립을 위한 변화 포인트〉

주간 운영체계는 P-D-C-A의 과정을 일주일이라는 주기(Cycle)로 매번 반복하자는 말과 같은데, 여기에서 핵심은 P(Planning)입니다. 계획을 얼마 만에 한 번 수립하느냐가 운영체계의 주기를 결정합니다. 계획을 매주(Weekly) 수립한다는 점 그 자체만으로도 주간 운영체계는 매우 멋진 발명품입니다.

예전에는 말할 것도 없고 지금도 많은 회사들이 한 달에 한 번(Monthly) 정도만 계획을 수립합니다. 수요에 변동이 전혀 없고, 계획한 대로 실행할 수 있다면, 혹은 계획에 차질을 빚어도 마음먹기에 따라 금방 만회할 수 있는 상황이라면 계획을 한 달에 한 번만 수립해도 아무 문제가 되지 않습니다. 그런데 복잡한 운영 환경에서는 계획이 한 번 어그러졌을 때 이것을 만회하기가 매우 어렵습니다. 수요도 자주 바뀌어 최신의 수요

SCM 혁신과 생산계획

를 반영하여 공급계획을 수립해야만 합니다. **이때에는 지난번에 수립했던 계획을 다 잊고 아예 계획을 새롭게 편성하는 것이 실행하는 입장에서 혼선이 적습니다.** 하지만 많은 회사들이 한 달에 한 번 이상 계획수립하기를 꺼려합니다. 실은 두려워합니다. 한 달에 한 번이지만 계획을 수립할 때 몇 날 며칠을 고생하기 때문입니다. 그 작업을 매주 해야 한다고 생각하니 엄두가 나지 않나 봅니다. 그런데 그렇게 고생해서 수립한 계획이 차질 없이 며칠 동안이나 유지되는지 잘 생각해 보시기 바랍니다. 아무리 머리를 싸매고 신중하게 수립한 계획조차도 단 하루를 그대로 실행하지 못하는 경우가 대부분입니다.

그런데 주간 운영체계가 잘 정착된 회사들은 수백 개에서 수천 개의 개별 제품을 대상으로 13~16주 구간의 공급계획을 반나절, 길어도 한나절이면 수립합니다. 결과를 검토하고 조직 간에 합의하는 과정이 남아는 있지만, 몇 날 며칠 동안 계획을 수립하느라고 고생하던 모습과는 거리가 있습니다. 아무래도 계획수립을 지원하는 시스템(APS)의 도움을 받기 때문이기도 하지만, 과거와 견주어 훨씬 자주 계획을 수립하다 보니 현재의 상황이 지난번에 수립하던 계획의 모습에서 크게 바뀌지 않기 때문이기도 합니다. 게다가 계획을 자주 수립함으로써 생기는 노하우도 있을 것입니다. 어쨌든 막상 시도하면 오히려 월에 한 번 계획을 수립할 때보다 수월한 일들인데 막연한 두려움 때문에 바로 실행에 옮기지 못하는 경우가 많습니다.

먼 미래에는 일간 운영체계가 대세로 될 날이 있을지 모르겠지만, 주간 운영체계는 지금 이 시대의 운영 환경과 잘 부합합니다. 한 달에 한 번 계획을 수립하면 급변하는 시장상황을 반영하기 어렵고, 의욕이 앞선다고 매일 계획을 갱신한다면 실행이 계획을 쫓아가기 매우 어렵습니다.[37] 주간 운영체계는 〈그림17〉[38]과 같은 과정으로 계획을 수립하고 수립한 계획에 따라 실행을 합니다. 많이 복잡해 보이기는 하지만 일주일에 한 번 계획을 수립한다고 해서 계획을 수립하는 부서(예컨대 GOC)만 홀로 일주일 내내 계획을 수립하는 것은 아닙니다. 계획수립은 여러 조직이 분업하여, 순서를 정해 배턴(Baton)을 넘겨 주는 릴레이 경주와 같습니다. 예를 들어 월~화요일 동안에는 영업과 마케팅이 수요계획을 수립하고, 화~수요일에는 GOC, 생산관리, 구매(조달) 부서에서 협력하여 공급계획을 수립합니다. 목요일에는 운영을 담당하는 모든 부서들이 S&OP 회의장에서 수요계획대로 공급을 다 하지 못할 것 같은 몇 개의 주요 품목을 놓고 어떻게 해결하면 좋을지 결정한 다음에 회사의 주간 계획을 확정하고 배포합니다. 목요일에 확정한 계획을 바탕으로 금요일 새벽에 ERP에 내장되어 있는 MRP가 돌고 나면, 실행을 담당하는 부서들은 MRP의 결과를 보고 다음 한 주 동안 요일별 공장계획도 수립하고, 신규로 발주도 내고, 자재의 입고 일정도 조율하고, 창고에서 자재 불출도 하는 등 실행과 관련한 활동을 수행합니다. 그렇기 때문에 매주 계획을 수립한다고 해도, GOC를 제외한 실행을 담당하는 조직은 정해진 요일에만 계획수립에 참여하면 되기 때문에 큰 부담이 되지 않습니다.

---

37 공장계획은 하루 한 번 갱신하는 회사도 많습니다만, 여기서는 말하는 계획이란 자재의 발주와 조달에 영향을 주는 주간 공급계획을 뜻합니다. 자재의 발주와 조달 계획을 매일 변경하고 매일 실행에서 쫓아가기는 현실적으로 매우 어렵습니다.

38 "기업 운영효율 극대화를 위한 SCM 체계구축" (주요섭 저)에서 발췌하였습니다.

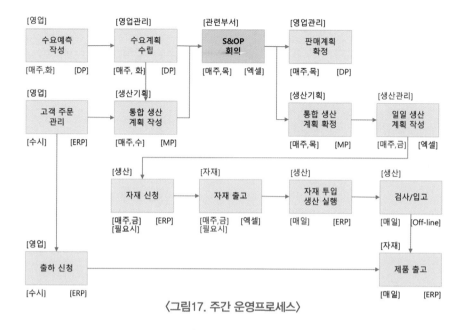

<〈그림17. 주간 운영프로세스〉>

　각 회사들은 주간 운영체계를 잘 가동시키기 위하여 회사마다 지닌 특성을 살려 고유한 계획수립 프로세스를 확립해야 하지만, 몇 가지 내용은 어느 회사를 막론하고 공통적으로 따라야 합니다. **첫째, 매주 계획을 확정하기 전에 공급계획이 수요계획을 만족하는지 미리 점검해야 합니다.** 점검하는 데 문제가 없다면 그 도구가 엑셀이든, APS든 상관이 없습니다. 회사의 규모와 실정에 맞는 것을 사용하면 됩니다. 수요계획과 대비하여 공급계획이 충분한지 여부를 점검하는 방법은 제2부 12장에서 소개하겠습니다. **둘째, 만약 특정 제품의 공급계획이 수요계획을 만족시키지 못하면 S&OP 회의 때 왜 공급이 안 되는지를 밝히고 반드시 문제를 해결해야 합니다.** 문제를 해결하기 위해 공급을 늘릴 수도 있고, 수요를 줄일 수도 있으며, 수요와 공급계획 사이에서 적당한 값으로 절

충할 수도 있습니다. 단, 이 모든 내용은 실행 가능한 공급계획을 기반으로 해야 합니다. S&OP 회의를 진행하는 이유가 실행 가능한 계획을 수립함으로써 수립한 계획을 철저히 지키려는 취지이기 때문입니다.

▌03　계획의 핵심,
MPS(Master Production Schedule, 생산(물동)계획)

　　이 책에서 가장 중요한 단어를 하나만 꼽자면 단연코 MPS입니다. SCM을 잘 하려면 계획한 대로 실행해야만 하고, 실행을 잘 하려면 계획을 잘 수립해야 합니다. 수립한 계획은 최종적으로 ERP의 MRP 결과로 표출되기 때문에 MRP 결과를 잘 준수하는 회사가 운영 수준이 높은 회사입니다. 그런데 MRP는 일종의 로직이므로 MRP를 돌리기 위해서는 여러 인풋들이 필요합니다. 대표적인 인풋 정보로는 기초재고, BOM, 그리고 MPS 등이 있습니다. 재고나 BOM 정보 등은 잘만 관리하면 항상 좋은 품질을 보장받을 수 있는 데이터이지만, MPS는 다릅니다. MPS를 구하기 위해서는 많은 양의 정보와 계획수립 담당자의 전략적 판단, 그리고 복잡한 로직이 필요합니다. 결국 MPS의 품질에 따라 MRP 결과의 수준이 좌우됩니다. 회사의 운영 수준은 MPS의 수준에 달렸다고 해도 과장된 표현이 아닙니다.

　　운영에 필요한 계획은 크게 수요계획과 공급계획 두 가지로 나눕니다. 그런데 공급계획은 여러 계획 항목들을 묶어서 표현하는 포괄적인 실체입니다. 공급계획은 '주석7'에 적은 바와 같이 영업입고계획, 물류출하계획, 공장출고계획, 생산(물동)계획(MPS) 등으로 구성됩니다. 각각의 계획들은 유기적으로 연결되어 있어서 대상 중의 하나가 결정되면 인접한 다른 계획 항목들은 자동으로 계산됩니다. 그렇다면 어느 한 계획이라도 수립이 되어야만 나머지 다른 계획들도 계산식에 따라서 자동으로 수립이 된다는 뜻인데, 전자는 결정변수가 되고 후자는 종속변수가 됩니다. 여기에서 결정변수가 바로 MPS입니다. 그렇기 때문에 MPS는 계획을 대표합니다. MPS 말고 물류출하계획을 운영의 기준으로 삼는 회사도 있는데, 물류출하계획도 MPS를 구한 다음에야 얻을 수 있기 때문에 계획 자체만으로 놓고 볼 때에는 MPS가 가장 중요합니다.

결국 수요를 최대한 만족하고, 적정한 수준의 재고도 유지하면서, 실행 가능한 MPS를 수립하는 것이 주간 운영체계를 유지하는 핵심인데, 회사의 규모가 크고 운영이 복잡하면 공장의 능력치와 자재 가용성의 한도 내에서 실행 가능한 MPS를 수립하기가 매우 어렵습니다. 심지어는 같은 인풋 데이터를 가지고도 사람마다, 혹은 같은 사람이라고 해도 문제를 푸는 시점에 따라 MPS의 값은 다를 수 있습니다. MPS를 편성하는 경우의 수가 너무도 많기 때문입니다. **그렇기 때문에 MPS는 일종의 '예술(Art)'이라고 표현합니다.** 아래 〈그림18〉은 앞에서 이미 소개한 〈그림3〉을 조금 더 정교하게 다듬은 내용입니다. 계획대로 실행을 잘하려면 계획을 잘 수립해야 하는데, 좋은 계획을 수립하려면 세 가지 조건 --- 수요를 최대한 만족하고, 적정 수준의 재고도 유지하면서, 실행 가능한 ---을 다 충족하는 값을 찾아야 하기 때문에 수준 높은 계획을 수립하기란 쉬운 일이 아닙니다. 물론 이렇게 값을 찾고자 했음에도 불구하고 수요를 다 만족하지 못하는 경우에는 S&OP라는 회의체를 통하여 문제를 해결해야 합니다. MPS 수립은 다분히 계획수립 담당자의 노하우가 필요한 영역이기도 하지만, 그렇다고 하여 마냥 계획수립 담당자의 감(感)에 의존해서도 안 됩니다. 그렇기 때문에 명문화된 운영기준이 있어야 하고, MPS는 최대한 그 운영기준을 반영해야 합니다.

SCM의 두 가지 지향점을 달성하기 위해 다음과 같은 개념의 전개가 필요합니다.

[지향점 1]

Demand 만족 극대화

1 수요계획 수립 주기 단축

3 수요기반의 공급계획 수립

[지향점 2]

재고의 건전성 확보 (재고 자산 관리)

2 기말재고 정책 수립

3 재고정책에 맞는 공급계획 수립

S&OP 회의

3 실행 가능한 공급계획 수립

본 장에서는 공급계획을 생산계획(MPS)으로 보아도 무방함

4 계획 대로 실행

5 정기적인 성과측정

1 Demand 만족을 극대화 하기 위해서는 수요를 잘 예측해야 하는데 수요 예측 기법을 찾는데 주력하기 보다는 영업담당자들이 자주(그리고 정기적으로) 수요예측을 하는 것이 바람직함

2 재고 운영은 회사의 중요한 정책이며 --- 그래야 수요와 재고정책을 만족하는 공급계획을 수립할 수 있음 --- 대부분 기말재고를 최소화 하도록 하는 것이 일반적이나 때로는 예기치 않은 Demand에 대응하기 위해 '안전재고'라는 개념을 가지고 가기도 함

3 공급계획은 수요도 만족하고, 재고 정책에도 부응하며, 제약 조건도 만족하는 여러 대안들 가운데 최선이라고 판단하는 임의의 대안을 선택하는 과정이라는 점에서 예술(Art)이라 표현했음. 그럼에도 불구하고 회사의 정책적인 부분을 준수해야 함을 간과해서는 안 됨

4 가장 근간이 되는 가정임

5 계획과 실행을 동시에 개선시킬 수 있는 방법임

〈그림18. MPS를 수립할 때 고려해야 하는 것들〉

계획은 숫자로 표현하는데 이렇게 장황하게 글자만 잔뜩 적어 설명하니 감이 잘 오지 않을 겁니다. 이제 제1부의 마지막 장인 KPI 편을 소개한 뒤에, 제2부에서 상당량의 지면을 할애하여 어떻게 하면 실행 가능하면서도 수요를 최대한 만족할 수 있는 MPS를 만드는지 그 방법을 소개하겠습니다.

7.
SCM 혁신의 효율적인 수단, KPI
(Key Performance Indicators) 점검

SCM 혁신활동은 좋은 타이밍에 전개해야 효과를 봅니다. 좋은 타이밍이란 ERP나 APS와 같이 회사가 사용하는 운영 시스템을 새로 구축하거나 크게 손을 보는 때를 말합니다. 회사가 사용하는 중요한 운영 지원 시스템 구축을 매개로 하여 회사 운영체계를 재정비함으로써 혁신의 효과를 기대하는 방식인데 효과는 좋지만 아무래도 시간과 비용이 많이 듭니다. **그런데 이와 같은 전개방식 말고도 비교적 저렴한 비용으로 회사의 운영 체질을 효과적으로 변화시키는 방법이 있는데, 그것이 바로 KPI 점검 활동입니다.** KPI를 공식적인 자리에서, 정기적으로, 유관부서가 다 함께 모여 점검하는 것만으로도 얼마든지 회사의 체질을 튼튼하게 만들 수 있습니다.[39]

---

39 KPI 점검의 가장 큰 목적이 바로 회사의 운영체계를 바로잡는 일입니다. 따라서 KPI 점검 활동은 운영정책과 운영기준을 재정비하는 활동으로 반드시 이어져야 합니다.

┃ 01 조직원의 행동을 변화시키는 힘

여러분, '호손 실험(Hawthorne Experiments)'이라고 들어 보았나요? 저는 KPI를 접할 때마다 이 '호손 실험'이라는 단어가 생각납니다. 심리학자 메이요(Mayo)와 경영학자 뢰슬리스버거(Roethlisberger)가 주관하여 미국의 일리노이에 있는 전화기 제조업체인 웨스턴 전기회사의 호손 공장을 대상으로 노동자들을 대상으로 한 물질적 보상 방법의 변화가 생산성을 증대시키는지 검증하는 실험을 1924년부터 1932년까지 4차례에 걸쳐 시행을 하였는데, 이 가운데 하나가 조명에 관한 실험입니다. 작업장 내 조명 밝기가 노동 생산성에 미치는 효과를 분석하기 위하여 늘 일하고 있는 조명의 밝기를 대조군으로, 그리고 조명의 밝기를 다양하게 바꾸어 실험군으로 설정하여 실험을 하였는데, 결과는 뜻밖이었습니다. 대조군과 실험군 모두 생산성이 올라갔고, 심지어는 조명을 인위적으로 어둡게 해도 생산성이 올라갔습니다. 그래서 연구자들은 조명과 생산성 사이에는 관련성이 없다고 다소 피상적인 1차 결론을 내렸는데, 이후에 피실험자들이 누군가에게 관찰되고 있음을 알게 된 것이 다른 환경적 요인보다도 결과에 영향을 미친다는 2차 결론에 도달하게 됩니다.[40] 공식적인 자리에서 누군가가 나를 지켜보고 있음을 알게 되면, 살짝 긴장을 하게 되고, 그 긴장은 좋은 쪽으로 동기부여(Motivation)가 됩니다.

---

40 나무위키(www.namu.wiki)에서 '호손 실험'을 검색하여 그 결과를 요약하여 인용하였습니다.

▎02 KPI 점검 진행 방식

KPI를 점검함으로써 얻는 기대효과도 호손 실험과 매우 흡사합니다. 그렇기 때문에 공식적인 자리에서, 정기적으로, 운영을 담당하는 모든 조직이 다 모여야 합니다. 많은 회사들이 S&OP 회의 시간을 두 세션으로 나누어서 1부는 KPI 점검(과거에 대한 회고), 2부는 계획 점검(미래에 대한 전망)을 진행하는데 저는 이 진행 방식을 별로 좋아하지 않습니다. 이 방식을 따르면 S&OP 회의에서 1부의 비중이 점점 높아져서 결국 시간의 제한 때문에 정작 중요한 2부의 순서를 등한시하게 되기 때문입니다. 마치 "악화는 양화를 구축하는(Bad money drives out good money)" 것처럼 말입니다. 시간이 갈수록 1부를 진행하기 위해 계획과 실적을 비교 분석한 자료들이 점점 늘어나서 백화점식 나열에 그칠 가능성이 농후합니다. 이러한 방식은 회사의 운영에 별로 도움이 되지 않습니다. **S&OP 회의 시간에는 철저하게 계획을 점검하고, KPI 점검은 S&OP 회의가 아닌 별도의 날을 잡아서 진행하기를 권합니다.** 예를 들어 주간 S&OP 회의를 매주 목요일에 진행한다면, KPI 점검은 한 주간의 실적을 집계하고 차질 원인을 분석한 이후인 매주 화요일에 진행하는 것이 제일 적당합니다.

▎03 KPI 점검 대상

무엇을 KPI 측정 대상으로 삼을 것인가의 문제인데, 제일 어려운 문제입니다. 제가 어렵다고 표현한 이유에 주목하기 바랍니다. 측정 대상별로 측정을 위한 계산식 만드는 것이 어려운 것은 결코 아닙니다. 지금은 굳이 측정하지 않아도 되는 대상들까지도 자꾸만 들여다보고 싶은 욕망을 잠재우기가 어렵다는 말입니다. 점검할 대상을 많이 만들어서 다각도로 점검하면 좋은 거 아니냐는 질문이 있을 수도 있는데, KPI 점검 대상마다 조직간 이해가 상충하기 때문에 KPI 관리 대상을 여러 개 만들면 필연적으로 회사의 방향성이 흔들리게 됩니다. 앞에서 구매(조달)담당자가 겪는 '납기준수율'과 'MRP 입고예정일 관리'는 서로 충돌이 발생하는 대표적인 사례입니다(〈그림13〉 참조). 하나만 더 들어 보겠습니다. 생산은 효율성 관점에서 병목(Bottleneck) 설비의 '가동률(Utilization)'을 높이려고 합니다. 그러면서도 고객 대응력 향상의 관점에서 투입에서 완성까지 걸리는 시간, 즉 생산 리드타임인 'TAT(Turn Around Time)'를 단축시키려고도 합니다. 이 두 가지 또한 서로 충돌하는 관계에 있습니다. 공장 내 재공(WIP, Work In Process)이 많으면 병목 설비의 가동률은 높아지지만, 이와 반면에 TAT도 길어집니다. 따라서 회사가 KPI를 측정하는 초창기에는 정말로 필요한 **몇 가지 대상만을 선정하고 점검해야 합니다.** 의욕이 지나쳐서 불필요하게 많은 대상을 점검하면 안 됩니다.

그리고 **KPI 측정 대상으로 무엇을 선정하든 간에 '계획 대비 실적'을 주로 비교해야 합니다. KPI 측정은 SCM 혁신의 목표인 계획대로 실행하는 체계를 만드는 데 도움이 되어야 하기 때문입니다.** 측정의 비교 대상이 되는 계획은 1주 확정을 전제로 하여 출발하기 바랍니다. 앞의 제 3장 4절에 있는 〈그림5〉와 〈그림6〉에서 보듯이 W27 구간의 계획과 실적을 비교하려면, 26주차에 수립한 W27의 계획과 28주차 초반에 집계한 W27의 실적을 비교하면 됩니다. 시행 초기에는 다음과 같은 KPI 항목을 점검하면 운영의 안정화에 도움이 됩니다.

- (KPI 1) 판매계획 대비 실적 – 팔겠다고 선언한 대로 팔았는가?
- (KPI 2) 생산계획 대비 실적 – 만들겠다고 선언한 대로 만들었는가?
- (KPI 3) 구매계획 대비 실적 – 구매품을 입고하겠다고 선언한 대로 입고시켰는가?

혹시 회사가 전 세계에 생산이나 물류출하 거점을 두고 있다면 다음의 4번째 항목을 더 관리할 수도 있습니다.

- (KPI 4) 물류출하계획 대비 실적 – 출하하겠다고 선언한 대로 출하시켰는가?

제조업을 하는 회사라면 위의 항목들만 우선 점검하기 바랍니다. 위의 (KPI 1) ~ (KPI 4)는 회사의 핵심 역량과 관련이 있기 때문에 **'주요 지표'**라고 부르겠습니다. 그런데 KPI 점검 활동을 하기 위하여 무엇을 KPI 측정 대상으로 삼으면 좋을지 의견을 조사해 보면, 누구나 보고 싶어하는 항목이 있는데 그것이 바로 '재고(Inventory)'에 대한 정보입니다. 그런데 재고는 계획 대비 실적을 비교할 수 없습니다. 대신에 현시점에서 재고 상태가 얼마나 건전한지는 측정이 가능합니다.[41] 그렇기 때문에 재

---

41 재고 상태의 건전성을 나타내는 지표로는 회전율, 보유일수(DOS, Days Of Supply), 증감현황, 보관일수(Aging), 과잉 또는 불용 현황 등이 있습니다.

고는 **'모니터링 지표'**라고 부름으로써 '주요 지표'와 구분합니다. '재고' 정보 말고도 대표적인 모니터링 지표로 'ERP 적시 처리'와 '자재충족률' 등이 있습니다.[42]

결국 KPI 점검 시행 초기에는 '주요 지표' 3~4개와 '모니터링 지표' 1~2개로 시작하기 바랍니다. KPI 점검이 잘 정착되면 그때 점검 대상을 하나씩 늘려 나가면서 관리의 넓이와 깊이를 더하는 즐거움을 느끼기 바랍니다. 그리고 한 말씀 더 드립니다. KPI는 전용 측정 시스템을 구축해야만 측정이 가능한 것이 아닙니다. 계획과 실적을 정확하게 뽑을 수만 있다면 엑셀 등과 같은 오피스 도구를 이용하여 얼마든지 출발할 수 있습니다.

▎04 SCM 혁신을 위해서는 준수율을 관리해야 합니다

앞의 제5장 3절 준수율과 달성률 편에서 잠시 이야기를 꺼내다 말았는데 그 내용을 조금 더 다루겠습니다. 관리를 잘 하려면 의도한 대로 실행했는지가 중요합니다. 운영 관리를 잘 하려면 수립한 운영계획대로 잘 실행했는지가 중요합니다. 계획한 대로 실행했는지를 측정하는 척도로 '달성률'과 '준수율' 이렇게 두 가지가 있습니다. 달성률은 계획을

---

42   일을 처리하는 그 시점에 ERP(전산)도 함께 처리하는 것이 가장 바람직합니다만, 실제 운영을 하면서는 즉시 처리를 하지 못하는 경우가 많습니다. ERP 즉시 처리를 모니터링 하는 것도 범위가 매우 넓기 때문에 구체적으로 어떤 대상을 모니터링할지 선정하는 것이 중요합니다. 자재충족률과 관련해서는 제1부 4장의 쉬어 가는 페이지 내용을 참조하시기 바랍니다.

달성한 정도를 뜻하며 초과 달성을 허용하기 때문에 100%가 넘는 달성률이 가능합니다. 반면에 준수율은 계획에 대한 적중도를 말합니다. 계획보다 적게 한 것은 말할 것도 없고 더 많이 수행해도 계획을 적중하지 못했으므로 제대로 준수하지 못했다고 보기 때문에 100%가 넘는 준수율이란 있을 수 없습니다.

　그동안 사회가 성장일변도의 정책을 펴 왔기 때문인지 우리는 달성률이라는 개념에 익숙합니다. 목표로 세운 것을 초과 달성하면 열심히 일했다고 칭찬하고, 목표를 달성하지 못하면 야단을 치면서 구성원들을 독려해 왔습니다. 기업도 마찬가지여서 달성률을 중시해 왔는데 달성률을 중요하게 여기면 계획을 철저하게 준수하기 어렵습니다. 결국 계획을 준수하지 못하여 발생한 차질분이 다음번 운영을 방해하는 악순환의 고리를 만듭니다. 이 악순환의 늪에 빠지지 않으려면 달성률이 아닌 준수율을 높이도록 노력해야 합니다.

▌05　달성률과 준수율 계산하기

　　　구체적으로 어떻게 달성률과 준수율을 구하는지 살펴보겠습니다. 회사마다 달성률과 준수율을 부르는 명칭과 구하는 계산식이 조금씩 다를 수 있으므로 제가 소개하는 방식과 여러분의 회사가 사용하는 방식이 어떻게 다른지 비교해 보기 바랍니다. 〈그림19〉에 있는 예제를 보겠습니다.

개별 제품에 대한 달성률과 준수율을 구하는 방법입니다.

먼저 달성률입니다. **달성률은 계획에 대한 실적이기 때문에 계획을 분모로, 실적을 분자로 놓고 결과를 백분율로 표시합니다.** 다만 제품A와 같이 계획 없이 실적이 발생한 경우는 분모가 0이 되어 곤란하므로 강제로 달성율을 0%로 처리합니다. 제품F의 달성률은 계획(400)을 분모로, 실적(500)은 분자로 두어 (실적)/(계획) = 500/400 = 125%로 표시합니다.

다음으로 준수율입니다. **준수율은 계획에 대한 적중도이기 때문에 계획보다 덜한 것뿐만 아니라 더한 것도 바람직하지 않다고 나타내기 위하여 계획과 실적 중에서 큰 수를 분모로, 그리고 작은 수를 분자로 처리한 결과를 백분율로 표시합니다.** 따라서 제품F의 준수율은 계획(400)보다 실적(500)이 크므로 (작은 수)/(큰 수) = 400/500 = 80%로 표시합니다.

개별 제품에 대한 달성률과 준수율 말고도, 집단의 수준을 잘 파악하려면 측정 집단 전체에 대한 달성률과 준수율도 함께 표현해야 하는데 집단 전체의 달성률은 어렵지 않게 구할 수 있습니다. 〈그림19〉의 예제에서는 모든 제품의 계획과 실적을 다 더한 다음에 개별 제품의 달성률을 구할 때와 같이 집단 전체의 달성률도 (실적)/(계획), 즉 1050/1000 = 105%로 쉽게 구할 수 있습니다. 하지만 집단 전체의 준수율을 구하는 것은 좀 더 생각을 해야 합니다. 개별 제품의 준수율을 구할 때 분자와 분모가 상황마다 계속 달라지는데 이로 인해 집단 전체에 대한 값을 구할 때에는 일관된 원칙을 적용하기 어려워집니다. 그래서 개별 제품마

SCM 혁신과 생산계획

다 계획과 실적 중에 큰 값을 나타내는 'Max'라는 항목을 따로 구하고, 각 제품별 Max 값이 전체 Max 값(예. 1170)에서 차지하는 비중이 얼마인지를 구하여 '가중치'라는 항목에 표시합니다. 계획이나 실적 수량이 많은 제품이 전체 준수율에 많은 비중을 차지하게 하려는 의도입니다. 〈그림20〉과 같이 개별 제품의 준수율과 가중치를 구한 다음에, 〈그림21〉과 같이 개별 제품의 준수율과 가중치에 대하여 SUMPRODUCT 함수를 사용하여 전체 준수율을 구합니다.

우리는 〈그림20〉에서 전체 달성률과 전체 준수율에 상당한 차이를 보이는 데 주목해야 합니다. 전체 달성률은 105%로 목표를 초과 달성하여 매우 만족스러운 결과를 낸 것처럼 보이지만, 전체 준수율은 75%가 되어 완전히 다른 진단을 내릴 수도 있습니다. 지표는 참 좋은데도 운영이 원활치 않고 긴급이 일상다반사인 기업이라면 혹시 전체 달성률을 회사의 주요 운영 지표로 삼지는 않았나 보아야 합니다.

사례	제품	계획	실적	달성율(%)	준수율(%)	비고
1	A	0	70	0%	0%	계획 없이 실적이 발생하면 → 달성율, 준수율 모두 0
2	B	100	0	0%	0%	계획은 있는데 실적이 없으면 → 달성율, 준수율 모두 0
3	C	200	180	90%	90%	계획보다 실적이 작으면 → 달성율 = 준수율
4	E	300	300	100%	100%	계획과 실적이 같으면 → 달성율, 준수율 모두 100%
5	F	400	500	125%	80%	달성율은 (실적)/(계획), 준수율은 (작은 수)/(큰 수)
계		1,000	1,050	105%	???	전체 달성율 = 실적 ÷ 계획 = 1050 ÷ 1000 = 105(%)
						전체 준수율은 어떻게 구하는 것이 합리적인가?

〈그림19. 개별 제품의 달성률과 준수율 구하는 방법〉

	A	B	C	D	E	F	G	H
1	사례	제품	계획	실적	달성율(%)	준수율(%)	Max	가중치
2	1	A	0	70	0%	0%	70	0.0598
3	2	B	100	0	0%	0%	100	0.0855
4	3	C	200	180	90%	90%	200	0.1709
5	4	E	300	300	100%	100%	300	0.2564
6	5	F	400	500	125%	80%	500	0.4274
7	계		1,000	1,050	105%	75%	1,170	1.0000

〈그림20. 측정 대상 전체의 달성률과 준수율〉

	A	B	C	D	E	F	G	H
1	사례	제품	계획	실적	달성율(%)	준수율(%)	Max	가중치
2	1	A	0	70	=IF(C2=0,0,D2/C2)	=MIN(C2:D2)/MAX(C2:D2)	=MAX(C2:D2)	=G2/$G$7
3	2	B	100	0	=IF(C3=0,0,D3/C3)	=MIN(C3:D3)/MAX(C3:D3)	=MAX(C3:D3)	=G3/$G$7
4	3	C	200	180	=IF(C4=0,0,D4/C4)	=MIN(C4:D4)/MAX(C4:D4)	=MAX(C4:D4)	=G4/$G$7
5	4	E	300	300	=IF(C5=0,0,D5/C5)	=MIN(C5:D5)/MAX(C5:D5)	=MAX(C5:D5)	=G5/$G$7
6	5	F	400	500	=IF(C6=0,0,D6/C6)	=MIN(C6:D6)/MAX(C6:D6)	=MAX(C6:D6)	=G6/$G$7
7	계		=SUM(C2:C6)	=SUM(D2:D6)	=IF(C7=0,0,D7/C7)	=SUMPRODUCT(F2:F6,H2:H6)	=SUM(G2:G6)	=SUM(H2:H6)

〈그림21. 전체 준수율을 구하기 위한 계산식〉

KPI 점검은 운영 혁신을 하는 데에 매우 효율적인 방법입니다. 그런데 막상 우리나라에서 KPI 점검을 통해 운영을 대폭 개선한 회사들이 과연 몇이나 될까 하는 회의가 듭니다. 좋은 도구를 들고 있어도 어떻게 활용하는지가 중요한데, 아직까지는 많은 기업들이 그 참된 가치를 제대로 활용하지 못하고 있다고 생각합니다. 그 이유로 여전히 많은 기업들이 현재의 운영 상황을 더 잘 파악하기(Visibility) 위해 새로운 모니터링 지표를 자꾸만 더 만들고, 발굴한 KPI 측정 대상의 계산식을 정교하게 다듬는 데에 치중하는 경향이 있기 때문입니다. KPI 점검을 통해 회사의 운영 혁신을 꾀하고자 한다면, 꼭 필요한 KPI 항목을 몇 개만 선정하여 다음과 같이 활용해 보기를 권합니다.

SCM 혁신과 생산계획

06 활용제안

① 활용제안(1); KPI 시행 초기에는 개인(혹은 조직)의 성과와 연계하지 않아야 합니다

많은 회사들이 KPI 측정 결과를 개인이나 조직의 성과와 연계하겠다고 합니다. 조직원에게 적당한 긴장을 유발시켜 동기부여 시키려는 의도는 충분히 이해가 가지만, 순기능보다는 역효과가 큽니다. 조직원 중에는 10년 혹은 20년 이상 몸담은 '운영의 달인(達人)'들이 많은데 회사에서 측정의 결과를 성과와 연계하려는 것을 알면, 그들은 높은 점수를 받거나 예상되는 문제에서 빠져나갈 방편을 미리 마련할 것입니다. 그들에게는 이러한 것들이 결코 어려운 일이 아닙니다. 직원들 성적표나 만들자고 성과관리를 하는 것이 아닙니다. 운영의 고질적인 문제들을 파악하여 운영을 개선하는 것이 목적입니다. 그런 차원에서라면 회사의 경영진은 측정을 통한 성과의 맛을 충분히 볼 때까지는 조직원들에게 성적과 연계하지 않겠다는 믿음을 주는 것이 중요합니다.

② 활용제안(2); 집계는 자동으로 해야 합니다

KPI 측정 결과는 반드시 자동으로 집계해야 합니다. 이 말이 시스템을 통한 집계의 완전 자동화를 뜻하지는 않습니다. 회사의 형편에 따라 손으로 집계를 할 수도 있습니다. 하지만 **일단 측정 기준을 수립한 이후에는 그 기준에 자꾸 예외를 허용하지 않는 것이 중요합니다.** 측정 기준을 수립할 때, 일반적인 기준 외에도 예외가 되는 기준들을 잘 헤아려 측정에서 제외할 것들은 미리 협의를 통해 제외시키거나 예외 처리 기준을 마련해야 합니다. 그러고 난 이후에는 한 번 정한 원칙대로 집계를 해야 합니다. 기준 선정 단계에서 미처 헤아리지 못한 것들이 나올 수가 있는데 다소 부당하더라도 3개월은 측정 로직을 변경하지 말고 지속해야 합니다. 한 번 예외를 인정하여 측정 기준에 손을 대면 자꾸만 결과에 손을 대고 싶은 것이 인지상정인데, 이런 일이 반복되면 정작 회사 운영의 중요한 문제들이 가려질 수 있습니다. 어떤 회사를 가 보면 측정 기준대로 1차 집계를 한 다음에, 차질 대상을 담당자가 임의로 걸러서 경영진에게 좋은 점수로 보고하는 것을 본 적도 있습니다. 우리가 KPI 점검 활동을 왜 하는지 다시 한번 생각하게 하는 사례라 하겠습니다.

③ 활용제안(3); KPI 측정은 디테일이 살아 있어야 합니다

조직의 계층에 따라 데이터를 보는 상세함의 정도가 다른 것이 일반 적입니다. 아무래도 실무자들은 세밀하게 데이터를 관리하고, 상위 계층으로 올라갈수록 전체를 한꺼번에 볼 수 있는 요약된 정보를 취급합니다. 하지만 KPI 측정을 통해 운영 개선 효과를 얻으려면 이 일반적인 원칙을 따르지 말아야 합니다. 앞에서 달성률보다 준수율이 더 중요하다고 말씀드렸습니다. 여러 고객사에 가서도 같은 제안을 합니다. 그러면 많은 회사의 임원들이 달성률 대신에 준수율을 보기는 하는데, 본인이 관리하는 집단의 전체 준수율에만 관심을 보입니다. 집단 전체의 준수율이 지난 몇 주 혹은 몇 달 동안 어떻게 변하는지에만 관심을 보입니다. 일례로 지난주에는 전체 준수율이 93점이었는데 이번 주는 왜 87점이냐고 조직원들을 다그치는 경우를 종종 보는데 이렇게 해서는 운영이 개선될 리가 없습니다. KPI 측정 결과는 복잡하게 얽히고설킨 체계의

산물이어서 조금 더 노력한다고 금세 좋아지지 않습니다. 이는 마치 재고가 많으니 무조건 줄이라고 목표를 하달하는 어리석음과 비슷한 이치입니다. 전체 준수율은 집단의 수준이 과거와 비교하여 좋아지거나 나빠지고 있음을 한눈에 파악하기 위한 정보로만 활용하고, 전체 준수율 점수만을 놓고 조직원들을 바로 평가하는 행위는 삼가야 합니다.

개선의 대상은 전체 준수율에서 찾지 말고, 개별 제품의 준수율을 확인하는 과정에서 찾아야 합니다. 회사가 취급하는 제품이 많으면 파레토 법칙을 적용하는 것이 좋습니다. 반드시 2:8의 비율로 점검할 필요는 없고, 물량이 많은 제품들 가운데에서 준수율이 나쁜 대상을 5개만 선정합니다. KPI 점검 활동은 운영의 고질적인 문제들을 발견하여 개선점을 발굴하기 위하여 실시하므로, 점수 자체가 중요한 것이 아니라 문제점의 증상과 그 원인을 밝히는 것이 더욱 중요합니다. 그런데 운영에 문제를 야기시키는 원인들은 차근차근 찾다 보면 대부분 몇 가지 유형으로 압축됩니다. 따라서 많은 종류의 제품에 대한 차질 원인을 빠르게 살피는 것보다는 매주 5개 정도의 주요 차질 대상을 선정하여 그 발생 원인을 깊게 파고 들어가는 것이 개선점을 발굴하는 데 보다 효과적입니다.

④ 활용제안(4); 호손 효과를 잘 활용해야 합니다

KPI 점검 활동이 잘 정착하려면 근대성을 확보해야 합니다. 상위 관리자라고 해서 전체 준수율의 점수만을 가지고 조직원에게 역정을 내거나 야단만 쳐서는 안 됩니다. 조직 내 각 계층마다 다음과 같이 역할을 배분하면 좋습니다. **KPI 점검 활동은 일주일에 한 번, 그리고 공식적인**

자리에서 진행해야 합니다. 이때 운영을 총지휘하는 임원은 반드시 참석해야 하며, 임원의 역할이 매우 큽니다.

회의에 참석하기 전에 주요 지표를[43] 담당하는 **팀장**들은 각각 그 부서가 관장하는 지표에 대해 주요 차질 발생 원인을 정리합니다. **임원**은 각각의 주요 지표 대해 준수율이 나쁜 5개 정도의 제품을 선정하여 관련 부서의 팀장들께 준수율이 나쁜 원인에 대해 질문을 합니다. 상식적인 선에서 대상을 선정하여 질문을 한다면, 회의 때 무슨 제품을 질문할지 미리 공유하지 않는 것이 오히려 도움이 됩니다. 질문에 대한 답변은 각 부서의 고참 실무자가 해서는 안 됩니다. 팀장이 해야 합니다. 처음에는 준비가 덜 된 상태로 참석하여 차질 발생 원인을 제대로 대답하지 못하는 경우가 있는데, 공식적인 자리에서 매번 답변을 하지 못할 정도로 준비를 안 하는 팀장은 아마 없을 것입니다. 팀장은 임원으로부터 질문을 받은 제품에 대해 왜 계획대로 실행하지 못했는지 답변합니다. 이때 질문 대상과 바로 인접한 연결고리까지만 파악하는 것으로 충분합니다. 예를 들어 판매계획을 수립했는데 '판매준수율'이 낮은 제품이 있다면 판매 차질이 고객 때문에 발생한 것인지, 아니면 제때 생산을 못 해서 판매 차질이 발생한 것인지까지만 확인을 합니다. 판매 차질의 원인을 이야기하면서 생산 문제 이상으로 더 깊게 파고 들어가 자재의 문제까지 들출 필요는 없다는 뜻입니다.[44] 문제의 근본 원인은 파고 파도 끝이 없기도

---

43 KPI 측정 대상으로 앞에서 KPI 1은 판매준수율, KPI 2는 생산준수율, KPI 3은 구매 납기준수율, 그리고 KPI 4는 물류출하준수율을 주요 지표라고 언급한 바 있습니다.

44 물론 '생산준수율'을 논하면서 생산 차질과 바로 인접한 자재 공급의 문제를 이야기하는 것은 아무런 문제가 없습니다.

SCM 혁신과 생산계획

하거니와 대부분의 문제가 공급의 말단인 자재 문제로 수렴하기 때문입니다. 많은 부서들이 자재의 문제로 떠넘기기를 해도 자재 쪽에서는 반박할 근거 자료를 마련하기도 사실 쉽지 않아서 비난의 화살을 전부 짊어지어야 할 처리에 있게 되니 운영 개선에 별로 도움이 되지 않습니다.

KPI 점검 활동을 하면서 중요한 역할을 담당하는 조직이 하나 더 남았습니다. 바로 **혁신을 담당하는** 부서입니다. 혁신을 담당하는 사람은 임원과 팀장들 간에 오가는 질문과 답변을 들으면서 계획 차질이 일회성인 사건에서 비롯한 문제인지 아니면 고질적인 체질의 문제인지를 구분하여 일회성인 문제들은 과감히 잊고 고질적인 문제에 대해서는 개선방안을 정리하여 다음 회의 때 운영이 모인 자리에서 새로운 운영기준을 제안하는 역할을 담당합니다. 고질적인 문제인지를 밝히려면 같은 사건들이 반복해서 벌어져야 하므로 너무 성급하게 새로운 개선방안을 제안할 필요는 없습니다. 혁신 담당자는 균형 감각과 감수성을 동시에 지니면서 조정자(Coordinator)로서의 역할, 그리고 약한 곳을 찾아 도움을 주는 사내 컨설틴트로서의 역할을 수행해야 합니다.

⑤ 활용제안(5); 계획이 차질을 빚으면 계획을 개선해야 합니다

이렇게 질문을 드려 봅니다. 계획을 제대로 실행하지 못하면 계획을 수립한 사람이 잘못한 겁니까? 아니면 제대로 실행을 하지 못한 사람이 잘못한 겁니까? 답부터 말씀드립니다. **계획대로 실행하지 못하면 그 잘못은 계획을 수립한 쪽이 지는 것이 타당합니다.** 그래야 앞으로 개선할 여지가 있습니다. 그런데 어떤 회사는 계획한 만큼 생산하지 못했더니 생산을 담당하는 실무 책임자를 불러 야단을 치고, 계획한 만큼 출하하지 못했더니 창고 책임자를 불러 야단을 치는 경우를 보았습니다. 자재를 모두 갖추고 있고, 설비도 잘 돌아가며, 인력들도 모두 출근한 공장에서 생산에 차질을 빚는 경우는 거의 없습니다. 또한 출하하려는 완제품 모두를 창고에 보관하고 있는데도 불구하고 제때 출하를 하지 못하는 창고 또한 생각하기 어렵습니다. 생산을 실행하는 사람이 생산에 필요한 자재 입고 시점까지 책임지지는 않습니다. 그저 자재가 들어와서 재고로 확보되어 있을 때 생산을 실행할 수 있을 뿐입니다. 그리고 완제품출하를 담당하는 사람은 완제품 재고가 있으면 출하하고, 없으면 출하하지 못할 뿐입니다.

우리가 KPI 점검 활동을 통해 개선하려고 하는 것은 바로 계획입니다. 자꾸만 되풀이하여 발생하는 문제점들을 찾아 다음번에는 실행에 차질이 발생하지 않도록 계획을 수립해야 하는데, 그러려면 계획수립 담당자의 감(感)에 의존해서는 안 되고 조직 간 협의를 통해 운영기준을 바로잡아 보완된 운영기준이 계획 속에 반영되도록 해야 합니다. 조금 더 열심히 해야 한다고 실행을 조여서 운영이 개선되기를 기대하는 것은 한계가 있을 뿐만 아니라 부작용이 따름을 명심하시기 바랍니다.

이것으로 제1부를 마칩니다. 이어지는 제2부에서는 본격적으로 계획에 대해 다루겠습니다. 실제 업무에서 사용할 만한 예제를 가지고 여러분과 다시 만나겠습니다. 그럼 잠시 쉬었다가 가겠습니다.

SCM 혁신과 생산계획

제 2 부

시스템
(MPS)

8.
계획에 대한 이해

 철부지 어린 시절에는 대상의 우열을 비교하면서 호기심을 충족시킵니다. A랑 B랑 싸우면 누가 이겨? C라는 나라와 D라는 나라 중에서 어느 나라가 더 잘 살아? 관계에 대한 깊은 성찰이 부족하기 때문에 이와 같은 질문을 던지고 단순한 형태의 대답을 들으면서 정보를 축적하고 쌓은 정보들끼리 관계를 형성시킨 다음에 보다 복잡하고 체계적인 지적 활동을 하면서 성숙한 인격체로 성장을 합니다. 누군가 저에게 이런 질문을 합니다. "ERP와 APS[45] 중에서 어느 것이 더 중요해요?" 질문이 유치하여 답을 드리기도 부끄럽습니다. 많은 회사들이 이제 ERP가 없으면 운영할 수 없습니다. 이와 반면에 APS가 없어도 엑셀로 얼마든지 계획을 수립하고 운영이 가능한 회사들은 지금도 여전히 많습니

---

45 APS(Advanced Planning & Scheduling)는 계획을 수립하는 데 도움을 주는 시스템을 말합니다. APS 는 수요계획을 입력하고 관리하는 DP(Demand Planner), 수요계획에 대응하도록 공급계획을 수립해 주는 MP(Master Planner), MP의 결과를 잘 달성할 수 있도록 상세한 공장계획을 수립해 주는 FP(Factory Planner), FP를 잘 실행할 수 있도록 설비별로 일정계획을 수립해 주는 RTS(Real Time Scheduler), RTS를 매 순간 어떻게 진행할지 의사결정을 하는 데 도움을 주는 RTD(Real Time Dispatcher) 등을 전부 포괄합니다.

다. 구축 비용도 ERP가 APS에 비하여 훨씬 많이 듭니다. 영업, 생산, 구매라고 하는 기업 운영의 핵심 프로세스를 지원하는 도구는 ERP 외에는 현재로는 없습니다. 그런 ERP가 지닌 기능들 중에서 첫 손에 꼽히는 것은 단연코 MRP(Material Requirements Planning)입니다. MRP는 완제품의 생산일정이 주어지면 하위 반제품과 원자재 일체를 언제까지 보충하면 되는지 보충계획을 만들어 주는 엔진이자 로직입니다. ERP에 탑재된 MRP가 지닌 실시간성(Real Time), 가시성(Visibility), 통합성(Integration), 동기화(Synchronization)라는 특징으로 인해 MRP가 지니는 파워는 매우 막강합니다. MRP 결과대로 일을 하면 계획 대비 실행력이 높겠지만, 반대로 MRP 결과대로 일을 하지 못하면 계획 대비 실행력이 낮을 수밖에 없습니다. 회사의 SCM 역량을 가늠하는 잣대는 MRP 결과대로 일을 하는가 그렇지 않은가에 있고, 그렇기 때문에 MRP 결과를 좋게 하려면 어떻게 해야 하는지를 진지하게 생각해야 합니다.

▎01 공급계획(MP)의 핵심, 생산계획(MPS)

제조를 하는 회사에서 SCM은 이제 누구나 아는 용어가 되었습니다. 요즘에는 S&OP(Sales & Operational Planning)가 대세입니다. 웬만한 용어들은 SCM이라는 광범위한 개념 속에 다 포함되는데 S&OP도 마찬가지입니다. SCM 전문 업체들이 홍보를 잘한 까닭인지 아니면 고객이 스스로 찾아낸 결과인지는 모르지만 S&OP를 통해 운영을 개선해 보려고 하는 고객사가 늘고 있는 추세인 것만은 분명합니다. 바람직한 현상입니다. SCM 개선활동을 원하는 회사들이 많아지니 자연히 S&OP를 지원하는 솔루션 업체도 많아졌습니다. 그런데 애석하게도 아직까지 S&OP를 통해 정작 무엇을 개선시켜야 회사의 운영 수준이 올라가는지를 정확하게 알고 있는 고객들은 많지 않습니다. 공급업체, 심지어는 이 분야의 전문가들인 컨설턴트라고 해도 별반 다르지 않습니다. S&OP를 단지 계획과 실적을 비교하여 실적 차질 현황을 예쁘게 보여 주는 도구로 알고 있는 고객사도 있습니다. 완전히 틀린 말은 아니지만 S&OP는 과거를 회고하는 측면보다는 미래 구간에 실행 가능한 계획을 수립하는 데에 더 큰 비중을 두어야 합니다. 계획의 초안을 수립하고 S&OP 회의를 통하여 계획을 점검한 뒤, 합의된 결과를 확정하고 배포하는 과정을 매주 거치면 주간 운영(Weekly Operation) 체계가 확립되어 결과적으로는 회사의 운영 수준이 높아지기를 기대할 수 있습니다. 그렇다고 해서 계획을 수립하기 위하여 무작정 사람들끼리 만나서 점검만 한다고 하여 회사의 운영체계가 좋아질 리가 없습니다. S&OP 회의장이 난상토론장이 되어 싸우기만 해서는 안 됩니다. 회의를 하는 두어 시간 동안 이해관계자들끼리 싸우기만 하면 오늘 하루도 치열하게 산 것 같은데 지나고 나면 남는 것이 별로 없습니다.

S&OP 회의를 매개로 하여 확립하려고 하는 주간 운영체계는 결국 매주 배포하는 주간 공급계획(Weekly Supply Planning)을 통해서 달성되는데, 수요계획을 잘 만족하면서도 실행 가능한 좋은 공급계획을 필요로 합니다. **주간 공급계획을 흔히 MP(Master Planning)라고도 부르며,**[46] 아래 〈그림

---

46 MP를 SCP(Supply Chain Planning)라고 부르는 회사도 있습니다. 회사마다 부르는 이름들이 전부 다릅니다.

SCM 혁신과 생산계획

22)와 같이 MP라고 하는 총체적인 개념 속에는 작은 계획들이 여러 항목(Measures)으로 구성되어 있습니다. 구성 항목들은 정의하기에 따라 다르지만 개별 제품마다 수요계획, 수요보충, RTF(혹은 부족현황), 영업재고, 물류창고출하, 물류창고입고, 물류재고, 공장출고, **생산계획**(MPS), 공장재고 등을 계획에 담아냅니다. 필요에 따라 관리하고 싶은 항목을 더 추가할 수도 있고, 몇몇 항목은 뺄 수도 있는데 한 제품에 이렇게 많은 항목을 관리해야 하니 생각보다 복잡한 것 또한 사실입니다. 중요한 것은 특정 항목의 실행을 담당하는 조직은 자기 항목만을 보고 열심히 실행해도 회사 전체의 운영이 수월하게 돌아가야 할 정도로 항목들이 유기적으로 맞물려 있어야 합니다. 우리는 이것을 동기화된 계획(Synchronized Planning)이라고 부릅니다. MP를 구성하는 여러 항목들은 모두 저마다의 의미를 담고 있고 모두 중요하지만 그 가운데에서도 가장 핵심적인 항목이 바로 '생산계획'입니다. 우리는 이것을 가리켜 특별히 MPS(Master Production Schedule)라고 부릅니다. 그래서 주간 공급계획인 MP의 구성 항목들에 대해 다시 구분을 하면 수요계획은 주어진 값(Given Number)이고, 생산계획은 결정변수(Decision Variables)가 되며, 나머지 다른 항목들은 모두 종속변수(Dependent Variables)가 됩니다. **다시 말해서 수요계획에 대하여 주간 생산계획(MPS)을 결정하고 나면, 나머지 항목들은 수식에 의해서 자동적으로 얻어지는 값이 됩니다.** 이것들이 모여서 MP가 됩니다.

수요	공급	항목 (Measures)

주간
수요계획

⟷

**주간
공급계획**
(MP,
Master
Planning)

수요 보충계획
　RTF (또는 부족현황)
　예상재고

물류 출하계획
　입고계획
　예상재고

공장 출고계획
　생산계획 (MPS, Master Production Schedule, 주간 생산계획)
　예상재고

그 밖에 더???

〈그림22. 공급계획(MP)의 구성〉

| 02　ERP와 APS의 관계

　　그렇기 때문에 매주 공을 들여서 수립해야 하는 대상은 다름
아닌 '(주간) 생산계획(MPS)'[47]입니다. MPS를 잘 세운다는 말은 MPS
의 품질이 좋다는 말이고 MPS의 품질이 좋다는 말은 수요에 잘 대응
하면서도 실행 가능한 계획이라는 뜻입니다. 그런데 좋은 품질의 MPS
를 수립하기 위해 APS가 필요하다고 고객사에 말씀드리면 "ERP에 이
미 계획수립의 기능이 있는데 왜 APS가 또 필요하냐."고 반문을 합니
다. 아마도 ERP 내에 있는 MPS(Master Production Schedule, 완제품 생산계획)와
MRP(Material Requirements Planning, 자재소요계획) 기능을 염두에 두고 하는 말일
것입니다. 맞습니다. ERP에는 MPS를 수행하는 기능도 있고, MRP를
수행하는 기능도 있습니다. ERP는 **MPS로 완제품의 생산계획을 풀고,**

47　앞으로는 (주간) 생산계획을 MPS라고 부르겠습니다.

MPS의 결과를 받아 MRP로는 모든 반제품의 생산계획과 원자재의 구매계획을 품니다.

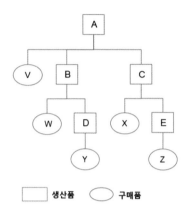

생산품 ⬜ 구매품 ⬭

그런데 대부분의 제조업에서 사용하는 BOM은 왼쪽 그림과 같이 완제품(A) 하나를 만들기 위해 여러 개의 반제품(B, C, D, E)이 필요하고, 완제품과 반제품마다 여러 종류의 원자재(V, W, X, Y, Z)가 필요하기 때문에 위는 좁고 아래는 넓은 피라미드와 같이 생겼습니다. 완제품 하나를 만들기 위해서 반제품 수십 개와 원자재 수백 개가 필요한 경우도 허다합니다. 하나의 완제품, 여러 개의 반제품, 그리고 아주 많은 종류의 원자재에 대하여 같은 정도의 힘을 쏟아 계획을 수립하기란 매우 어렵고 비효율적입니다. 그래서 계획수립에서도 일종의 대의제(代議制, Representative System) 방식을 채택합니다. 모든 계획 대상 중에서 완제품을 대표로 삼아 완제품의 생산계획은 비교적 신중하게 수립합니다. ERP는 실행 가능하고 전략적인 내용들을 ERP에 탑재되어 있는 MPS에 반영하기 위하여 나름대로 다양한 옵션을 '생산전략(Production Strategy)'이라는 이름으로 제공합니다. 생산전략 9번, 혹은 생산전략 11번 등과 같이 생산전략을 설정하면 설정한 전략 번호에 맞추어서 MPS가 수행됩니다. MPS를 수행하여 MPS 결과인 완제품의 생산계획을 얻으면, 이것을 MRP의 인풋으로 삼아서 MRP가 수행되는데 이미 완제품에 모든 내용들을 꼼꼼하게 다 반영했다는 전제하에 MRP에서는 더 이상 실행 가능성을 염두에 두지 않고, MPS 결과를 만족하려면 반제품과 원자재가 어떻게 쫓아와야 하는지에 대한 결과를 제공합니다. 할 수 있는 결과가 아니라 해야만 하는 결과를 제공합니다. 그렇기 때문에 MRP 로직은 별로 어려울 것이 없습니다. MPS 결과를 따라야 한다는 전제를 깔고 있기 때문에 전 세계 모든 ERP에 탑재된 MRP 로직은 거의 같습니다. 그래서 MRP는 표준 로직이라고 말합니다.

이제 중요한 것은 MPS입니다. 앞에서 말씀드렸듯이 ERP에는 MPS 기능이 탑재되어 있기는 하지만, 기업이 원하는 수준으로 MPS 결과를 제공하지 못합니다. 지금 여기에서 ERP가 제공하는 MPS와 APS가 제공하는 MPS의 수준의 차이를 자세히 논하기는 어렵습니다. 자세한 내용은 제2부의 10장과 11장을 통해 차차 알게 될 것입니다. ERP가 APS에 비하여 비용도 많이 들고 더 중요하다고 하여 ERP가 APS 기능까지 들고 있지는 않습니다. 실은 두 시스템 간에는 바라보는 관점이 다르기 때문에 어느 하나가 두 시스템의 속성을 모두 함유하기는 어렵습니다. 따라서 ERP와 APS, 이 둘은 서로 대체재가 아니라 보완재 관계입니다.

▌03 ERP에서 MRP를 수행하는 과정 (DM → MPS → MRP)

이제 ERP를 활용하여 계획을 수립하는 가장 일반적인 형태를 살펴보겠습니다. 아래 〈그림23〉을 참고하시기 바랍니다. 먼저 ERP에 있는 DM(Demand Management) 화면을 열어서, 영업에서 수립한 수요계획을 제품별로 입력합니다. 그런 다음에 수요계획에 대응하는 완제품의 생산계획을 얻기 위하여 MPS를 수행합니다. MPS를 수행한 이후에는 공급영역의 선봉장에 있는 완제품의 생산계획을 인풋으로 삼아 MRP를 수행합니다.

예를 들겠습니다. 어떤 구간에 영업 수요 100이 있습니다. 그런데 완제품 재고가 20이 있습니다. 안전재고에 대한 정책이 별도로 있지 않는 한, 완제품 80을 더 만드는 생산계획을 수립하여 수요에 대응할 것입니다. 이 완제품 80이 MPS입니다. 그러면 ERP는 MPS 80을 MRP의 인풋으로 삼아 완제품 생산계획 80을 만족하기 위해 필요한 하위 반제품을 얼마나 더 만들어야 하고 완제품과 반제품을 생산하는 데 필요한 자재를 얼마나 더 사야 하는지를 MRP가 계산합니다.

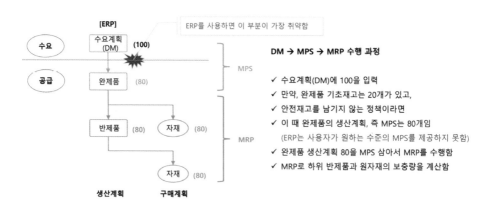

〈그림23. ERP에 입력한 수요계획(DM)에 맞춰 ERP가 MPS와 MRP를 수행하는 과정〉

| 04 MRP에 영향을 주는 요인들

ERP에 있는 MRP는 MPS를 통해 수립한 완제품의 생산계획을 이론적으로 만족하기 위해 하위 반제품과 원자재의 보충계획을 수립해 주는 도구입니다. 따라서 MRP는 생산과 구매의 실행 가능성은 고려하지 않고, 필요한 날짜와 수량을 계산합니다. 필요한 시점에 그저 보충만 하는 값을 만들면 되기 때문에 전 세계 모든 브랜드의 ERP에 들어있는 MRP 로직은 단순하면서도 서로 같습니다. 그렇지만 운영에 미치는 영향력은 얘기가 다릅니다. MPS는 완제품에만 영향을 주는 데 반해, MRP는 모든 반제품과 원자재에 영향을 줍니다. 그렇기 때문에 운영을 담당하는 거의 대부분의 사람들은 MRP의 결과를 보고 일을 하는 셈입니다. 그만큼 MRP의 역할은 막중합니다.

그런데 참으로 이상합니다. 많은 회사들이 단순한 로직인 MRP 결과를 보면서 운영을 하는데도 회사마다 운영 수준에 차이가 많이 납니다. 이는 MRP 결과의 수준에 차이가 있기 때문일 텐데, 결과에 영향을 주는 요인으로는 MRP 로직과 MRP를 수행하기 위한 인풋 요인들이 있습니다. MRP 로직은 수십 년 동안 전 세계가 함께 사용한 표준 로직이므로 의심을 품을 대상이 아닙니다. 그렇다면 MRP의 인풋 요인들이 회사의 운영 수준에 많은 영향을 미친다는 뜻인데 여기에서 하나씩 살펴보겠습니다.

첫째로 기초재고의 정확도입니다. 당연합니다. 기초재고가 안 맞는데

MRP 결과가 무슨 소용이 있겠습니까? 하지만 독자 중에는 '당연히 기초재고가 맞아야 하는 거 아니야? 이런 내용을 굳이 왜 적지?' 하고 의아해하는 분들도 있을 텐데 많은 부품을 조립하여 하나의 제품을 만드는 제조회사에 근무하는 분들이라면 재고 정확도를 상당 수준 이상으로 끌어올리기가 얼마나 힘든 과제인지 동의하실 겁니다. 재고를 정확하게 관리하려고 바코드와 같은 도구를 사용하여 실행의 결과를 실시간으로 처리한다고 해도 ERP에 있는 정보와 실물을 97% 이상 일치시켜 운영하기가 쉽지 않습니다. 자재의 트랜잭션(움직임)이 그만큼 많고 복잡함을 반증합니다. 달리 방법이 없습니다. 자재의 움직임이 발생할 때마다 ERP에 제때 반영하고, ERP가 자재의 움직임을 처리하는 과정에서 발생했던 논리적인 모순 현황(예. Backflush 환경에서 제품 100개를 실제로 생산했는데, 제품에 사용되는 특정 자재의 전산 재고가 80개밖에 없는 경우)을 매일 보면서 발생한 원인을 밝히고 바로잡아야 합니다. 무엇보다도 ERP를 정교하게 관리하겠다고 과욕을 부린 나머지 자재를 입고하여 이동하고 소진하는 절차와 유형을 너무 복잡하게 만들어서 실행을 담당하는 사람들이 처리 기준을 따라가지 못하는 것은 아닌 지도 검토해야 합니다. 재고가 안 맞으면 뒤에 나오는 내용은 아무런 의미가 없기 때문에 개선이 더디겠지만 재고는 맞추어야 합니다. (제1부 2장 쉬어 가는 페이지(1)의 내용 참조)

둘째로 BOM을 비롯한 기준정보의 정확도입니다. 상위 품목의 수요를 충족시키기 위해 하위 품목으로 무엇이 얼마나 필요한지를 정확히 파악하기 위해서는 BOM 정보를 정확하게 관리해야 함은 말할 것도 없고, 하위 품목들을 언제 얼마나 보충해야 하는지를 정확하게 계산하기 위해서는 ERP에 날짜와 수량과 관계되는 정보들을 정확하게 관리해야 합니다. 예들 들어 날짜를 관리하기 위해서는 리드타임 정보를 잘 관리해야 하는데 생산의 투입 시점을 관장하는 생산 리드타임(IPT, In-house Production Time)과 구매의 발주 시점을 관장하는 구매 리드타임(PDT, Planned Delivery Time) 등을 현실감 있게 설정하되, 이 또한 너무 정교하게 만들면 오히려 운영이 어려울 수 있으므로 몇 가지 유형을 두고 정책적으로 설정하는 것이 운영을 원활하게 하는 데 도움이 됩니다.

셋째로 입고예정(Scheduled Receipt) 정보의 정확도입니다. 입고예정 정보는 주로 오더(Order) 형태로 관리하며, 신뢰할 만한 MRP 결과를 얻기 위해서는 다음 두 가지 오더 정보를 잘 관리해야 합니다. 내부 생산품을 언제까지 생산할 것인지를 선언하는 생산오더(Production Order)와 구매품을 언제까지 입고시킬 것인지 선언하는 구매오더(Purchase Order)가 그것인데, 오더에서 선언한 날짜와 수량을 준수하여 실제로 입고가 진행되어야, 이미 선언한 오더 이후 구간의 계획 결과도 따라서 좋아집니다. 결국 입고예정 정보의 신뢰성을 높이는 것이 관건인데 무조건 잘 맞추어야 한다는 당위적인 접근만 가지고는 한계가 있습니다. 제1부 7장에서 소개한 것과 같이 KPI 점검을 통해 고질적인 문제 발생 원인을 찾아서 해결해야 합니다.

마지막으로 MPS 정보의 정확도입니다. MRP는 앞에서 언급한 세 가지 인풋 요인 외에도 MPS가 있어야만 돌릴 수 있습니다. 투입이 나쁘면 결과도 나쁘기 때문에 MRP를 돌리기 위하여 투입 역할을 하는 MPS

정보가 좋아야 함은 두말할 나위가 없습니다. 지금까지 말씀드린 MRP 결과에 영향을 주는 네 가지 요소는 서로 간에 경중(輕重)을 따지기 힘듭니다. 어느 한 요소라도 정확도가 떨어지면 MRP 결과의 품질이 확 나빠집니다. 그런데 재미있는 사실이 있습니다. **대부분의 회사는 거의 예외 없이 제가 나열한 순서대로**(재고〉기준정보〉입고예정〉MPS) **우선순위를 정하여 운영을 개선하기 위한 활동을 진행합니다. 조금 더 냉정하게 평가하자면 앞의 두 가지 요소는 제법 열심히 하는 데 반하여, 세 번째 요소인 입고예정 정보의 정확성에 대해서는 무조건 잘 지켜야 한다는 당위성만을 강조하는 데 그치고, 네 번째 요소인 MPS의 정확성에 대해서는 정작 회사 차원에서 크게 관심을 두고 있지 않는 실정입니다.**

▌05 생산요청량, 생산가능량, 그리고 생산계획(MPS)

아니, 회사가 MPS 수립의 정확성을 높이는데 크게 관심을 두지 않는다고요? 좀 지나친 표현 아닌가요? 음, 그렇다면 제가 표현을 조금 고치겠습니다. 회사가 MPS 수립의 정확성을 높이는 데 관심을 안 두는 것이 아니라, 크게 관심을 못 두는 것으로 하겠습니다. 회사 운영의 핵심은 ERP에서 발행하는 생산오더와 구매오더를 얼마나 잘 관리하는가에 달려 있고, 이들 오더의 원천은 MRP가 제공하는 결과인 계획오더(Planned Order)이며, MRP 결과의 원천 가운데 하나가 바로 MPS입니다. 이러한 MPS는 '해야 하는 것'과 '할 수 있는 것'을 동시에 잘 고려해야만 하는데, 둘을 한꺼번에 고려하기란 매우 어렵습니다. **해야 하는 것을 '요**

청량'이라고 부르겠습니다. 반면에 할 수 있는 것을 '가능량'이라고 부르겠습니다.

앞의 예제에서 100을 팔기 위해 재고 20을 감안하여 80을 새로 만들어야 한다면 이 80은 요청량이 됩니다. 그런데 우리의 현실에는 제약이 따릅니다. 생산 가능한 물량을 정할 때 고려하는 대표적인 제약은 두 가지가 있는데 바로 설비의 능력치(캐파)[48]와 자재입니다. 80을 해야 하는 것은 알겠는데 능력치와 자재 제약을 동시에 고려하니 60밖에 못하는 경우, 제약을 고려한 60은 가능량이 됩니다. 그런데 제약을 고려한 60이라는 생산가능량은 모두 공급의 입장에서만 산출한 숫자입니다. 60을 생산할 수 있다고 하면 기초재고 20과 더하여 영업에 80을 공급할 수 있습니다. 생산가능량만을 가지고 공급계획을 수립하면 수요계획이 요구했던 100과는 차이가 납니다. 이처럼 수요와 공급의 숫자에서 차이가 발생하면 수요와 공급의 조율이 필요합니다. 수요를 100 이하로 줄일지, 아니면 공급에서 생산을 늘려 수요에 맞출지 결정해야 합니다. 이것을 결정하는 자리가 S&OP 회의입니다. 중요한 것은 생산가능량을 그대로 생산계획으로 확정할 수도 있고, 생산가능량에 전략적 요인을 한 번 더 가미하여 생산계획으로 확정할 수도 있습니다. **MPS란 확정된 생산계획을 뜻합니다.**

개념적으로 보면 수요계획을 이상적으로 완벽하게 만족시킬 수 있는 생산 수량을 생산요청량이라고 합니다. **생산요청량을 만드는 로직**

---

48   책에 가급적 우리 말을 사용하려고 했으나 필요에 따라 사회 통념상 받아들이기 쉬운 단어를 선택하기도 하였습니다. 여기처럼 '능력치'와 '캐파'라는 단어를 섞어서 사용하겠습니다.

은 MRP처럼 누구나 받아들일 수 있는 표준 로직 하나만 있다고 보아도 무방합니다. 생산요청량을 만드는 방법은 뒤에서 따로 설명하겠습니다. 생산요청량에 제약조건을 고려하여 실행할 수 있는 생산 수량을 생산가능량이라고 하는데, **생산가능량을 만드는 방법은 제약조건을 어떻게 반영하는지에 따라 혹은 계획수립 담당자가 가진 의도에 따라 매우 다양한 형태로 나타납니다.** 위에서 든 예제에서는 제약을 감안하여 생산가능량을 60으로 잡았지만, 담당자별로 다른 수량을 생산가능량으로 만들 수도 있습니다. 이것은 회사가 계획을 수립하는 수준과도 관계가 깊은데 보통 운영 수준이 높은 회사들이 실행 가능한 계획을 수립하고, 수립한 계획을 잘 준수합니다. 그렇지만 제약을 고려하여 생산가능량을 만들었다고 해서 생산가능량이 곧 생산계획이 되는 것은 아닙니다. 생산가능량으로 수요를 만족시키지 못하는 경우, 수요와 공급이 만나서 협의하는 과정이 필요합니다. 우리는 이 만남의 장(場)을 S&OP 회의라고 합니다. 협의를 통해 생산가능량을 수정하지 않고 그대로 확정할 수도 있고, 때로는 수정을 한 다음에 확정할 수도 있습니다. 어찌 되었건 최종적으로 확정을 하고 선언한 생산량을 '생산계획(MPS)'이라고 합니다. **이렇게 보면 요청량을 가능량으로, 가능량을 계획량으로 정해 나가는 일련의 과정이 있습니다.** 위의 예제에서 만든 숫자를 가지고 회사들마다 계획을 수립하는 형태를 다음 〈그림24〉와 같이 정리하였습니다.

우리는 앞의 예제에서 생산할 물량과 관련하여 요청량에 해당하는 80과 가능량에 해당하는 60이라는 숫자를 만들었습니다. 이제 〈그림24〉를 보겠습니다.

먼저 사례1과 같이 요청량인 80 그대로를 계획량으로 확정하는 회사가 있을 것입니다. 확정된 계획량 80이 MPS가 되고 이 MPS가 MRP의 인풋이 됩니다. 이렇게 하면 계획상으로는 수요에 차질없이 전부 공급할 수 있는 것처럼 보여 계획은 참으로 보기 좋습니다만, 실행이 깨질 가능성이 매우 높습니다. 아마도 많은 회사들이 수요를 전부 만족하도록 생산계획을 세우고 매번 제대로 실행하지 못하여 운영이 힘든 상황을 반복하는지도 모르겠습니다.

다음으로 사례2와 같은 형태도 있습니다. 공급계획수립 담당자가 생산요청량 80에 생산의 제약을 감안하여 생산가능량 60을 만들었습니다. 그런데 생산가능량으로 놓고 보니 수요에 만족하지 못하는 것을 알고 영업 쪽에서 들고 일어났습니다. 그래서 최종적으로는 계획량을 당초의 생산요청량과 같은 80으로 확정하고 말았습니다. 과정도 나쁘고 결과도 사례1과 같이 계획은 비록 모든 수요를 만족하는 것처럼 보이지만 실행이 계획을 쫓아가지 못하는 악순환을 되풀이합니다.

사례3은 공급 쪽의 입김이 수요보다 센 경우라 하겠습니다. 생산의 제약을 감안하여 생산가능량을 만들고, 만든 생산가능량에 대해서 한치의 양보도 없어 보입니다. 가능량 60에 재고 20을 더하여 80만을 공급하겠다는 말인데 이것은 수요계획 100과 비교하여 모자라는 숫자입니다. 수요를 담당하는 쪽에서 공급이 부족함을 받아들이면 좋겠지만, 그렇지 않은 경우에는 수요는 여전히 100으로 계획을 인지하고 있을 것이고 공급은 80으로 생각하고 있을 것입니다. 단일계획(Single Plan)이 깨지는 전형적인 사례이며, 이래서는 수요와 공급이 서로 아전인수(我田引水) 격으로 계획을 해석하기 때문에 하나의 목표를 가지고 운영을 수행하기가 어렵습니다.

SCM 혁신과 생산계획

사례4는 요청량 대비 가능량이 부족할 때, 수요와 공급이 S&OP 회의를 통해 타협을 보고 계획량을 확정하는 경우입니다. 말은 쉽지만 타협점을 보기가 쉽지는 않습니다. 왜냐하면 고객마다, 혹은 같은 고객이라 할지라도 제품별로 그때그때 고객의 반응이 다르기 때문입니다. 고객에 따라 이번 주에 공급이 부족하면 되는 데까지 우선 공급하고 다음 주에 잔량(Backlog)을 마저 달라는 고객도 있을 것이고, 한 주 더 기다릴 테니 다음 주까지는 원했던 전체 수량을 한꺼번에 달라는 고객도 있을 것이고, 이번 주까지 원했던 전체 수량을 다 주지 못하면 계약을 성사시키지 않겠다고 으박지르는 고객도 있기 때문입니다. 예상되는 공급 차질에 대하여 고객의 다양한 반응을 듣기 위하여 고객의 회신을 기다렸다가는 우리가 다른 제품의 계획을 수립할 수가 없기 때문에 회사 내부적으로 대강의 원칙은 있어야 합니다. 공급이 차질을 빚을 것으로 예상되면 최대한 비용을 들여서라도 수요를 맞추려고 노력해야 합니다. 그럼에도 불구하고 공급이 더 이상 수요를 만족하지 못하면 공급의 한계상황을 서로 받아들여야 합니다. 드물지만 공급의 한계에 맞추어 수요계획도 수정을 해야 할 필요가 있습니다. 그래야 하나의 계획을 가지고 회사가 움직일 수 있기 때문입니다.

사례	요청량	가능량	계획량	형태
1	80	-	80	요청량을 계획량으로 확정함
2	80	60	80	요청량에 제약을 고려하여 가능량을 만들었지만 가능량을 무시하고 요청량으로 계획량을 확정함
3	80	60	60	요청량에 제약을 고려하여 가능량을 만들고 가능량을 그대로 계획량으로 확정함
4	80	60	75	요청량에 제약을 고려하여 가능량을 만들되 가능량을 수요와 공급의 협의의 과정을 거쳐 계획량으로 확정함

요청량은 수요계획을 이론적으로 완벽하게 만족하는 수량임
가능량은 요청량에 캐파와 자재제약을 감안한 생산 가능한 수량임
계획량은 확정하고 선언하여 반드시 생산하기로 한 수량임

〈그림24. 생산요청량, 생산가능량, 그리고 생산계획량(MPS)〉

｜06 MPS를 만드는 방법

MPS는 생산요청량만을 의미하는 것도 아니고 그렇다고 생산가능량만을 뜻하는 것도 아닙니다. **수요계획을 만족하는 생산요청량의 범위 내에서 할 수 있는 생산가능량을 가지고 조직 간 협의를 마친 다음 확정한 계획량이 바로 MPS입니다.** MPS는 공급계획수립 담당자가 만듭니다. 회사마다 부르는 명칭은 조금씩 다르겠지만 SCM 내의 GOC(Global Operation Center)라고 불리는 조직에서 계획을 만듭니다. MPS를 수립할 때 사용하는 도구로는 크게 세 가지를 생각해 볼 수 있습니다.

첫 번째로 ERP 내의 MPS 기능을 활용하는 것인데 현실적으로 제조회사 중에 ERP 내의 MPS 기능을 활용하는 곳은 극히 적습니다. 이유는 ERP 안에 들어 있는 MPS 기능만으로는 생산가능량을 원하는 수준으로 만들지 못하기 때문입니다. 물론 ERP에 있는 MPS에 캐파를 고려하는 기능이 있다고는 해도 실제로 ERP에 있는 MPS가 수행한 캐파 결과에 만족하는 회사 실무자는 아마도 없을 것입니다.

두 번째로 계획수립 담당자가 엑셀을 이용하여 직접 MPS를 수립하는 것인데 아직까지는 제조 업체 대부분이 엑셀을 이용하여 MPS를 수립합니다. 엑셀로 요청량을 만들어서 요청량이 경험적으로 알고 있는 주별(Weekly) 캐파보다 많으면 넘치는 양만큼 뒤로 밀고 적으면 앞으로 당기면서 주별 캐파의 한도에 맞게 요청량을 수정한 뒤에 조직원들과 회의를 하면서 계획량을 최종 확정합니다. 이처럼 엑셀로 계획을 수립하는 방식은 비교적 실행 가능한 수량을 MPS로 만들기 때문에 앞에서 언급한 ERP 내의 MPS 기능에 의존하는 방식보다는 실행 가능 측면에서 좋은 결과를 제공합니다. 그렇지만 회사의 규모가 커지고 취급하는 제품의 수가 늘면서부터 실행 가능한 MPS를 만드는 데 한계에 부딪힙니다. 생각보다 캐파와 자재의 입고예정 정보를 다 같이 감안하여 계획을 편성하기가 매우 어렵기 때문입니다. 확정된 MPS는 MRP에 반영되기 때문에 회사는 결국 MPS대로 제품을 만들고 MPS에 필요한 자재를 구매하게 됩니다. 회사 운영의 시작은 바로 MPS입니다. 계획수립 담당자가 엑셀로 직접 MPS를 수립하는 회사 중에서 계획을 잘 실행하지 못해서 늘 차질을 많이 빚을 때에는 회사 차원에서 진지하게 확인을 해야 합니다. 회사의 규모가 이제는 충분히 크고 복잡하여 더 이상 사람에 의존하여 계획을 수립하기 어려운 상황은 아닌가 하고 말입니다.

마지막 세 번째로 APS를 활용하여 MPS를 수립하는 것입니다. APS를 사용하면 엑셀로 계획을 수립할 때의 단점을 보완할 수 있습니다. 먼저 APS로 계획을 수립하면 계획의 신뢰성이 좋아집니다. 엑셀로 계획을 수립할 경우, 같은 조건의 데이터를 주고 A라는 계획수립 담당자에게 MPS를 구하라고 하고, B라는 계획수립 담당자에게도 마찬가지로 MPS를 구하라고 하면 서로 다른 계획 결과를 내놓을 것입니다. 심지어는 A라는 계획수립 담당자에게 오늘 MPS를 구하라고 한 다음, 다음날 똑같은 데이터를 주면서 다시 MPS를 구하라고 하면 전날과 같은 MPS 결과를 제시할 수 있다고 기대하기 어렵습니다. 다음으로 APS를 사용하면 계획의 타당성이 좋아집니다. 여기서 타당성이란 실현 가능성을 말합니다. 실행 가능한 계획을 제공받으려면 생산의 제약을 잘 반영해야 하는데 제품도 많고 캐파에 대한 정보와 자재에 대한 정보가 많으면 사람은 복잡한 정보를 반영하여 체계적으로 결론에 도달하지 못하고 직관의

힘에 많이 의존하여 결론을 내립니다. 운이 좋으면 타당한 결과를 수립할 때도 있지만, 반대의 경우에는 타당하지 못한 결과를 제시할 수도 있습니다. 바꾸어 말하여 사람이 계획을 수립하면 좋은 품질의 MPS를 수립할 때도 있고, 좋지 않은 품질의 MPS를 수립할 때도 있습니다. 고려할 생산의 제약이 많으면, 좋지 않은 품질의 MPS를 수립할 확률이 높아집니다.

앞에서 계획을 짤 때 ERP가 보유하고 있는 MPS 기능을 활용할 수도 있고, 엑셀을 사용할 수도 있으며, 혹은 APS를 활용할 수도 있다고 했습니다. 그중 첫 번째인 ERP가 보유하고 있는 MPS 기능을 사용하여 MPS를 만드는 데에는 한계가 많기 때문에 첫 번째 방식을 사용하는 회사는 거의 없다고 했습니다. 그러면 두 번째와 세 번째의 방법을 가지고 MPS를 만드는 많은 회사들은 MRP를 수행하기 위해 다음 〈그림25〉와 같은 방법을 사용합니다. 앞의 〈그림23〉에서는 ERP에 있는 DM 화면에 수요계획을 입력하지만, 아래에 있는 〈그림25〉에는 ERP에 있는 DM 화면에 수요계획 대신에 엑셀이나 APS를 사용하여 얻은 MPS를 입력하는 점이 다릅니다.

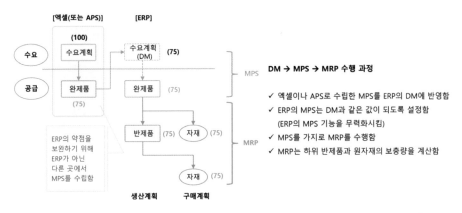

〈그림25. 엑셀이나 APS를 사용하여 MPS를 수립한 다음에 MRP를 수행하는 과정〉

경험상, ERP에 영업 수요를 넣고 관리한다고 자랑스럽게 말하는 회사치고 좋은 공급계획을 수립하는 곳을 별로 찾아볼 수 없었습니다. 이유는 DM 화면에 영업 수요를 넣으면 반드시 ERP에 있는 MPS 엔진이 제공하는 MPS 결과를 사용해야 하는데 그 결과가 썩 좋지 않기 때문입니다. 그래서 MRP 결과를 좋게 하기 위해 고민을 많이 한 여러 회사들은 〈그림25〉에서 보는 것과 같이, ERP에 있는 DM 화면에 엑셀이나 APS를 통해 얻은 MPS를 바로 입력하고 ERP가 제공하는 MPS 엔진에는 DM에 입력한 값과 똑같은 값을 뱉으라고 세팅하여 사용자가 만든 MPS를 MRP의 인풋 값으로 사용합니다. 요약하여 말하면 ERP에 영업 수요계획을 직접 넣어서 MRP에 활용하는 회사는 거의 없고, 그나마 신뢰할 만한 MRP 결과를 얻기 위해 엑셀이나 APS를 통해 얻은 MPS를 MRP의 인풋으로 활용하는 회사들이 늘고 있는 추세입니다.

▌07 생산가능량의 다양성

이미 1부 프로세스 편에서 SCM의 유일한 원칙은 "할 수 있는 계획을 수립하고, 수립한 계획은 철저히 지키는 것"이라고 수차례 강조하였습니다. 수요계획을 이상적으로 대응하기 위한 **생산요청량,** 생산 제약을 고려한 **생산가능량,** 그리고 가능량을 가지고 사람들끼리 논의하여 일부 수정하여 확정한 **생산계획**(MPS)이라는 용어를 사용하여 개념적으로 구분을 지었는데 저는 이 책의 2부에서 요청량과 가능량에 대한 이야기를 주로 하겠습니다. 계획량은 가능량을 가지고 다분히 전략적인 고려를 가미하여 얻은 값이므로 요청량과 가능량까지만 말씀드려도 충분하리라 생각합니다.

생산요청량은 많은 회사들이 표준화된 로직을 활용합니다. 비록 회사마다 차이가 있을 수는 있겠으나 요청량을 얻는 방법은 마치 방정식과 같아서 수요계획이 주어지기만 하면 일정한 계산식을 사용하여 요청량을 구하기 때문에 만일 수요계획이 같고 기초재고 상황도 같다면 동일한 요청량 값을 얻어야 합니다. 요청량을 얻기까지는 여러 단계의 절차가 필요합니다. 회사마다 운영 특성을 감안하여 몇 가지 절차에는 회사 고유의 특화된 로직을 적용기도 하지만 기본적으로 웬만한 회사는 같은 로직을 사용하기 때문에 일단 수요계획이 주어지면 누구나 같은 요청량 값을 얻는다고 보아야 합니다. 요청량을 구하는 로직은 뒤에서 자세히 설명하겠습니다.

하지만 가능량은 다릅니다. **주어진 수요계획에 대하여 요청량 값은 하나이지만, 하나의 요청량에 대하여 생산 제약을 반영하여 만들 수 있는 제품별 가능량의 조합은 무수히 많습니다.** 이 문장은 여러분께 강렬한 메시지를 던집니다. 이 말은 MPS를 만드는 수준이 곧 그 회사의 운영 수준과 직결된다는 뜻입니다. 우리 회사는 MPS를 수립하는 방식이 다음 중에서 어디에 속하는지 잘 생각해 보시기 바랍니다.

[그룹1] 수요계획과 무관하게 그저 생산하고 싶은 것만을 MPS로 만드는 회사

[그룹2] 요청량에서 생산 제약을 전혀 감안하지 않고 MPS를 만드는

회사

[그룹3] 요청량에서 생산 제약을 별로 감안하지 못한 채 MPS를 만드는 회사

[그룹4] 요청량에서 생산 제약을 충분히 감안하여 MPS를 만드는 회사

여기서 (그룹1)은 수요를 무시한 채 공급의 입장에서만 계획을 짜는 회사의 사례이므로 논의의 가치가 없기 때문에 추가적인 언급은 하지 않겠습니다. 그렇다면 여기에서 예로 든 (그룹2)부터 (그룹4)까지는 해야 하는 것과 할 수 있는 것, 다시 말해서 요청량과 가능량을 양극단으로 하는 스펙트럼 상에서 우리 회사는 어느 정도의 수준으로 할 수 있는 계획을 수립하는가에 해당하는 질문입니다. 일반적으로 (그룹4)와 같이 요청을 기반으로 제약을 충분히 반영하여 최대한 할 수 있는 계획을 수립하는 회사는 대체로 운영을 잘 하는 회사입니다. 그런데 도대체 '생산의 제약을 잘 감안한다는 말은 또 무엇이며, 생산의 제약을 정교하게 감안하기만 하면 무조건 좋은 계획이 되는가'라는 질문을 하지 않을 수 없습니다. 실제로 여러 프로젝트를 수행하면서 느낀 점은 어떤 회사는 너무 제약을 감안하지 않아서 탈이고, 또 어떤 회사는 지나치게 세밀한 제약까지 감안해서 탈인 경우도 많이 보았기 때문입니다. 우선은 제약을 많이 감안하여 계획을 수립하면 계획한 대로 실행하기 수월하기 때문에 좋은 계획이라고 간주하고 내용을 전개하겠습니다. 그리고 기회가 될 때 어느 정도까지 제약을 감안하는 것이 바람직한지에 대한 저의 의견도 드리겠습니다. 아래 〈그림26〉에는 생산요청량에 대해 제약을 감안하여 도출할 수 있는 다양한 생산가능량들을 예로 들었습니다. 여기에서 요청량의 합

은 1,000(개)로 생산의 한계이자 제약인 500(개)보다 두 배가 많습니다. 사례1과 같이 요청량을 그대로 계획으로 확정 짓는 회사도 있고, 사례2 와 같이 요청량에 제약을 어느 정도 감안은 하지만 여전히 제약 수준보 다 많은 수량을 계획으로 수립하는 회사도 있으며, 사례3과 같이 운영할 수 있는 수준으로 제약을 잘 반영하는 회사도 있습니다. 사례4나 사례5 는 제약보다도 계획량이 적은데 이런 경우는 별로 없을 것입니다.

제품	요청량	가능량				
		사례1	사례2	사례3	사례4	사례5
A	100	100	60	50	45	40
B	200	200	120	100	90	80
C	300	300	180	150	135	120
D	400	400	240	200	180	160
계	1,000	1,000	600	500	450	400
제약	500	500	500	500	500	500
부하율	200%	200%	120%	100%	90%	80%
적용	-	그룹2	그룹3	그룹4	?	?

〈그림26. 요청량에 제약을 반영하여 도출 가능한 생산가능량〉

(그룹4)는 제약을 충실히 반영하여 실행 가능한 계획으로 만들기는 하 였지만, 여기에 한 번 더 생각해 볼 문제가 있습니다. **그것은 바로 최적 화입니다.** (그룹4)의 결과 말고도 총량 500이 되도록 제품별로 가능량 을 만들 수 있는 조합은 무수히 많습니다. 설비의 캐파를 감안하여 가능 량을 만들 때, 모든 설비에 과부하가 걸리지 않으면(=할 수 있는 계획) 생산의 제약을 충분히 감안했다고 볼 수 있는데 제약을 잘 반영하면서도 계획 의 품질을 더 높일 수 있는 제품별 생산량의 조합을 찾아야 합니다. 설 비의 캐파 제약 이내로 계획을 수립하는 데에만 치중하여 지나치게 적은

SCM 혁신과 생산계획

수량을 계획으로 편성하면 잘 된 계획이라 하기 어렵기 때문입니다. 따라서 모든 설비에 과부하가 걸리지 않으면서도 병목 설비들의 부하가 다 같이 100%가 될 때까지 제품별 가능량을 충분히 많이 만들되, 그러면서도 회사의 이윤이 최고가 되는 제품별 가능량을 뽑는다면 더욱 좋겠습니다. 마찬가지로 자재 입장에서는 모든 자재가 부족하지 않되 자재를 충분히 소진할 수 있는 계획만으로도 좋은 계획이겠지만 거기에 더하여 기간별 회사의 이윤이 가장 많이 남는 계획을 수립한다면 금상첨화일 것입니다. 아래 〈그림27〉은 위의 〈그림26〉의 사례3, 다시 말해서 제약 500의 한도 내에서 만들 수 있는 여러 다른 대안들입니다. 〈그림27〉에서 제시한 사례 3-1부터 사례3-4은 모두 500이라는 제약을 충족하는 실행 가능한 대안들이며, 이것 말고도 다른 대안들을 얼마든지 만들 수가 있습니다. 제품의 개당 이윤이 모두 다르면, 각 대안별로 전체 이윤 또한 서로 다를 텐데 그중에는 전체 이윤이 가장 높은 대안이 있을 것입니다. 제약에 딱 맞는 가능량을 찾으면서도 전체 이윤이 최대가 되게 하는 제품별 수량의 조합이라면 누구나 좋은 계획이라고 인정하지 않을 수 없을 것입니다.

제품	요청량	가능량				
		사례(3)	사례(3-1)	사례(3-2)	사례(3-3)	사례(3-4)
A	100	50	100	20	100	100
B	200	100	200	180	100	150
C	300	150	200	30	100	200
D	400	200	0	270	200	50
계	1,000	500	500	500	500	500
제약	500	500	500	500	500	500
부하율	200%	100%	100%	100%	100%	100%
적용	-	그룹4	그룹4	그룹4	그룹4	그룹4

〈그림27. 제약을 100% 만족시키는 여러 생산가능량들〉

▌08   제2부의 진행 순서

　　2부에서는 MPS를 잘 수립하기 위한 여러 방법과 기법들을 소
개합니다. 수요계획을 최대한 만족하면서 실제로 수행 가능하고 그러
면서도 회사 입장에서 최대의 이윤이 보장되는 계획을 한방에 수립하면
좋겠습니다만 여러분의 이해도 도울 겸, 저는 중요한 개념들을 나누어서
아래와 같이 순차적으로 다루려고 합니다. 비록 이해를 돕기 위해 개념을
나누어서 설명드리지만, 이 책을 다 볼 때 즈음에는 그 개념들이 하나로
합쳐져서 여러분께 MPS에 대한 종합적이고 체계적인 사고의 틀을 제공
할 것으로 기대합니다. 다음은 이 책의 2부에서 다룰 내용들입니다.

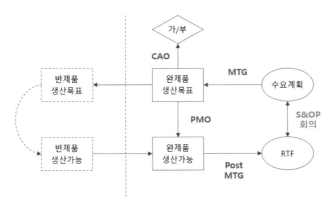

〈그림28. 제2부에서 소개할 내용들〉

제2부 시스템 편에서 소개할 내용

1. **생산요청량**(MTG, MPS Target Generator) **만들기** (제9장)
2. **능력치**(캐파) **점검 계산기**(CAO, Capacity Allocation Optimizer) (제10장)
3. **생산가능량**(PMO, Product Mix Optimizer) **만들기** (제11장)
    1) **설비 제약을 반영하여 가능량 만들기 – PMO**(설비)
    2) **자재 제약을 반영하여 가능량 만들기 – PMO**(자재)
    3) **설비와 자재 제약을 동시에 반영하여 가능량 만들기 – PMO**(설비+자재)
4. (1번의 양식을 활용하여) **생산가능량으로부터 RTF 점검하기** (제12장)
5. (부록) **생산요청량과 생산가능량을 한 번에 만들기** (제13장)

주간 운영체계를 확립하기 위해서는 매주 S&OP 회의를 통해 좋은 계획을 수립해야 하는데, 좋은 계획을 수립하려면 아무래도 계획수립을 도와주는 도구가 필요합니다. 여기에서 계획은 공급계획을 말합니다. 공급계획에는 수요보충, 물류출하, 물류입고, 공장출고, 생산 등과 같이 여러 종류의 계획들이 담겨 있는데 그 가운데에서 가장 중요한 계획은 뭐니 뭐니 해도 생산계획입니다. 이 생산계획을 MPS(Master Production Schedule)라고 합니다. MPS의 핵심은 실행 가능성입니다. '해야 하는 것(요청량)' 중에서 '할 수 있는 것(가능량)'을 잘 추려야 하는데 만들어서 팔아야 하는 제품의 종류와 수량이 일정한 규모를 넘으면, 계획을 수립할 때 고려해야 할 것들이 너무 많아서 계획수립 담당자의 머리와 경험만으로는 제품별 가능량을 제대로 구하기 어려워집니다. 다수의 대기업 그리고 중견기업들 가운데 일부는 계획수립 담당자가 엑셀로 MPS를 수립하는데 어려움을 느껴 APS(Advanced Planning & Scheduling)라는 도구를 도입하고 활용하여 MPS를 수립하고 있습니다.

　현재 우리나라의 주요 APS 구축 회사들은 제가 위의 〈그림28〉에서 소개하는 것과 똑같은 방식으로 공급계획을 만들지는 않습니다. 시중에 나와 있는 APS 구동 방식은 대체로 다음과 같습니다. 먼저 수요에 대응하기 위하여 제품별로 언제 몇 개를 만들어야 하는지를 뽑습니다. 이것은 〈그림28〉의 1번 요청량을 만드는 기법과 같습니다. 하지만 가능량을 뽑는 방법이 제가 위에서 소개하는 방식들과는 다릅니다. 상용화된 APS에서는 〈그림28〉의 2번과 3번의 내용을 다음과 같이 한꺼번에 처리합니다. 만들어야 하는 제품들 중에서 급하고 중요한 순으로 제품의 우선순위를 선정하여 우선순위가 높은 제품부터 마치 실제 공장에서 운영하는 것처럼 가상의 설비에 태웁니다. 설비가 가상으로 일을 하는 동안에는 나머지 다른 제품들은 대기(Queue)를 시킵니다. 더 이상 진행할 대상이 없을 때까지 제품을 설비에 태우는 작업을 반복하는데 이처럼 가상으로 제품을 설비에 태우는 방식을 '시뮬레이션 기반의 스케줄링' 기법이라고 합니다. 스케줄링 방식으로 문제를 풀면 속도가 대단히 빨라서 많은 제품과 복잡한 생산 제약을 고려해도 수 분 혹은 수 십분 이내에 수개월 동안의 생산가능량을 비교적 정확하게 뽑을 수 있습니다. 이렇게 생산가능량을 뽑고 나면 그 가능량을 가지고 공장출고, 물류입고, 물류출고, 수요보충 등을 계산할 수 있고, 그 결과 수요계획을 만족하는지 여부까지도 확인할 수 있습니다. 이 과정은 〈그림28〉의 4번에서 말씀드리려는 내용과 차이가 없습니다.

요약하면, 상용화된 APS와 제가 〈그림28〉에서 소개하려는 내용을 비교하면 1번과 4번은 동일합니다. 2번은 APS에는 탑재되지 않은 기능이지만, 활용도가 높을 것으로 기대하여 제가 별도로 소개합니다. 3번은 일반적인 APS가 가능량을 만드는 방식과는 다른 방법인데 가능량을 만드는 많은 조합 가운데에도 우수한 답안이 있음을 밝혀 여러분의 생각을 일깨우는 데 도움이 될 것입니다.

　1번과 4번을 제외하고 2번, 3번, 5번은 모두 '선형계획법(Linear Programming)'이라고 하는 최적화 기법을 사용합니다. 특히 3번은 아직까지 실제로 회사에 적용한 사례가 단 한 차례가 없음에도 불구하고 시사하는 바가 크고 활용할 가치도 높을 것으로 기대합니다. 요청량으로부터 단순히 생산의 제약을 넘기지 않는 제품별 가능량을 만드는 데 그치지 않고, 전체 이윤이 가장 큰 제품별 가능량을 찾는 과정을 통해 그동안 우리가 계획을 수립하면서 부지불식 간에 놓친 것은 없었는지 여러분에게 진지한 질문을 던지게 될 것입니다. 똑같이 제약을 감안한다고 해도 제품별로 가능량의 조합을 어떻게 만드는가에 따라 같은 기간 동안 회사의 이윤이 달라지기 때문입니다. 같은 노력을 들여 운영을 해도 계획을 어떻게 수립했는가에 따라 회사가 얻는 이윤에 차이가 난다는 말입니다. 그동안 많은 회사들이 계획수립 담당자의 고생과 경험으로 MPS를 확정하고 확정한 결과를 매주 계획으로 선언하고, 선언한 계획을 달성하기 위해 앞만 보고 살았습니다. 더 좋은 대안이 존재한다는 사실조차도 잊은 채 어찌 보면 수많은 대안들 가운데에서 우연히(?) 채택한 산물을 준수하기 위해 우리는 열심히 달렸는지도 모릅니다. 그동안 만들었던 계획과 이번에 최적화 개념을 통해 얻은 〈그림28〉의 3번 결과를 비교해 봄으로써 계획을 바라보는 눈높이를 한 단계 끌어올리는 기회로 삼으면 좋겠습니다. 마지막으로 5번입니다. 개념적으로 5번은 1번과 2번 사이에 배치시키는 것이 내용을 전개하는 순서에 잘 맞습니다만, 기술적으로 5번을 이해하려면 적어도 3번 내용에 대한 이해가 필요하기 때문에 제일 마지막에 배치시켰습니다. 5번의 내용을 통해서 몇 종류 안 되는 제품조차도 기본적인 생산 제약을 감안해야 하면, 가능량을 잘 만드는 작업이 얼마나 어려운 일인가를 경험하게 될 것입니다. 그리고 최적화 기법보다 더 중요한 내용인데 생산가능량을 만들기 위해 사용하는 인풋 데이터들이 어떻게 혁신의 대상이 되는지 이번 기회에 보다 확실하게 깨닫게 될 것입니다.

9.
생산요청량(MTG, MPS Target Generator) 만들기

▋01   공급계획(MP)의 중요성

  회사를 운영하는데 필요한 계획에는 여러 종류가 있을 텐데, 그중에서도 주간 공급계획(MP)은 왜 필요한가요? 저는 다음의 두 가지 이유 때문에 필요하다고 생각합니다. 먼저, 기업은 주간 공급계획에 나와 있는 제품별 계획에 따라 팔아야 할 것, 만들어야 할 것, 혹은 사야할 것을 집행하기 때문에 **계획은 실행을 위한 가이드 역할을 담당합니다.** 계획이 없다면 무엇을 얼마큼 만들고 무엇을 얼마나 사야 하는지 갈피를 못 잡을 것입니다. 그런데 이것 말고도 주간 공급계획은 **수요계획에 대해서 공급을 얼마나 할 수 있는지 응답하는 역할을 합니다.** 이 역할 또한 매우 중요합니다. 제품마다 수요계획대로 다 팔 수 있는지 혹은 다 팔지 못하면 얼마나 못 파는지를 수량으로 먼저 파악함으로써 자연스럽게 금액적인 문제, 즉 예상 매출액과 손익을 비교적 정확하게 미리 뽑아 볼 수 있어 경영에 필요한 의사결정을 하는 데 도움을 주기 때문입니다.[49] 〈그림29〉는 하나의 제품(제품A)에 대해서 담당자가 여러 명이고 거래처도 여러 곳이어서 총 네 가지 수요계획을 관리하는 사례입니다. 4가지 수요계획 각각에 대해서 각 주(Week)마다 얼마나 팔 수 있는지를 '수요 RTF(Return To Forecast)'라는 항목에서 보여 주고 있습니다. **거래처마다 판매 가격이 다르다면 수요계획의 단위로 예상 매출을 뽑는 것이 제품으로 묶어서 예상 매출을 짐작하는 것보다 정확합니다.**

제품	담당자	거래처	항목	단가 (원)	M9 계 30	M9 W35 5	W36 7	W37 7	W38 7	W39 4
A	갑돌이	123(한국)	수요계획	100	900	100	200	300	200	100
			수요 RTF	100	800	100	100	100	300	200
	울숙이	234(중국)	수요계획	120	900	300	500	0	100	
			수요 RTF	120	900		400	400		100
		289(일본)	수요계획	200	1,000				1,000	
			수요 RTF	200	800				800	
	병돌이	369(미국)	수요계획	130	500		200			300
			수요 RTF	130	500	200			300	
계			수요계획(수량)		3,300	400	900	300	1,300	400
			수요 RTF(수량)		3,000	300	500	500	1,400	300
			수요계획(금액)		463,000	46,000	106,000	30,000	232,000	49,000
			수요 RTF(금액)		413,000	36,000	58,000	58,000	229,000	32,000

〈그림29. 수요계획에 대해서 얼마나 공급해 줄 수 있는지 RTF로 확인함〉

▎02 자세한 형태의 공급계획

그런데 전문적인 APS의 도움 없이 엑셀만으로는 복잡한 수요계획의 단위에 맞춰 공급을 얼마나 해 줄 수 있는지 보이기가 실은 쉽

---

49 주간 운영체계가 확립되기 이전에는 주로 재무 쪽에서 금액적인 목표를 먼저 수립하고 목표로 설정한 금액을 달성하기 위하여 계획(수량을 억지로(?) 끼워 맞추던 관행이 있었습니다. 지금도 이렇게 계획을 수립하는 회사가 있을 텐데 매우 잘못된 모습입니다. 당연히 제품별 수량으로 계획을 수립하고 계획을 다 수립하고 난 뒤, 자연스럽게 금액을 뽑을 수 있어야 합니다.

SCM 혁신과 생산계획

지 않습니다. 수요계획에서 보고자 하는 내용과 공급계획에서 보려고 하는 내용이 서로 일치하지 않기 때문입니다. 수요계획은 한 제품에 대해서 담당자와 고객 정보를 구분하여 관리하는 반면에, 공급계획은 한 제품을 주로 어떤 공장에서 만들지에 관심이 있습니다. 따라서 같은 제품이라면 보통의 경우는 수요계획이 공급계획보다 정보의 양이 많습니다. 서로 표현하는 최소단위가 수요계획(제품|담당자|거래처)과 공급계획(제품|공장)이 서로 일치하지 않은 경우에 엑셀만으로는 수요계획의 표현 방식에 맞춰 공급계획을 표현하는데 기술적인 한계가 있습니다. 이러한 이유로 엑셀을 사용하여 공급계획을 수립하는 회사는 수요계획도 제품으로 묶고, 공급계획도 제품으로 묶어서 제품별 PSI(P: Production, S: Sales, I: Inventory)의 형태로 검토합니다. 아래 〈그림30〉은 위의 〈그림29〉를 제품별로 묶어서 수요계획(S), 공급계획(P), 그리고 재고(I)를 표현한 양식(Template)입니다. 〈그림30〉과 같은 양식을 사용하면 어느 시점에 재고가 부족할 것이라는 내용은 직관적으로 쉽게 판단할 수 있습니다. W36에 제품A가 400개 부족하다는 것을 쉽게 알 수 있는 것처럼 말입니다. 하지만 이와 같은 표현법에는 다음 두 가지 약점이 있습니다. 첫째로 제품A를 여러 거래처에 팔아야 하는데 W36에 어느 거래처에는 공급이 가능하고 어느 거래처에 공급이 얼마나 부족한지를 표현할 수 없습니다. 거래처마다 판매 가격이 다르면 회사의 예상 매출액을 정확하게 산출하는 것도 어렵습니다. 두 번째 약점으로는 공급계획(P)의 정체가 모호합니다. 〈그림30〉에서 P는 수요계획(S)에 대응하는 값을 의미하는지, 아니면 공장의 생산량을 뜻하는지, 가리키는 대상이 무엇인지가 불분명합니다. 이것만 가지고는 몇 개를 생산해야 하는지 판단을 하기 어려울 때가 있습니다.

제품	기초 재고	M9														
		W35			W36			W37			W38			W39		
		S	P	I	S	P	I	S	P	I	S	P	I	S	P	I
A	100	400	300	0	900	500	(400)	300	500	(200)	1300	1400	(100)	400	300	(200)
...	...	...	...	...	...	...	...	...	...	...	...	...	...	...	...	...

〈그림30. 위의 〈그림29〉를 제품별 PSI로 표현하기〉

　아마도 하나의 수요계획에 대하여 나타낼 수 있는 가장 자세한 결과는 아래와 같이 〈그림31〉의 형태가 아닐까 생각을 합니다. 제품A 중에서도 여러 담당자가 있겠지만 담당자는 갑돌이, 그리고 여러 거래처가 있겠지만 그중에서 거래처는 123(한국)에 대한 수요계획이 각 주차별로 있을 때 실현 가능성을 고려하여 팔 수 있는 계획을 '수요 RTF'라는 항목에 제공합니다. 그림의 F11:O11 구간이 이에 해당합니다. 이처럼 수요계획을 만족시킬 수 있는지 여부를 판단할 수 있는 결정적인 열쇠를 들고 있는 것은 바로 '생산(가능)'이라는 항목입니다. 같은 그림의 F22:O22 구간이 이에 해당합니다. 이 '생산(가능)'이라는 항목만 잘 파악하면 아래 그림에 있는 모든 항목에 답을 할 수가 있습니다. 우리는 '생산(가능)'에서부터 '수요 RTF'에 도달하기까지의 과정을 이 책 제2부 12장에서 다루게 될 것입니다. 이해를 돕기 위해 〈그림31〉을 한 번 더 보겠습니다. '생산(요청)'이라는 항목에 대비해서 '생산(가능)'의 항목을 비교해 보면 W35와 W37에 각각 필요한 생산(요청) 100을 제때에 만들지 못하고 대신에 W38에 200이 생산(가능)할 것으로 계획을 만들었는데 이유인 즉, 설비의 캐파 혹은 자재가 부족하여 필요한 때에 만들지 못하기 때문일 것입니다. 생산(가능)이 늦어진 결과로 '생산부족', '출하부족', 그리고 '수요부족' 등의 계획 항목에 붉은색 글씨로 표기한 구간에서 부족 현상이 발생함을 쉽게 파악할 수 있습니다.

〈그림31〉에 나와 있는 주요 항목과 이 책의 제2부에서 소개하는 내용을 연관 지으면 다음과 같습니다.

- '수요계획'이 주어졌을 때 '생산(요청)' 항목을 어떻게 도출하는가? (제9장)
- '생산(요청)'이 주어진 기간 내에 할 수 있는 수량인지 캐파 관점에서 어떻게 판단하고 검증하는가? (제10장)
- '생산(요청)'을 가지고 최적의 '생산(가능)'을 만드는 좋은 기법이 있는가? (제11장)
- 마지막으로 '생산(가능)'을 만들고 난 뒤, '수요계획'과 비교하여 얼마나 부족한지를 판단할 수 있는 '수요 RTF' 혹은 '수요부족'이라는 항목까지 어떻게 도출하는가? (제12장)

	A	B	C	D	E	F	G	H	I	J	K	L	M	N	O
1	영업안전재고(개)			30											
2	물류선행(일)			7											
3	Lot Size(개)			100											
4															
5	제품	담당자	거래처	항목	BOH	M9					M10				
6						W35	W36	W37	W38	W39	W39	W40	W41	W42	W43
7						5	7	7	7	4	3	7	7	7	7
8	A	갑돌이	123(한국)	수요계획		70	32	23	29	2	60	42	37	46	26
9				수요보충(요청)		85	32	23	29	2	60	42	37	46	26
10				수요보충(가능)		65	0	0	0	106	60	42	37	46	26
11				수요 RTF		70	10	0	0	76	60	42	37	46	26
12				수요부족		0	(22)	(45)	(74)	0	0	0	0	0	0
13				영업재고	15	10	0	0	0	30	30	30	30	30	30
14				출하(요청)		85	32	23	29	2	60	42	37	46	26
15				출하(가능)		65	0	0	0	106	60	42	37	46	26
16				출하부족		(20)	(52)	(75)	(104)	0	0	0	0	0	0
17				물류입고		0	0	0	200	0	100	0	0	100	0
18				물류재고(목표량)		32	23	29	28	84	42	37	46	26	0
19				물류재고(합계)	65	0	0	0	200	94	134	92	55	109	83
20				생산출고		0	0	0	200	0	100	0	0	100	0
21				생산(요청)		100	0	100	0	0	100	0	0	100	0
22				생산(가능)		0	0	0	200	0	100	0	0	100	0
23				생산부족		(100)	(100)	(200)	0	0	0	0	0	0	0
24				생산재고	0	0	0	0	0	0	0	0	0	0	0

〈그림31. 수요계획에 대하여 정밀하게 수립한 공급계획〉

수요계획에 대하여 공급계획, 그중에서도 생산계획인 MPS를 올바르게 수립하려면 생산 목표를 올바르게 만들어야 합니다. 생산할 목표를 생산요청량이라고 부르고, 생산요청량 만들기를 'MTG(MPS Target Generator)'라고 부르겠습니다. 수요계획을 만족하기 위해 완제품을 언제 얼마나 만드는 것이 가장 이상적(理想的)인지를 알면 이미 문제의 반은 푼 것입니다. 수요계획은 이미 주어진 값이고 보유할 재고의 수준도 회사에서 정책적으로 결정하여 이미 알고 있는 숫자이기 때문에 MTG의 결과인 완제품의 생산 목표 또한 이미 정해진 값입니다. 말하자면 시간 축을 고려한 방정식입니다. 정답이 있는 풀 수 있는 문제입니다. 그렇다고 해서 우습게 보아서는 결코 안 됩니다. '수요계획'으로부터 '생산요청량'을 구하는 MTG 과정은 회사의 복잡한 운영 규칙을 고스란히 담고 있기 때문입니다.

▎03 생산요청량(MTG) 산출 과정

이제부터 본격적으로 〈그림32〉에 있는 내용을 가지고 '수요계획(F8:O8)'으로부터 '생산(요청)(F16:O16)'이 산출되는 과정을 살펴보겠습니다. 주차별로 주어진 '수요계획'을 이상적으로(Ideally) 만족하기 위하여 어떻게 하여 W35, W37, W39, 그리고 W42에 100개의 '생산(요청)' 값을 얻었는지 문제 푸는 순서에 맞게 따라가 보겠습니다. 각 단계마다 해석이나 처리 기준이 회사마다 달라 여러 대안들이 존재할 수 있습니다. 그렇기 때문에 제가 설명하는 내용이 어느 부분에서는 독자가 근무하는 회사의 처리 기준과 맞지 않을 수도 있습니다. 〈그림32〉에 값들이 어떻게 도출되었는지는 〈그림33〉에 수식으로 나타냈으니 참고하시기 바랍니다. 수식 하나하나에 대하여 여러분의 회사와 같은 방식으로 처리하고 있는지 혹은 그렇지 않은지를 따지기보다는 '수요계획'으로부터 '생산(요청)'을 얻기 위하여 여러 과정들을 논리적으로 어떻게 전개하고 있는지 앞으로 설명하는 내용을 찬찬히 확인하기 바랍니다. 생산(요청)을 이끄는 과정은 일종의 로직인데, 로직을 적용하려면 몇 가지 기준이 필요합니다. 아래 [기준]들이 로직을 적용하는데 필요한 운영기준입니다.

[기준] '수요계획'으로부터 '생산(요청)' 만들기

 - 수요계획은 실제로 고객에게 물건을 판매하는 판매처임 (수요계획의 공간적 정의)
 - 수요계획과 같은 주차에 공급해도 팔 수 있음 (수요계획의 시간적 정의)
 - 판매처는 제품별로 일정 수량의 안전재고를 보유함 (영업 안전재고 – 수량)
 - 물류창고는 다음 주 출하요청분을 한 주 전에 미리 확보함 (물류 안전재고 – 선행)
 - 물류에서 입고 받을 수량이 곧 생산하는 공장에서 출고할 수량임
 - 생산출고 요청량이 있으면 Lot Size를 감안하여 생산요청량을 만듦
 - 공장은 생산하는 즉시 물류창고로 보내어 공장에는 재고를 남기지 않음

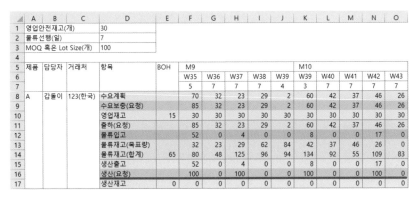

〈그림32. '수요계획'으로부터 '생산(요청)'을 계산하는 MTG 과정〉

〈그림32〉에 있는 '수요계획'에서부터 시작하여 최종적으로 '생산(요청)'을 도출하기까지 필요한 수식은 〈그림33〉에, 그리고 항목을 풀어 나가는 순서는 〈그림34〉에 나타냈습니다. 설명이 필요한 곳에 적절히 참고하겠습니다.

	A	B	C	D	E	F					G	H	I	J	K	L	M	N	O
1	영업안전재고(개)			30															
2	물류선행(일)			7															
3	Lot Size(개)			100															
4																			
5	제품	담당자	거래처	항목	BOH	M9									M10				
6						W35					W36	W37	W38	W39	W39	W40	W41	W42	W43
7						날짜수 5					7	7	7	4	3	7	7	7	7
8	A	갑돌이	123(한국)	수요계획		70					32	23	29	2	60	42	37	46	26
9				수요보충(요청)		=F8+F10-E10					=G8+¦	=H8+¦	=I8+I1¦	=J8+J¦	=K8+¦	=L8+L¦	=M8+¦	=N8+¦	=O8+¦
10				영업재고	15	=IF(E10-F8-$D$1>0,E10-F8,$D$1)					=IF(F1¦	=IF(G1¦	=IF(H1¦	=IF(I10¦	=IF(J10¦	=IF(K1¦	=IF(L1¦	=IF(M¦	=IF(N1¦
11				출하(요청)		=F9					=G9	=H9	=I9	=J9	=K9	=L9	=M9	=N9	=O9
12				물류입고		=IF(E14<(F11+F13),(F11+F13)-E14,0)					=IF(F1¦	=IF(G1¦	=IF(H1¦	=IF(I1¦	=IF(J1¦	=IF(K1¦	=IF(L1¦	=IF(M¦	=IF(N1¦
13				물류재고(목표량)		=IF(G7=7,G11,G11+(7-G7)/H7*H11)					=IF(H7=¦	=IF(I7=¦	=IF(I7=¦	=IF(K7=¦	=IF(L7=¦	=IF(L7=¦	=IF(N7=¦	=IF(O=¦	=IF(P7¦
14				물류재고(합계)	65	=E14+F16-F11					=F14+¦	=G14+¦	=H14+¦	=I14+¦	=J14+¦	=K14+¦	=L14+¦	=M14+¦	=N14+¦
15				생산출고		=F12					=G12	=H12	=I12	=J12	=K12	=L12	=M12	=N12	=O12
16				생산(요청)		=IF(F15<>0,CEILING(F15,$D$3),0)					=IF(H1¦	=IF(I1¦	=IF(J1¦	=IF(K1¦	=IF(L1¦	=IF(M¦	=IF(M1¦	=IF(N1¦	=IF(O1¦
17				생산재고	0	0					0	0	0	0	0	0	0	0	0

〈그림33. 〈그림32〉의 MTG 수식〉

〈그림32〉부터 〈그림34〉의 그림은 공통적으로 3개의 영역을 색깔로

구분하고 있습니다. 분홍색은 영업에 해당하는 영역, 하늘색은 물류에 해당하는 영역, 그리고 초록색은 공장에 해당하는 영역을 나타냅니다. 회사에 따라 분홍색 영역이 없고, 물류를 나타내는 하늘색 부분으로 수요의 영역을 대체하는 경우도 있습니다. 그리고 모든 색깔에는 각각 요구(-), 보충(+), 그리고 그에 따른 결과인 재고(Inv.)라는 세 가지 개념이 담겨 있습니다. 영업 영역은 회사 전체로 볼 때 요구를 하는 쪽이지만 영업 영역 안으로 들어가 보면 그 안에서도 요구(-), 보충(+), 그리고 재고(Inv.)라는 개념이 존재합니다. '수요계획'은 영업 영역에서도 요구(-)에 해당하는 항목입니다. '수요보충(요청)'을 함으로써 수요계획이라는 요구를 만족시킬 수 있기 때문에 '수요보충(요청)' 항목은 보충(+)에 해당합니다. 기초재고와 수요계획, 그리고 수요보충(요청)이 있으면 기말재고를 계산할 수 있습니다. 이때 기말재고에 해당하는 '영업재고'가 재고(Inv.)라는 항목이 됩니다. 영업, 물류, 공장 이 세 영역 모두 보충(+)에 해당하는 항목을 푸는 것이 목표입니다.

대상	구분	항목	순서	비고	내용
Sales	-	수요계획	1	출발	모든 계획의 출발점
영업	+	수요보충(요청)	3		수요와 안전재고를 모두 만족하는 수량
	Inv.	영업재고	2		정책으로 설정한 기말재고 수량
DC	-	출하(요청)	4		순서 2번(수요보충(요청))과 같음
물류	+	물류입고	6		출하를 하고도 선행 재고를 남길만큼의 입고 수량
		물류재고(목표량)	5		정책으로 설정한 다음 버킷용 출하 수량
	Inv.	물류재고(합계)	9		= 기초재고+생산요청-출하요청
Plant	-	생산출고	7		순서 5번(물류입고)과 같음
공장	+	생산(요청)	8	결과	순서 8번(생산출고)에서 Lot Size를 고려함
	Inv.	생산재고	10		0을 유지함

〈그림34. 〈그림32〉의 MTG 문제를 푸는 순서〉

■ 1.1 수요 영역(분홍색)

1.1.1 수요계획

'수요계획'은 공급계획(MP)을 수립하는 입장에서는 이미 주어진 값입니다. 위의 예제에서는 월(Month) | 주(Week)별로 수요계획 값이 주어졌고, 우리는 여기에서부터 공급계획을 풀기 시작합니다. 어떤 고객사는 수요예측을 잘 하는 기법을 알려 달라고 요구하기도 하는데, 이 책에서는 논외로 합니다. 사업부에서 수립한 수요계획을 공급계획수립 담당자가 전달받은 다음부터 이 책의 내용은 시작합니다. 그렇기 때문에 수요계획은 공급계획을 수립하는 쪽 입장에서는 이미 주어진 값입니다. 수요계획을 다룰 때 늘 단골로 등장하는 문제들로는 다음과 같은 것들이 있습니다. 관리 대상, 수립주기, 최소단위, 전체구간, 공간적 효력과 시간적 효력, 그리고 확정 등과 같은 내용입니다.

〈그림32〉에 있는 내용 중에서 수요계획 항목만 딱 떼어 놓고 보겠습니다.

제품	담당자	거래처	항목	BOH	M9					M10				
					W35	W36	W37	W38	W39	W39	W40	W41	W42	W43
					5	7	7	7	4	3	7	7	7	7
A	갑돌이	123(한국)	수요계획		70	32	23	29	2	60	42	37	46	26

M9 | W35에 있는 70이라는 숫자처럼 각 셀(Cell)에 담긴 숫자 하나하나도 조금만 더 깊이 들어가면 해석의 기준을 어디에 두는가에 따라 의미가 달라지는데 회사의 환경에 맞게 정의해야 합니다. 하나씩 살펴보겠습니다.

수요계획 관리 대상

수요계획은 보통 제품별로 담당자와 거래처 정보를 구분하여 관리합니다. 담당자별로 매출이 얼마가 될지를 파악해야 하는 경우도 있어서 담당자별 구분이 필요합니다. 그리고 같은 제품이라도 거래처에 따라서 판매 가격이 다를 수도 있기 때문에 예상 매출액을 정확하게 집계하려면 거래처에 대한 구분도 필요합니다. 이처럼 제품별로 담당자와 거래처를 구분하면 제품으로만 수요를 집계하는 경우보다 관리해야 하는 데이터의 양이 훨씬 많아집니다. 제품을 담당자와 거래처로 나눈 수요계획 단위에 맞춰 공급계획을 수립하려면 아무래도 엑셀만으로는 데이터 처리에 어려움이 있어 APS를 구축하여 이 문제를 해결합니다.

수요계획 수립주기(Cycle), 최소단위(Bucket), 전체구간(Period)

수요계획도 계획이니, 이번 기회에 계획 전반에 대해 말씀을 드리겠습니다. 회사마다 어떠한 형태로 계획을 수립하고 있는지, 다시 말해서 계획의 정체성(Identification)을 밝히려면 다음 세 가지 요소를 확인하면 됩니다. 저는 P(C/B/P)와 같은 표현법을 사용합니다. 여기서 P는 계획(Plan)을 뜻하고 C/B/P는 각각 수립주기/최소단위/전체구간을 뜻하는 Cycle/Bucket/Period의 앞글자를 따왔습니다. **수립주기**(Cycle)는 계획을 얼마나 자주 새롭게 짜는지를 뜻하는 말이고, **최소단위**(Bucket)는 계획을 얼마나 정교하게 수립하는지와 관계가 있는데 계획에 담겨 있는 숫자가 일 단위인지, 주 단위인지, 월 단위인지를 뜻하며, **전체구간**(Period 혹은 Horizon)은 말 그대로 계획의 전체구간을 뜻합니다. 〈그림35〉에 나와 있는 내용을 보면 이해하는 데에 어려움이 없을 것입니다. P(W/W/13)이라고 표현하면 계획을 매주 수립하는데, 나타내는 최소단위는 주간 단위이고, 전체구간은 13주로 대략 3개월 구간 동안의 계획을 수립함을 뜻합니다. P(W/D/14)는 일주일에 한 번씩 계획을 수립하는데, 요일별로 계획을 표현하고, 전체 14일의 구간 동안 계획을 수립한다는 뜻입니다. 이러한 형태의 계획은 주로 일별 공장계획에서 찾아볼 수 있습니다. P(W/D/14 + W/W/11)와 같은 혼합 형태도 상황에 따라서는 유용한 형태의 계획입니다. 일주일에 한 번씩 전체 3개월 구간 동안 계획을 수립하는데 앞의 2주 동안은 요일별로 공장계획을 수립하고 나머지 11주 구간은 주간 단위로 공급계획을 수립하는 형태입니다.

계획(Planning)의 정체성(Identification)을 밝히는 3요소는 다음과 같습니다.

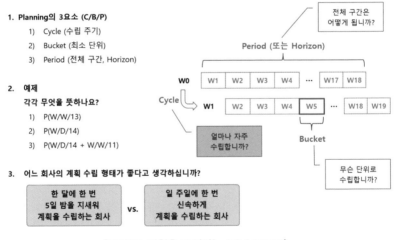

〈그림35. 계획을 구성하는 3요소(C/B/P)〉

주간 운영체계 확립이라는 큰 혁신 목표를 달성하기 위하여 주간 계획 수립체계를 확립해야 한다는 말을 흔히 하는데, 여기에 나와 있는 '주간'

은 바로 수립주기(Cycle)를 뜻합니다. 최소단위(Bucket)를 뜻하는 단어가 아닙니다. 고객사와 인터뷰를 해 보면 다음과 같이 용어 사용에서 오는 착오가 종종 발생합니다. 제가 어떤 고객사에게 "운영을 잘하기 위해서는 주간 단위로 계획을 수립해야 합니다."라고 말을 하면 "무슨 말을 하는 겁니까? 우리 회사는 현재 주간 단위는커녕 일간 단위로 계획을 수립하고 있습니다."라는 항변을 고객으로부터 듣곤 합니다. 이때 이 말을 곧이곧대로 들어서는 곤란합니다. 제가 고객에게 말할 때의 '주간'은 매주(Cycle) 계획을 수립해야 한다는 뜻이고, 고객이 저에게 말할 때의 일간은 계획을 얼마나 정교하게 수립하는지와 관계가 있는 최소단위(Bucket)를 뜻합니다. 계획수립주기와 최소단위는 보통 궤를 같이하고 있습니다만, 아직도 일부 회사들은 P(M/D/30)의 형태와 같이 한 달에 한 번만 계획을 수립하는데 요일별로 정교하게 짜기 위해서 몇 날 며칠 동안 공을 들이는 경우가 있습니다. 그런데 이처럼 아주 가끔 수립하면서 내용은 그와 반대로 정밀하게 표현하려고 하는 계획수립 방식은 매우 좋지 않습니다. 설령 정밀도가 떨어지더라도 최소단위를 주간으로 완화시키되 매주 계획을 다시 수립하는 것이 회사 내 여러 조직들이 일사불란하게 운영 데에 훨씬 도움이 됩니다. 요일별 계획이 불필요하다는 내용이 아니라, 한 달에 한 번 요일별 계획을 수립하는 것보다는 매주 주간 단위의 물량 계획을 수립하고 새롭게 수립한 계획을 바탕으로 요일별 계획도 다시 세우는 것이 좋다는 내용으로 잘 이해하였을 것이라 생각합니다. **계획을 매개로 한 혁신활동에서 가장 중요한 것은 계획을 얼마나 정교하게 짜느냐 보다 바뀐 수요에 맞추어 얼마나 자주 계획을 재조정하느냐, 즉 계획의 수립주기 개선에 있음을 꼭 기억하기 바랍니다.**

수요계획의 공간적, 시간적 정의

회사마다 운영 방식이 다르므로 수요계획에 표시되는 숫자 속에 담긴 의미 또한 회사마다 다릅니다. 심지어는 같은 회사 내에서도 수요계획을 바라보는 관점과 이해관계에 따라 제각각 해석을 하기 때문에 분쟁의 소지가 늘 있습니다. 수요계획이 발생하는 '공간과 시간'을 정확하게 정의한다면 숫자를 보고 해석하는 데 드는 혼선을 많이 막을 수 있습니다. 먼저 공간적 정의입니다. 1) 어떤 회사는 매출을 일으키는 지점을 수요계획으로 잡을 수 있고, 2) 어떤 회사는 해외 법인에 창고가 있어서 해외 법인 창고로 물건이 입고되는 지점을 수요계획으로 잡는 경우도 있으며,[50] 3) 어떤 회사는 공급지에서 출하하는 지점을 수요계획으로 잡는 경우도 있습니다. 이상적으로는 매출을 일으키는 지점을 수요계획으로 삼아야 예상 매출액도 정확하게 뽑을 수 있어서 좋겠지만, 회사의 운영 상황이 반드시 이상과 맞아 떨어지라는 법이 없으니 원리 원칙만 고집하지 말고 타당한 근거를 가지고 수요계획의 지점을 어디로 잡을지 조직원들끼리 합의를 보면 됩니다. 참고로 〈그림32〉에 있는 수요계획은 1)번 매출을 일으키는 지점을 수요계획으로 잡고 푼 것입니다.

다음으로 시간적 정의입니다. 수요계획은 월 | 주를 한꺼번에 표현합니다. 주간 운영체계를 확립하려면 주 단위로 계획을 수립하고 주 단위

---

50 가령, 어떤 회사의 유럽 법인은 유럽 여러 나라의 많은 거래처와 거래를 하는데, 법인이 보유한 창고에서 제품을 출고한다고 수금이 그 자리에서 바로 되는 것은 아니기 때문에 법인 출고계획을 세웠다고 해도 판매 금액을 예측하기 어려운 경우가 많습니다. 정확한 판매 금액을 예측하기 어렵기 때문에 이런 경우는 오히려 문제를 복잡하게 만들지 않고 통일성을 유지하기 위하여 법인 출고가 아닌, 법인 입고를 수요예측의 지점으로 보는 회사도 있었습니다. 합리적인 운영 방식이라고 생각합니다.

SCM 혁신과 생산계획

로 실적을 평가하여 매주 운영(Rolling)하면 되기 때문에 모든 의사소통도 주(Week)만 있으면 됩니다. 그런 이유로 공급계획은 월 | 주가 아닌, 주로만 표시합니다. 그런데 아직까지도 사람들에게 익숙한 월 단위의 관행을 깨기 어려운 영역이 있습니다. 바로 영업적인 부분입니다. 연간 사업계획도 월별로 예상 매출을 집계하고, 매월 월간 판매계획이라는 이름으로 월간 목표를 수립하기 때문에 주 단위 체계와는 시간의 단위 면에서 충돌이 날 수밖에 없습니다. 이 문제를 해소하기 위하여 수요계획은 월 | 주로 표시합니다. 〈그림32〉에서는 2021년도 39주차를 M9 | W39, 그리고 M10 | W39로 나누어서 각각 2개, 60개의 수요계획을 수립하였습니다. 이 문제 말고 더 중요한 시간적 정의가 따로 있습니다. 예제를 바로 들겠습니다. 〈그림32〉에서 M9 | W36의 32라고 수요계획을 수립했는데 위에서 공간적 정의로 실제 매출을 일으키는 지점이라고 했으니 W36에 32개를 팔려고 한다고 보면 되겠습니다. 주차로만 수요계획을 표현했으므로 요일의 개념은 없는 겁니다. 그러면 수요와 공급단에는 서로의 입장이라는 것이 작용합니다. 많은 회사들이 한 주의 시작을 월요일, 그리고 끝을 일요일이라고 하니 저도 여기에 따르겠습니다. 수요의 입장입니다. "내가 W36에 32개를 판다고 수요계획에 의사표시를 했으니, 공급이 적어도 36주차 월요일 '새벽까지는 32개를 다 갖다 놔야 해. 그래야 내가 물건을 팔 때 지장이 없지." 반면 공급의 입장은 다릅니다. "수요가 W36에 32개를 판다고 했는데, 대응하기 너무 어려워. 하지만 내가 어떻게 해서라도 36주차 월요일부터 금요일까지 지속적으로 공급하고, 아무튼 금요일 오후를 넘기지만 않으면 나로서는 할 도리를 다한 거야." 양쪽의 입장이 이와 같으면 실행 ――― 여기서는 판매입니다 ―――을

할 때 문제가 발생할 수밖에 없습니다. 1) 어떤 회사는 수요계획 한 주 전에 재고로 확보한 수량만이 수요계획에 대응할 수 있다고 규정하는 회사도 있고, 2) 어떤 회사는 수요계획이 있는 주차의 마지막 요일까지 대응하면 팔 수 있다고 규정하는 회사도 있습니다. 참고로 〈그림32〉에 있는 수요계획은 위의 2)번을 적용하여 같은 주차 마지막 요일까지 공급하면 수요계획을 충족한다고 가정하고 문제를 풀었습니다.

수요계획 확정의 문제

많은 회사들이 운영을 안정적으로 하기 위해 공급의 영역에서 확정이라는 개념을 사용합니다. 확정이란 수요의 변동과는 상관없이 특정 구간은 과거에 수립한 계획대로 운영을 하겠다는 뜻입니다. 확정은 주로 생산에서 많이 사용하니 생산의 예를 들겠습니다. 회사의 운영 수준을 고려하여 보통 1주 확정이나 2주 확정을 주로 사용합니다. 어떤 회사가 매주 수요일에 공급계획을 수립하는데 오늘이 35주차 수요일이라고 할 때, 1주 확정이란 이번 주 월요일부터 화요일까지 생산 실적이 많든 혹은 적든지 간에 지난 34주차에 W35를 선언했던 계획대로 생산을 한다고 가정하고 다음 주인 W36부터 계획을 새롭게 수립하는 것을 말합니다. 마찬가지로 오늘이 35주차 수요일이라고 할 때, 2주 확정이라면 34주차에 W35와 W36의 계획을 이미 확정했으므로 계획대로 생산을 한다고 보고, W37부터 계획을 새롭게 수립하는 것을 말합니다. 이렇듯 주간 계획수립체계에서는 생산계획을 확정하여 운영하는데 수요계획 또한 확정의 개념을 적용할 수 있습니다. 운영의 안정을 꾀하려면 응당 수요 또한 확정을 유지하는 것이 맞습니다. 그런데 실제로 프로젝트를 수행해 보니 수요계획에 대하여 확정의 개념을 적용하자는 저의 제안을 받아들인 고객사가 한 군데도 없었습니다. 이제는 제가 순응을 하게 되었습니다. 그래서 저도 수요계획만큼은 더 이상 확정의 개념을 고집하지 않고 이번 주에 뽑은 가장 최신의 수요계획을 받아서 공급계획을 수립하고 있습니다. 참고로 〈그림32〉에 있는 수요계획은 확정의 개념을 적용하지 않고 이번 주(35주차)에 바라보았을 때 이번 주(W35)의 남은 요일 동안 팔 수량을 수요계획에 반영했습니다.

1.1.2 영업(안전)재고

많은 회사들이 불확실성에 대응하기 위해서 안전재고를 운영합니다. 안전재고를 운영하는 방식은 크게 두 가지가 있습니다. 1) 수량으로 안전재고를 설정하는 방식과 2) 시간으로 안전재고를 설정하는 방식이 있습니다. 전자인 수량으로 안전재고를 설정하는 방식은 제품별로 안전재고 숫자를 설정하고 수요가 많고 적음에 상관없이 항상 그 숫자만큼 기말재고로 남기겠다는 뜻입니다. 제품별로 안전재고 수량을 설정하고 관리하기가 수월하지 않겠다고 바로 짐작이 갈 것입니다. 반면에 후자인 시간으로 안전재고를 관리하겠다는 말은 수요에 선행하여 미리 재고를 남기겠다는 말입니다. '선행재고'라는 용어로도 사용하는데 수요가 많으면 미리 재고를 많이 확보하고, 수요가 적으면 재고를 적게 유지하겠다는 말입니다. 그런데 늘 많이 팔리는 스테디셀러 제품의 안전재고를 많이 확보하는 것이 맞다고 하는 회사도 있는가 하면, 간헐적으로 팔리는 제품일수록 안전재고를 많이 확보하는 것이 옳다고 하는 회사도 있습니다. 실은 결품에 스트레스를 받는 곳에서는 이런저런 이유를 대서라도 안전재고를 많이 보유하고 싶은 것이 인지상정인가 봅니다. 전자인 수량과 후자인 선행의 개념으로 안전재고를 확보하는 방법은 서로 장단점이 명확하게 구분됩니다. 〈그림32〉에서 해당 제품의 영업 안전재고는 전자인 수량 개념으로 설정하였습니다. 이제 〈그림33〉에 나와 있는 수식을 살펴볼 차례입니다. 영업안전재고를 수량 30개로 설정했으므로 영업재고를 표기하는 부분(F10:O10)에 30이라는 상수를 넣으면 좋겠지만 영업 기초재고가 수요보다 많으면 영업재고 항목에 상수 30을 무조건 적용하기 곤란한 상황이 생깁니다. 예를 들어 영업 기초재고가 120개가 있고, W35의 수요계획이 70일 때, 영업에 아무런 보충을 하지 않더라도 W35의 영업 기말재고는 30이 아닌 50이 남는 것으로 처리해야 자연스럽기 때문에 조건식을 사용하였습니다(F10:O10).

1.1.3 수요보충(요청)

영업 기말재고를 구하는 식을 정리하고 난 뒤에는 '수요보충(요청)' 항목에 해당하는 수식을 만듭니다(F9:O9). W35의 수요보충(요청)(F9)을 얻기 위해서는 같은 주차의 수요계획(F8)과 안전재고로 남기려고 하는 영업재고(F10)가 모두 필요한데 기초재고(E10)만큼은 감안하여 제외해 주면 됩니다. 수요보충(요청)까지만 구하면 영업의 분홍색 영역은 종료됩니다.

	A	B	C	D	E	F	G	H	I	J	K	L	M	N	O
1	영업안전재고(개)			30											
2	물류선행(일)			7											
3	Lot Size(개)			100											
4															
5	제품	담당자	거래처	항목	BOH	M9					M10				
6						W35	W36	W37	W38	W39	W39	W40	W41	W42	W43
7					날짜수	5	7	7	7	4	3	7	7	7	7
8	A	갑돌이	123(한국)	수요계획		70	32	23	29	2	60	42	37	46	26
9				수요보충(요청)		=F8+F10-E10	=G8+	=H8+	=I8+I1	=J8+J	=K8+I	=L8+L	=M8+	=N8+	=O8+
10				영업재고	15	=IF(E10-F8-$D$1>0,E10-F8,$D$1)	=IF(F1	=IF(G1	=IF(H1	=IF(I10	=IF(J1(	=IF(K1	=IF(L1	=IF(M	=IF(N1

■ 1.2 물류 영역(하늘색)

1.2.1 출하(요청)

'출하(요청)'은 물류 영역에서 요구(-)에 해당하며 각 주차마다 물류창고에서 몇 개를 판매 쪽으로 출하해야 하는가를 나타내는 항목입니다. 물류창고에서 출하한 물건이 영업 판매 지점으로 도착할 때까지는 운송 리드타임을 감안해야 하기도 합니다만, 본 예제에서는 내수 판매라고 가정하여 물류출하(F11:O11)의 시점과 영업 수요보충(F9:O9)의 시점을 같게 만들었습니다.

1.2.2 물류재고(목표량)

하늘색으로 표시한 물류 영역의 세 항목으로는 요구(-)에 해당하는 '출하(요청)' 항목과 보충(+)에 해당하는 '물류입고' 항목, 그리고 재고(Inv.)에 해당하는 '물류재고(합계)' 항목이 있습니다. 따라서 '물류재고(목표량)'은 물류 영역의 필수 세 항목에 해당하지 않습니다. 이것은 단지 나중에 '물류입고' 항목의 값을 구할 때 계산을 체계적이고 간편하게 하기 위해서 추가한 항목일 뿐입니다. 물류(안전)재고는 영업(안전)재고와는 다르게 수량이 아닌, 선행의 개념을 적용하여 출하할 수량의 7(일), 즉 일주일 분량을 미리 확보하여 운영한다는 조건을 설정하였습니다(D2). 예를 들어 W35의 물류재고(목표량)(F13)은 W35의 출하분을 전부 출하하고도 W36에 출하할 수량 32(개)까지도 W35말에 재고로 미리 들고 있겠다는 뜻입니다. 그러므로 본 예제에서 해당 주차의 물류재고(목표량)은 대부분 다음 주의 출하(요청) 수량이 됩니다.[51]

---

51 보통의 상황에는 다음 버킷(Bucket)의 출하요청 수량을 해당 주차의 물류재고(목표량)으로 간주해도 무방하지만, 다음 버킷이 7일이 되지 않는 특정 주차(예. M9 | W39)의 경우에는 각 버킷에 며칠이 있는지를 감안하여 처리했습니다. M9 | W39의 목표 재고량 = M10 | W39 구간(3일 치)의 출하요청 60개 전부 + M10 | W40 구간(7일)에 해당하는 42개의 출하요청 수량의 4일 치 분량(=42×4÷7) = 60(개) + 24(개) = 84(개)

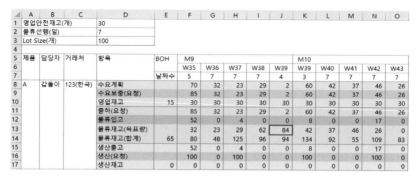

	A	B	C	D	E	F	G	H	I	J	K	L	M	N	O
1	영업안전재고(개)			30											
2	물류선행(일)			7											
3	Lot Size(개)			100											
4															
5	제품	담당자	거래처	항목	BOH	M9					M10				
6						W35	W36	W37	W38	W39	W39	W40	W41	W42	W43
7					날짜수	5	7	7	7	4	3	7	7	7	7
8	A	갑돌이	123(한국)	수요계획		70	32	23	29	2	60	42	37	46	26
9				수요보충(요청)		85	32	23	29	2	60	42	37	46	26
10				영업재고	15	30	30	30	30	30	30	30	30	30	30
11				출하(요청)		85	32	23	29	2	60	42	37	46	26
12				물류입고		52	0	4	0	0	8	0	0	17	0
13				물류재고(목표량)		32	23	29	62	84	42	37	46	26	0
14				물류재고(합계)	65	80	48	125	96	94	134	92	55	109	83
15				생산출고		52	0	4	0	0	8	0	0	17	0
16				생산(요청)		100	0	100	0	0	100	0	0	100	0
17				생산재고	0	0	0	0	0	0	0	0	0	0	0

앞의 〈그림32〉 반복

1.2.3 물류입고

물류입고는 물류 영역(하늘색)에서 보충(+)에 해당합니다. 기초재고를 감안하여 이번 주에 출하도 하고 그러면서도 다음 주에 출하할 분량까지 남기려면 이번 주에 얼마나 제품을 입고시켜야 하는지가 물류 영역에서 풀어야 하는 과제입니다. W35에 물류입고를 얼마를 더 받아야 하는지를 계산하면 다음과 같습니다. 같은 주차의 출하요청 85개와 안전재고 개념의 물류재고(목표량) 32개를 만족하려면 기초재고 65개만으로는 충당이 안 되므로 그 차이(=85+32-65=52) 수량만큼 물류입고로 더 받아야 합니다(F12). 만일 기초재고가 출하요청과 물류재고(목표량)을 만족하고도 남을 정도로 많으면 물류입고는 받을 필요가 없습니다(G12).

1.2.4 물류재고(합계)

물류 영역(하늘색)만을 놓고 볼 때, 주어진 항목이자 문제의 출발점은 '출하(요청)'이고 이것은 요구(-)에 해당합니다. 이번 주에 출하할 물량을 다 내보내고도 다음 주에 출하할 물량을 미리 안전재고로 확보하겠다고

SCM 혁신과 생산계획

하는 재고 정책을 감안하여 보충(+)에 해당하는 '물류입고'를 구하고 나면, 물류 영역에서 요구하는 문제를 전부 해결하였기 때문에 종료됩니다. 그리고 나면 '물류입고'는 공장의 '생산출고'로 이어져서 공장의 요구(−)가 되고, 공장의 요구와 공장의 기초재고를 감안하여 '생산(요청)'을 하게 될 텐데, 본 예제에서는 '생산출고'가 있는 경우, 생산의 Lot Size를 감안하여 '생산(요청)'을 만들어야 합니다. '생산출고'와 생산(요청)' 수량이 서로 다르기 때문에 '물류재고(목표량)' 말고도 별도로 '물류재고(합계)'라는 항목을 두었습니다.

M9 | W35의 예를 들어 보겠습니다. 물류 영역(하늘색)에서 '물류입고(F12)'를 52개 받아야 하기 때문에 공장 영역(초록색)에서는 '생산출고(F15)'를 52개 해 주어야 합니다. 생산출고를 하기 위해 '생산(요청)'을 해야 하는데 이때 앞의 [기준]에서 표기한 운영기준에 따라 설정한 Lot Size를 감안하여(D3) '생산(요청)(F16)은 100개를 만들어야 합니다. 그러면 물류는 당초에 안전재고를 감안하여 '물류재고(목표량)(F13)'로 32개만을 확보하려고 했지만, Lot Size를 감안한 생산량 100을 받게 되어 예상되는 물류재고는 '물류재고(합계)(F14)'인 80(=65+100−85)개가 됩니다. 이로써 W35에 대한 모든 계산이 끝나고 나면 W36에 대한 내용도 마찬가지로 풀어야 하는데 W36 구간의 계산에 필요한 기초재고로 '물류재고(목표량)(F13)'이 아닌, '물류재고(합계)(F14)'를 사용해야 함에 주의해야 합니다.

■ 1.3 공장 영역(초록색)

1.3.1 생산출고

공장 영역(초록색)의 출발점이자 요구(-)에 해당하는 '생산출고'는 물류 영역(하늘색) 중에서 보충(+)에 해당하는 '물류입고' 항목의 값을 그대로 내려받습니다. 공장에서 생산출고한 수량이 물류창고에 도착할 때까지 시간이 많이 걸리면 이동시간을 리드타임으로 반영해야 하는데 본 예제에서는 공장에서 출고하여 물류창고에 도착할 때까지 시간이 거의 걸리지 않는다고 가정하고 문제를 풀었습니다.

1.3.2 생산(요청)

'생산출고'가 있으면 공장의 기초재고와 생산의 Lot Size를 감안하여 '생산(요청)'을 만듭니다. Lot Size를 감안하는 문제 때문에 생산출고와 생산(요청) 항목의 수량이 서로 다르게 되며, 이 문제로 인해 물류와 공장의 영역을 완전히 분리하지 못합니다. 물류와 공장의 영역을 합쳐서 관계식을 만들어야 하기 때문에 두 영역을 완전히 분리할 때보다 계산식은 복잡합니다. 두 영역이 얽히고설킨 관계는 1.2.4 물류재고(합계)에서 이미 설명하였습니다.

1.3.3 생산재고

[기준]에서 표기한 운영기준에 따라 공장의 영역에는 원칙적으로 재고가 없습니다. 회사에 따라서는 공장에 별도의 창고가 있어서 재고를 관리할 수도 있습니다만, 본 예제에서는 설령 기초재고가 있어도 기초재고를 즉시 물류로 올려 보내는 것을 원칙으로 하기 때문에 기초재고를 제외하고는 재고를 남기지 않도록 계산식을 만들었습니다.

이것으로 제9장 MTG 부분을 마칩니다. 고객은 공급 회사의 능력치를 감안하여 사고 싶은 물량을 이야기하지 않습니다. 어떤 주차에는 요청하는 물량이 없다가도 또 어떤 주차에는 공급사의 능력치를 크게 벗어나는 많은 물량을 요구하기도 합니다. 이런 상황에서 고객이 원하는 물량을 제때 공급하는 것은 공급사의 몫이면서 공급사가 다른 경쟁사보다 경쟁관계에서 우위를 점하는 시험 무대이기도 합니다. 이 어려운 문제들은 상황이 닥친 뒤에 몸으로 풀어 나가는 것이 아닙니다. 계획수립을 통해 미리 대비해야 합니다. 그 첫 단추가 바로 수요계획으로부터 생산요청량을 만드는 과정이며, 지금까지 다룬 내용은 생산요청량을 만드는 여러 방법들 가운데 하나입니다. 회사마다 생산요청량을 만드는 다양한 방법이 있습니다. 생산요청량 그 자체도 중요합니다만, 생산요청량은 본디 실행 가능한 수량이 아닙니다. 그런데 많은 회사들이 생산요청량을 계획이라고 선언하고, 실행에서 계획을 잘 준수하지 못하는 상황을 되풀이합니다. 애석한 일이 아닐 수 없습니다.

SCM에서 가장 중요한 명제인 **"실행 가능한 계획을 수립하고, 수립한 계획은 철저히 지킨다."**를 잘 준수하려면 실행 가능한 계획을 수립해야 하는데, 그러려면 우리 회사의 생산 능력치(캐파)를 잘 파악하고 있어야 합니다. 생산요청량과 생산가능량 사이에서 가교 역할을 하는 작업이 바로 능력치(캐파) 측정입니다. 회사마다 나름대로 능력치(캐파) 측정 방식이 있겠지만, 기업들이 실제 운영하는 데 도움이 될 만한 능력치 측정 방식을 다음 제10장에서 소개하겠습니다.

10.
능력치(캐파) 점검 계산기
(CAO, Capacity Allocation Optimizer)

이번 장에서는 (주간) 공급계획(MP)을 구성하는 항목 중 하나인 생산계획 (MPS)과 개략적인 능력측정(RCCP, Rough-Cut Capacity Planning)의 관계에 대해 말씀드리겠습니다. 제가 SCM 혁신팀의 일원이 되어 제일 먼저 한 프로 젝트가 공장의 능력치(Capacity, Capa, 또는 캐파) 측정 시스템을 구축하는 일 이었습니다. 그래서 이번 장에 애착이 가고 하고 싶은 이야기도 많습니 다. 시스템을 구축하던 당시에 모르는 내용들이 참 많았는데 문헌이나 책을 열심히 뒤져 보았지만 능력치 측정에 대해 정곡을 찌르는 내용이 없어서 늘 아쉬웠습니다. 그 아쉬움을 제가 직접 달래 볼까 합니다.

▌01   능력치(캐파) 측정의 정의

캐파에 관해서라면 흔히 '우리 회사 공장의 캐파(Capacity)는 월 3 만 개이다'라는 식으로 표현을 합니다. 뭐 대단한 내용은 아닙니다. 한

SCM 혁신과 생산계획

달에 3만 개를 만들 수 있다는 이야기입니다. 하지만 이 말은 조금만 더 생각해 보면 그리 썩 좋은 표현이 아님을 금방 알 수 있습니다. 무슨 제품을 얼마만큼 만들 때 한 달에 3만 개를 소화해 낼 수 있다는 말인지가 빠져 있기 때문입니다. 일정 기간 동안 만들어야 하는 제품의 조합을 우리는 제품 믹스(Product Mix)라고 합니다. 그런데 그 제품 믹스 속에는 만들기 어려운 제품도 있고, 만들기 쉬운 제품도 있습니다. 특별히 설비를 더 가동시키거나 잔업을 더 하지 않는 조건이라면 이번 달에 만들기 어려운 제품 위주로 수요계획이 잡혀서 그것들을 생산해야 하면 당연히 생산량이 줄어들 것이고, 반대로 만들기 쉬운 제품 위주로 생산해야 한다면 생산량은 늘어날 것입니다. 따라서 아래 〈그림36〉에서 보는 것처럼 같은 한 달이지만 제품 믹스에 따라 어떤 달에는 1,100개를 만들 수도 있고, 어떤 달에는 1,600개를 만들 수도 있습니다.

제품	난이도	수량
A	상	500
C	중	200
D	중	300
F	하	100
계		**1,100**

제품	난이도	수량
A	상	100
B	상	200
D	중	100
E	하	500
F	하	700
계		**1,600**

〈그림36. 제품별로 생산 난이도가 다를 때 생산량의 차이(예시)〉

공장의 능력치를 생산 수량으로 표현하는 방식에는 다소 부적절한 면이 있음을 확인했습니다. 그렇다면 공장의 능력치를 보다 객관적으로 표현하는 다른 방법이 있을까요? 네, 있습니다. **바로 시간의 개념으로 표현하면 됩니다.** 예를 들어 '공장에 주어진 시간이 22(일)인데, 제품 믹스를 전부 생산하는데 24(일)이 걸릴 것이므로 결론적으로 22(일) 내로는 제품 믹스 전부를 만들 수 없다'라는 식으로 표현하면 됩니다. 이게 전부인가요? 공장의 능력치 측정에 대해 좀 더 거창한 것을 원했는데 뭔가 부족하다고 느끼십니까? 하지만 아쉽게도 능력치 측정은 이게 전부입니다. 제품 믹스를 주어진 시간 내에 할 수 있는지 없는지 판단하는 것, 그것이 바로 능력치 측정입니다. 따라서 능력치를 측정하기 위해서는 제품 믹스, 즉 제품별로 생산하려고 하는 수량이 있어야만 합니다. **능력치를 미리 잘 감안하여 능력치에 딱 맞는 생산계획을 수립하는 것이 여러분이 진짜로 원하는 것일 텐데 아쉽게도 부정확한 생산계획, 다시 말해 생산계획의 초안을 만든 다음에 일단 수립한 생산계획의 능력치를 측정하여 생산가능 여부를 판단하는 것이 능력치 측정의 본질입니다.** 능력치 측정을 한다고 하여 뭔가 잔뜩 기대했을 텐데, 능력치에 딱 맞는 생산계획 수량조차도 제시하지 못한다는 사실에 여러분께서 실망하는 모습이 그려집니다. 하지만 조금만 더 참고 나머지 내용을 마저 읽기 바랍니다. 완벽한 해법까지는 아닐지라도 이를 어느 정도는 극복하는 대안을 제시하는 것이 이번 장의 목표입니다.

SCM 혁신과 생산계획

┃02 MPS와 RCCP(개략적인 능력측정, Rough-Cut Capacity Planning)의 관계

아래 〈그림37〉은 IMM(Introduction to Material Management, 6th edition, J. R. Tony Arnold et al.)이라는 책에 있는 몇 개의 그림들을 합쳐서 하나의 그림으로 표현했는데, 이 구조를 이해하는 것은 대단히 중요합니다. SCM에서 가장 중요한 원칙인 **'수립한 계획을 반드시 준수'**하려면, 반드시 **'실행 가능한'** 계획을 수립해야 합니다. 실행 가능한 계획을 수립하기 위해 IMM은 다음의 통찰 ――― 덩어리로 뭉친 총량이 잘게 쪼갠 작은 단위의 합보다 예측의 정확도가 높다 ―――을 바탕으로 책의 내용을 전개하고 있습니다. 이 말을 조금 더 풀어 보겠습니다.

한 달 동안 공장의 생산 총량을 예측할 때 가장 정확하게 맞출 가능성이 높은 대답은 다음 중 어느 것일까요?

1) 개별 제품을 얼마나 만들지는 모른 채 그냥 한 달 동안의 공장 총생산량만을 답한다.

2) 개별 제품의 주간 생산량을 구하여 4주 동안 ――― 여기서는 한 달이 4주라고 가정합니다 ―――의 생산량을 더하여 답한다.

3) 개별 제품의 일간 생산량까지 세밀하게 구한 다음에 한 달 치를 더하여 답한다.

선뜻 납득이 안 될지 모르겠지만 1)번처럼 답하는 것이 가장 정확합니다. 정교하게 예측하겠다고 예측의 대상을 잘게 쪼개면 쪼갤수록 작은 오차들이 더해져 큰 오차를 발생시키기 때문입니다.

그렇기 때문에 IMM에서는 실행 가능한 계획을 얻기 위해 계획을 계층별로 나눕니다. 가장 맨 위에 (연간)**사업계획**(BP, Business Planning)이 있습니다. 1년에 한 번 수립하는데 월간 단위로 계획을 편성하며 개별 제품을 그룹 단위로 뭉치고 수량보다는 주로 금액으로 나타냅니다. 이럴 경우 예측에 오차가 발생할 확률은 개별 제품으로 접근할 때보다 낮아집니다. 그 밑에 (월간)물동계획(PP, Production Planning)이 있습니다. 매월 월간 단위로 계획을 편성하며 역시 개별 제품이 아니라 적당하게 그룹 단위로 뭉쳐서 수량을 예측합니다. 이때 사업계획에서 수립한 월별 금액을 참조하면서 계획을 수립합니다. 그 밑에 (주간)**생산계획**(MPS, Master Production Schedule)이 있습니다. 매주 주간 단위로 계획을 편성하는데 이번에는 개별 제품의 수량까지도 계획에 나타냅니다. 개별 제품으로 바로 접근을 하면 오차가 커질 수가 있으므로 (월간)물동계획에서 수립한 수량에서 벗어나지 않도록 신경을 쓰면서 계획을 수립합니다. 이런 방식으로 (주간)생산계획을 수립하면 예측의 오차를 줄이고 보다 실행력 높은 계획을 수립할 수 있습니다.

주의할 점은 교과서에서 가이드한 원칙에 매몰될 필요는 없습니다. IMM에서 계획을 왜 계층별로 나누어 접근하려고 하는지에 대한 의도만 이해하고 있으면 됩니다. IMM에서 계획을 계층별로 나누었다고 해서 모든 회사가 반드시 그럴 필요는 없습니다. 24시간 내내 쉬지 않고 공장을 가동시키는 반도체나 디스플레이와 같은 일부 산업군에서는 (월간)물동계획을 수립하는 것이 꼭 필요하겠지만, 그 정도로 복잡하고 난이도가 높지 않은 일반 제조업에서는 (월간)물동계획수립을 수립하지 않고 (주간)생산계획을 바로 수립하는 회사들도 많습니다. 이제는 회사의 관리수준

SCM 혁신과 생산계획

도 제법 높아지고 계획수립을 지원해 주는 시스템 또한 발전하여 개별 제품 단위로 바로 계획을 수립해도 예측의 오차가 우려할 만큼 크지 않다는 경험들이 쌓여 계획을 수립하는 모습도 계속 발전하고 있습니다.

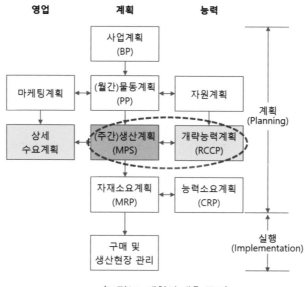

〈그림37. 계획의 계층 구조〉

　위에서 말씀드린 내용에 따라 본 장에서는 (월간)물동계획과 (주간)생산계획의 종적인 관계에 대한 더 이상의 언급을 생략하겠습니다. 대신에 (주간)생산계획을 중심으로 수요계획과 특히, 개략적인 능력측정(RCCP, Rough-Cut Capacity Planning)이라는 횡적인 관계에 대해 말씀드리겠습니다. 개별 제품별로 주간 단위로 수요계획이 들어오면, 제품별로 주간 생산계획을 수립합니다. 생산계획을 수립하면 그 결과로 출하계획이 계산되고 출하계획의 결과로 수요계획을 제때 만족하는지, 아니면 수요에 제때 대응하지 못하거나 아예 불가능한지를 판단할 수 있습니다. 핵심은 생산계획입니다. 실행 가능한 생산계획을 잘 수립하고 싶은데 영업의 요청사항을 만족하면서도 생산의 제약 --- 설비의 능력치(캐파)와 자재 제약이라는 두 가지 요소가 있습니다 ---을 정교하게 반영하여 생산계획을 수립하기란 여간 어려운 것이 아닙니다. 여전히 많은 회사들은 계획수립 담당자(흔히 GOC Planner라고 부르는데 여기서 GOC는 Global Operation Center를 뜻합니다)의 숙련된 경험에 의존하여 (주간)생산계획을 엑셀로 수립합니다. 계획수립 담당자의 경험과 직관에 의존하기 때문에 능력치와 자재 제약을 완벽하게 감안하지 못하는 한계상황을 극복하고자 IMM에서는 내부 순환 루프(Closed Loop) 개념을 도입합니다. 〈그림37〉에서 '생산계획(MPS)'과 '개략능력계획(RCCP)' 사이에 양쪽 방향으로 화살표가 있음을 확인할 수 있습니다. 지금까지의 내용을 요약하면 다음과 같습니다. 수요계획에 대응하되 능력치를 완벽하게 반영하지는 못한 생산계획(MPS)의 초안(Draft)을 일단 수립하고 나면, (자재 제약까지는 아니지만) 생산계획 초안에 대하여 능력치를 측정합니다. 능력치를 측정하여 수립한 생산계획이 능력치 범위 안에 들어오면 생산계획을 확정하지만, 능력치를 초과할 때에는 생산계획을 조정합니다.[52] 시행착오(Trial and Error) 방식으로 결과가 만족스러울 때까지 생산계획을 조정하고, 조정한 결과에 대하여 능력치 측정을 반복합니다.

---

52 보통의 경우 생산계획 초안이 능력치를 초과하면 생산계획을 바로 줄이려 하지 않고 생산의 능력치를 구성하는 요소들, 예컨대 설비의 조업시간을 늘리거나 생산 인원의 잔업 편성이 가능한지를 먼저 파악합니다. 생산계획을 바로 줄이면 수요계획에도 영향을 주는데, 수요계획을 줄이는 문제는 공급하는 회사가 결정할 문제가 아니라 고객과 협의해야 하기 때문에 문제가 복잡해집니다.

SCM 혁신과 생산계획

| 03 능력치(캐파) 측정을 위한 여러 가지 접근방법

여기까지가 능력치 측정에 대한 일반적인 내용입니다. 지금까지의 내용이 이해가 되면 이제부터 본격적으로 능력치 측정에 대해 설명하겠습니다. 다음 [문제1]을 풀어 보시기 바랍니다.

[문제1]
가장 간단한 형태의 능력치(캐파) 측정 - 총생산수량

수요계획을 만족하기 위해 계획수립 담당자는 하루 24시간(= 1,440 분) 내내 설비를 돌리는 공장에 일주일 동안 10가지 제품에 대하여 총 6,880(개) 생산하는 계획을 수립했습니다. 수립한 계획에 대하여 일주일 동안 생산하는 데 문제가 있는지 없는지 확인하기 위해 능력치를 측정하려고 합니다. 공장에 같은 작업을 수행할 수 있는 설비가 총 10대 있는데, 모든 설비의 가동률을 대략 80%로 잡았습니다. 모든 제품은 하나 만드는데 대략 15(분)이 걸립니다.[53] 이 조건에서라면 일주일 동안 모든 품목을 생산할 수 있다고 판단하겠습니까? 아니면 없다고 판단하겠습니까?

---

53 물건 하나를 만드는데 걸리는 시간을 Tact Time (혹은 Takt Time), 혹은 Standard Time이라고 부릅니다. 저는 Tact Time이라는 용어를 주로 사용하겠습니다. 생산할 대상을 설비에 올리는 행위를 착공이라고 부르고, 가공이 끝난 대상을 설비에서 내리는 행위를 완공이라고 부릅니다. Tact Time은 하나의 제품을 만들고(완공), 그다음 대상을 또다시 다 만들(완공) 때까지의 간격입니다. 다시 말해서 앞선 대상의 완공에서 그다음 대상의 완공까지의 간격(Interval)을 의미합니다. Tact은 하나의 제품이 다 만들어져서 똑 떨어질 때 나는 소리를 나타내는 의성어입니다. Tact Time이 바로 공장의 능력치를 결정합니다. 가끔 어느 한 대상의 착공에서 완공까지 걸리는 시간인 Processing Time으로 공장의 능력치를 계산하곤 하는데, 엄밀히 이는 잘못된 방법입니다.

[풀이1]

- 총 가용시간 = 1,440(분) × 7(일) × 10(대)= 100,800(분)

- 예상 작업시간 = 6,880(개) × 15(분/개) ÷ 0.8(가동률) = 129,000(분)[54]

- 부하율(%) = 예상 작업시간 ÷ 총 가용시간 = 129,000(분) ÷ 100,800(분) = 128(%)

- 결론은 일주일 동안 6,880(개)를 전부 생산할 수 없음

[풀이1]의 내용을 아래 표와 같이 정리하였습니다.

총 가용시간		예상 작업시간	
하루(분)	1,440	6,880	총갯수(개)
전체기간(일)	7	15.00	Tact Time (분/개)
전체설비(대)	10	80%	가동률(%)
계	100,800	129,000	계
부하율		**128%**	

[문제1]을 푸는 데에는 아무런 어려움이 없습니다만, 현실이 이처럼 쉬울 리가 없습니다. 그래서 [문제2]를 준비했습니다.

[문제2]

간단한 형태의 능력치(캐파) 측정 - 제품별 시간 차이 반영

이번 문제는 위의 [문제1]과 모든 조건이 같지만 〈그림38〉과 같이 제

---

54 가동률이 100%가 안 되면 총 가용시간이 줄어든다고 볼 수도 있고, 예상 작업시간이 늘어난다고 볼 수도 있는데 저는 후자의 방식을 택했습니다. 가령, 비록 설비는 8시간 동안 불이 켜져 있지만, 이런저런 이유로 4시간밖에 생산을 위해 작동하지 못할 때 우리는 가동률이 50%라고 합니다. 설비 가동률이 100%인 조건에서 제품 10개를 만드는 데 1시간이 걸린다면, 가동률 50%인 조건에서는 설비의 가용시간은 변동이 없고, 제품 10개를 만드는 데 2시간이 걸린다고 보았습니다.

SCM 혁신과 생산계획

품별로 각각 하나를 생산하는데 걸리는 시간에 차이가 있다는 점이 다릅니다. [문제1]보다는 조금 더 현실적입니다.

제품	계획량 (개)	Tact Time (분)
A	300	14
B	680	13
C	540	13
D	1,100	11
E	1,040	15
F	440	21
G	280	28
H	600	16
I	1,500	12
J	400	12
계	6,880	97,240

〈그림38. 능력치 측정을 위한 인풋 데이터(1) - 제품별 Tact Time이 다른 경우〉

[문제2]의 관건은 제품마다 Tact Time이 서로 다른 경우에 어떻게 하면 10가지 제품을 대표하는 Tact Time을 얻느냐에 있는데 제품별 수량을 감안한 가중평균을 사용하여 얻을 수 있습니다. 이 문제에서는 10개의 제품을 아우르는 대표 Tact Time으로 14.13(분/개)을 구했는데, 이것은 가동률을 고려하지 않고 걸리는 전체 시간 97,240(분)을 전체 수량 6,880(개)로 나누어서 얻었습니다.

[풀이2]

- 총 가용시간은 앞의 [문제1]과 같으므로 100,800(분)
- 예상 작업시간 = [(300 × 14) + (680 × 13) + ⋯ + (1500 × 12) + (400 ×

12)] ÷ (80%) = 97,240(분) ÷ 80(%) = 121,550(분)

- 부하율(%) = 예상 작업시간 ÷ 총 가용시간 = 121,550(분) ÷ 100,800(분) = 121(%)

- 결론은 [문제2] 역시 일주일 동안 6,880(개)를 전부 생산할 수 없음

[풀이2]의 내용을 아래 표와 같이 정리하였습니다.

총 가용시간		예상 작업시간	
하루(분)	1,440	6,880	총갯수(개)
전체기간(일)	7	14.13	Tact Time (분/개)
전체설비(대)	10	80%	가동률(%)
계	100,800	121,550	계
부하율		121%	

대부분의 회사들이 이 정도의 수준에서 부하율을 계산하리라고 생각합니다. 하지만 현실은 보다 복잡합니다. 여기서부터가 진짜입니다. [문제3]을 보겠습니다. 설비가 여러 대 있다는 점이 앞에서 제시한 문제들과 본질적으로 다릅니다. 심지어는 어떤 제품을 만들 때 진행할 수 있는 설비들이 여러 대 있는데, 각각의 설비들마다 제품 한 단위를 만드는데 걸리는 시간, 즉 Tact Time에 차이가 있어 대표 Tact Time을 어떻게 정해야 할지 매우 난감합니다. 아래 〈그림39〉를 보겠습니다. 공장에 설비가 10대가 있는데 제품A를 만들 수 있는 설비로 MC(MaChine) #1, MC #2, 그리고 MC #9 이렇게 세 대가 있습니다. 이것을 제품A에 대한 **가용호기 또는 호기전개**(Assignment 또는 Arrangement)라고 부릅니다. 제품A를 만들기 위해 세 설비를 모두 다 태울 필요는 없고, 진행 가능한 세 설

비 중에 하나의 설비만 진행하면 제품A를 만들 수 있다는 뜻입니다. 제품A 하나를 만드는 데 설비마다 걸리는 시간이 다르다는 점만 기억하기 바랍니다. 마음 같아서는 Tact Time이 가장 짧은 MC #1(10.5분)을 사용하여 제품A의 전체 수량 300개를 다 만들고 싶습니다만, MC #1로 진행 가능한 제품B와 제품C도 함께 고려해야 하기 때문에 섣불리 제품A의 전체 수량을 다 만들려고 하면, MC #1에 **과부하**(Overloading)가 걸려 판단이 곤란할 수 있습니다. 직물을 짤 때 가로 방향을 씨줄, 세로 방향을 날줄이라고 부릅니다. 이 문제는 제품A의 입장에서 씨줄의 관계만 고려하여 진행 가능한 여러 설비 중에 '절대 우위'에 있는 MC #1에만 제품A를 전부 다 진행하면 안 됩니다. 이와 마찬가지로 MC #1 입장에서는 날줄의 관계를 고려하여 제품A뿐만 아니라 제품B와 제품C를 어떻게 진행해야 할지 함께 고려해야 합니다.

[문제3]
일반적이고 복잡한 상황에서의 능력치(캐파) 측정
- 제품별/ 설비별 시간 차이 고려

수요계획을 만족하기 위해 계획수립 담당자는 일주일 동안 열 가지 제품을 총 6,880(개) 생산하는 계획을 수립했습니다. 수립한 계획을 일주일 동안 생산하는 데 문제가 있는지 없는지 확인하기 위해 능력치를 측정하려고 합니다. 〈그림39〉와 같이 각 제품별로 진행할 수 있는 설비가 있고(=호기전개), 진행 가능한 설비별로 제품 하나를 생산하는데 걸리는 시간 정보가 있으며(=Tact Time), 설비별로 적용하려고 하는 가동률에 대한 정보가 있는(=예상가동률) 경우에 다음 질문에 답하십시오.

[질문1] 과연 공장은 일주일 동안 모든 제품을 전부 다 만들 수 있는가요?

[질문2] 수행 가능 여부를 어떻게 판단하나요?

[질문3] 균등할당이 왜 중요한가요?

제품	가동율 계획량	80.0% MC #1	92.4% MC #2	75.2% MC #3	84.0% MC #4	80.5% MC #5	78.4% MC #6	81.0% MC #7	86.7% MC #8	75.0% MC #9	79.3% MC #10
A	300	10.5	12							20	
B	680	13.1					12				
C	540	11		14							
D	1,100				9.9	10.9		10.5			12
E	1,040				15	15	16				
F	440		20						21		
G	280			29	27.1						
H	600		18				15.2	14.9			
I	1,500			13				11	12	13.8	10.5
J	400					11.9					
	6,880										

〈그림39. 능력치 측정을 위한 인풋 데이터(2) –
제품별/ 설비별 Tact Time이 다른 경우〉

막막하시죠? 막막한 김에 딴 길로 한 번 더 새겠습니다. 철학자 도올 선생님이 쓴 어느 책에서 다음의 글을 읽은 기억이 납니다. 공자님은 "배우기만 하고 생각하지 않으면 얻는 것이 없고, 생각하기만 하고 배우지 않으면 위태롭다(學而不思則罔 思而不學則殆)."고 하였습니다. 또 칸트는 "내용(직관)이 없는 사고는 공허하고, 개념(지식)이 없는 직관은 맹목적이다."라고 하였습니다. 어떤 것을 배울 때 필요한 구성요소를 형식(Frame)과 내용(Contents), 혹은 지식과 직관으로 나눌 수 있습니다. 껍데기(형식, 지식)만 있고 알맹이(내용, 직관)가 없으면 공허하지만, 껍데기도 갖추지 않은

SCM 혁신과 생산계획

채 알맹이만 추구하면 위태롭다는 말입니다. 최소한 필요한 지식은 갖춰 놓고 직관력을 키우려고 노력해야 한다는 말로 저는 받아들이고 있습니다. **회사든 개인이든 축적된 노하우는 데이터(알맹이)의 형태로 저장되어 있는 경우가 많지만 간과해서는 안 되는 것이 형식(Frame)입니다.** 저는 직원의 자격으로 혹은 컨설턴트의 자격으로 여러 회사의 프로젝트를 수행하면서 회사들이 사용하는 여러 가지 문서의 양식을 볼 기회가 있었습니다. 어느 순간부턴가 기업이 제공하는 숫자보다는 얼마나 멋지게 표를 만드는지 확인하는 버릇이 생겼습니다. 어쩌다 멋진 표를 받아 보면 어쩌면 이렇게 간결하면서도 빠짐없이 내용을 잘 담았을까 하고 감탄을 합니다. 〈그림39〉를 보면 능력치 측정을 위해 꼭 필요한 입력(Input) 정보들이 간결하게 잘 담겨 있다는 생각이 들지 않으십니까?

이제 본격적으로 제품도 많고 설비도 많은, 다시 말해서 일반적인 경우에 능력치 측정을 어떻게 하는지를 말씀 드리고 싶습니다만, 지금 당장 [문제3]처럼 어려운 물제를 풀 수는 없습니다. [문제3]보다는 좀 더 쉬운 예제를 통해 능력치(캐파) 측정에 대한 설명을 해야 합니다. 그래서 아래와 같이 [문제4]를 준비했습니다. [문제4]는 능력치(캐파) 측정을 이해하는데 매우 중요한 예제이니 잘 이해하기 바랍니다.

[문제4]

일반적이지만 간단한 형태의 능력치(캐파) 측정

- 제품별/ 설비별 시간 차이 고려

공장에는 설비가 세 대 있습니다. 생산해야 하는 제품은 A, B, C, D

4종류가 있고, 각각 100, 100, 200, 200 이렇게 총 600개를 만들려고 합니다. 모든 설비들은 하루 8시간씩 5일간 작업할 수 있습니다. 설비별 예상가동률은 100%로 잡았습니다. 5일 동안 생산하려고 하는 제품별 계획량과 제품별로 진행 가능한 호기(Assignment), 그리고 제품 한 단위 만드는데 걸리는 시간(Tact Time, 분)이 〈그림40〉과 같을 때, 각 설비별로 5일 동안 생산을 다 할 수 있는지를 판단해야 합니다. 각 설비별 부하율 측정 결과가 판단의 기준이 될 것입니다. 부하율 측정 방법은 [문제1]과 [문제2]에서 이미 설명하였습니다.

[문제4]를 이해하려면 〈그림40〉에 대한 해석이 필요합니다. 제품A를 만들기 위해서는 설비1과 설비2 중에 어느 하나만 진행하면 되고, 그때 한 단위를 만들기 위해 걸리는 시간, 즉 Tact Time은 설비1이 10(분), 설비2가 20(분)이 걸려서 설비1이 좋습니다. 하지만 제품B를 보면 제품A일 때와는 반대로 설비1보다 설비2로 진행하는 것이 시간이 짧게 걸려서 좋습니다. 제품D는 설비3으로만 진행 가능한 것에도 주목해야 합니다.

◢	A	B	C	D	E	F
1	[Input]					(단위: 분)
2	공정	제품	계획량	MC #1	MC #2	MC #3
3	총조립	A	100	10	20	
4		B	100	20	10	
5		C	200		10	10
6		D	200			10

〈그림40. [문제4]의 능력치 측정을 위한 인풋 데이터〉

예상 답안을 한 번 작성해 보겠습니다. 아직은 바로 이렇게 풀어야 한다는 모범답안이 없으므로 제 나름대로 합리적이라고 생각하는 방법을 동원해 보겠습니다.

① 물량 할당 방법(1) - 총 작업시간의 최소화

제품별로 Tact Time이 가장 짧은 설비에 계획량을 할당함으로써 설비의 예상 작업시간을 최소화시키면, 공장 전체로 볼 때도 총 예상 작업시간이 가장 짧아서 공장 전체에 이로울 것이라는 생각에 다음과 같이 **제품별 계획량을 각 설비에 할당**하였습니다.

- 제품D는 설비3 이외에는 진행할 수 없으므로 200개를 모두 설비3으로 진행합니다.
- 제품A는 설비1이 제일 효율적이므로 100개를 모두 설비1로 진행합니다.
- 제품B는 설비2가 제일 효율적이므로 100개를 모두 설비2로 진행합니다.
- 제품C는 설비2와 설비3의 Tact Time이 같으므로 사이좋게 각각 100개씩 나누어 진행합니다.

생산해야 할 제품별 계획량을 설비별로 몇 개씩 진행할지를 결정하는 것을 **'할당'(Allocation)'** 이라고 부릅니다. **결국 공장의 능력치 측정은 생산계획으로 수립한 각 제품의 수량을 설비별로 어떻게 할당하느냐의 문제입니다.** 우리 인간사, 특히 정치에서도 가장 어려운 것이 부를 어떻게 공평하게 할당하느냐의 문제입니다. 저는 SCM에서 가장 중요한 것은 '동기화(Synchronization)'의 문제이고, 가장 어려운 것은 '할당(Allocation)'의 문제라고 생각합니다. 직관적으로 씨줄의 관계만을 고려하여 제품별로 가장 효율적인 설비를 찾아 그 설비에 할당을 하면서 문제를 풀었더니 아래 〈그림41〉과 같은 답을 얻었습니다.

	A	B	C	D	E	F
8	[Solution]					
9	공정	제품	계획량	MC #1	MC #2	MC #3
10	총조립	A	100	1	0	
11		B	100	0	1	
12		C	200		0.5	0.5
13		D	200			1

〈그림41. [문제4]의 능력치 측정을 위해 푼 할당의 결과〉

위 〈그림41〉에서 초록색으로 칠한 부분이 할당을 수행한 결과인데, 1이라는 숫자는 할당률 100%, 즉 제품의 모든 수량을 해당 설비에 할당했음을 뜻합니다. **제품별, 설비별 할당률을 구하기만 하면 설비별로 부하율은 쉽게 얻을 수 있습니다. 그렇기 때문에 할당률을 결정변수** (Decision Variables), **설비별 부하율을 종속변수**(Dependent Variables)**라고 부릅니다.** 종속변수의 결과를 바꾸려면 결정변수를 바꾸는 수밖에는 없습니다. 앞의 제1부 프로세스 편에서 재고는 종속변수라고 했습니다. 재고에 영향을 주는 독립변수는[55] 바로 계획한대로 준수하는 것이라고도 했습니다. 재고가 많이 남는다고 해서 재고를 줄이자는 막연한 목표를 가지고 아무리 줄이려고 해 봐야 정작 재고는 줄지 않고, 고객 대응력만 떨어지는 결과만 초래합니다. 종속변수는 내가 직접 제어하는 대상이

---

55   독립변수라는 개념 속에 결정변수가 포함됩니다.

아니기 때문입니다.

제품별, 설비별 할당값을 구하고 나면 설비별 부하율은 어렵지 않게 계산할 수 있습니다. 아래 〈그림42〉에 있는 설비별 부하율은 다음과 같이 얻습니다. 설비1~설비3 모두 하루 8시간인 480(분)씩 총 5일간 조업을 한다고 했으므로 세 설비 모두 각각 2,400(분)이 있습니다. 그리고 설비별로 예상 작업시간은 다음과 같이 구합니다.

- 설비1의 예상 작업시간 = (제품A 100개 × 10분/개 × 100%) + (제품B 100개 × 20분/개 × 0%) = 1,000(분)

- 설비2의 예상 작업시간 = (제품A 100개 × 20분/개 × 0%) + (제품B 100개 × 10분/개 × 100%) + (제품C 200개 × 10분/개 × 50%) = 2,000(분)

- 설비3의 예상 작업시간 = (제품C 200개 × 10분/개 × 50%) + (제품D 200개 × 10분/개 × 100%) = 3,000(분)

설비별로 조업시간과 예상 작업시간을 얻었으므로 설비별 부하율을 구하는 것은 아주 쉽습니다. 설비별 부하율은 각각 설비1이 41.7(%), 설비2가 83.3(%), 그리고 설비3이 125(%)입니다.

	A	B	C	D	E	F	G
15	[Analysis]						
16	Machine			MC #1	MC #2	MC #3	Total
17	예상 작업시간 (분)			1,000	2,000	3,000	6,000
18	조업시간 (분)			2,400	2,400	2,400	7,200
19	부하율(%)			41.7%	83.3%	125.0%	83.3%

〈그림42. [문제4]에서 〈그림41〉과 같이 할당값을 구한 다음에 얻은 설비별 부하율〉

자, 우리가 해야 할 일은 수립한 생산계획을 주어진 기간 안에 다 수행할 수 있느냐의 문제를 판단하는 것이었는데, 설비 세 대를 합쳐서 볼 때에는 주어진 시간 7,200(분)에 예상 작업시간은 6,000(분) (= 설비1 1,000분 + 설비2 2,000분 + 설비3 3,000분)으로 주어진 시간 안에 모든 생산을 끝낼 수 있을 것처럼 보입니다. 하지만 설비 하나하나를 놓고 볼 때에는 성급하게 다 할 수 있다고 판단하기 어렵습니다. 왜냐하면 설비3의 부하율이 125(%)가 되어, 주어진 시간 안에는 생산을 다 끝낼 수 없다고 결과가 나왔기 때문입니다. 제약이론(TOC, Theory Of Constraints)에 따르면 병목이 되는 설비3의 부하율이 100%가 넘기 때문에 시스템 전체인 공장(혹은 회사)은 계획량을 전부 다 생산할 수 없다고 보아야 합니다. 그럼에도 불구하고 뭔가 결과가 찜찜하지 않으십니까? 제품마다 생산할 수량을 여러 설비에 할당시킬 수 있는 경우의 수는 무수히 많은데, '왜 하필 나는 위와 같이 할당을 하여 해석하기 힘든 결과를 내었을까? 내가 제품별로 설비 할당을 좀 더 잘할 수 있다면 어떤 설비는 할 일이 없어서 놀고, 어떤 설비는 할 일이 지나치게 많아서 목표를 달성할 수 없다고 판단해야만 하는 이런 불합리한 결과를 막을 수도 있지 않을까?' 하고 말입니다. 그래서 다음과 같이 새로운 전략을 가지고 문제에 접근하려고 합니다.

② 물량 할당 방법(2) – 설비별 부하의 평준화

모든 설비의 부하율이 같게끔 제품별로 설비에 생산할 수량을 할당합니다. 그래야만 공장 전체로 볼 때 계획량을 생산할 수 있는지 없는지를 정확하게 판단할 수 있기 때문입니다. 앞의 [문제4]에서 보듯이 두 설비는 부하율이 낮은데 유독 어느 한 설비만 부하율이 100%을 넘으면, 개

SCM 혁신과 생산계획

별 설비의 문제에 그치지 않고 공장 또는 회사 전체의 입장에서 계획한 양을 생산할 수 있을지 없을지 판단하기 어려워집니다. **역으로 접근하여, 세 설비의 부하율을 모두 같게만 할 수 있다면 이제는 생산이 가능한지 아니면 불가능한지를 자신 있게 판단할 수 있습니다.**

이제 앞에서 제기한 [문제4]를 아래 〈그림43〉과 같이 할당하면 결과가 어떻게 달라지는가를 보겠습니다. 어떻습니까. 세 설비의 부하율이 모두 같게 나왔습니다. 이제는 생산할 수 있다, 없다를 자신 있게 외칠 수 있지 않을까요? 〈그림43〉의 결과는 세 설비의 부하율이 모두 104.2%로써 100%를 넘었기 때문에 생산 불가능하다는 결론을 내릴 수 있습니다. 그런데 여기까지 오다 보니 다음 두 가지 궁금증이 생기기 시작합니다.

[궁금증1] 아니, 도대체 어떻게 해서 세 설비의 부하율이 같도록 제품별로 설비 할당을 할 수 있었던 것이죠? 지금처럼 제품 4가지, 설비 3대인 작은 문제조차도 엑셀에 예상 작업시간에 함수를 걸어 놓고 제품별 설비 할당(초록색 부분)에 이리저리 값을 넣어 봐도 세 설비의 부하율이 같도록 하기가 매우 어려운데, 데이터가 훨씬 방대한 실전에서 모든 설비들의 부하율이 같게 나오도록 제품별 설비 할당값을 어떻게 만들어 낼 수 있는지요?

[궁금증2] 아래 〈그림43〉의 결과에 따르면, 모든 설비의 부하율이 104.2%로 같게 나와서 할 수 있다/없다의 판단은 쉽게 내릴 수 있지만, 뭔가 석연찮은 구석이 있습니다. 왜냐하면 앞에서 예를 든 〈그림42〉를 보면 설비 세 대의 가용시간이 2,400(분) × 3(대)로 7,200(분)이었고, 예상

작업시간은 총 6,000(분)이었습니다. 비록 특정 설비의 부하율이 100%가 넘어서 할 수 있다/없다를 해석하기가 어려워서 곤란한 점이 있기는 하였지만, 전체 가용시간(7,200분) 대비 예상 작업시간(6,000분)이 적어서 전체 능력치(캐파)에 비교적 여유가 있었습니다. 이 말은 〈그림43〉에서 수행한 할당은 균등 부하에만 치중한 나머지, 할당을 비효율적으로 한 것은 아닌가 하는 것이고, 그렇다면 설비별로 균등 부하를 만드는 경우의 수가 〈그림43〉에서 제시한 할당 결과 말고 더 있을 수도 있겠다는 합리적 의심이 듭니다.

◢	A	B	C	D	E	F	G
1	[Input]						
2	공정	제품	계획량	MC #1	MC #2	MC #3	
3	총조립	A	100	10	20		
4		B	100	20	10		
5		C	200		10	10	
6		D	200			10	
7							
8	[Solution]						
9	공정	제품	계획량	MC #1	MC #2	MC #3	
10	총조립	A	100	0.5	0.5		
11		B	100	1	0		
12		C	200		0.75	0.25	
13		D	200			1	
14							
15	[Analysis]						
16	Machine			MC #1	MC #2	MC #3	Total
17	예상 작업시간 (분)			2,500	2,500	2,500	7,500
18	조업시간 (분)			2,400	2,400	2,400	
19	부하율(%)			104.2%	104.2%	104.2%	

〈그림43. 균등부하를 얻기 위한 할당의 결과〉

두 가지 궁금증에 답변 드립니다.

[답변1] 예, 설비별로 균등부하가 이루어지게끔 제품에 설비 할당을 하

는 문제는 우리의 직관에 의존하여 이렇게도 할당해 보고, 이게 아니다 싶으면 저렇게도 할당해 보기에는 너무 어려운 문제입니다. 그래서 이 문제는 최적화 기법 중에 하나인 선형계획법(LP, Linear Programming)으로 푸는 것이 좋습니다. 저 역시도 엑셀을 사용하여 선형계획법으로 문제를 풀었습니다. 뒤에서 이 문제를 엑셀로 어떻게 만들었는지 차차 보여 드리겠습니다. 참고로 엑셀을 활용하여 선형계획법을 설명한 책은 시중에 '경영과학'이라는 제목으로 이미 수십 종이 나와 있습니다. 어느 책을 보든 많은 도움이 됩니다.

[답변2] 예, 맞습니다. 설비별로 균등하게 부하율이 나오도록 제품에 할당을 하는 경우의 수는 대단히 많습니다. 아래 〈그림44〉에서 왼쪽은 〈그림43〉에서 이미 풀었던 문제이고, 오른쪽은 설비별로 균등할당을 이루면서도 왼쪽과는 다른 설비별 부하율이 나오도록 문제를 푼 결과입니다. 여전히 두 결과 모두 계획한 물량을 기간 안에 전부 생산할 수 없다고 결론 내리겠지만, 그래도 왼쪽보다는 오른쪽이 결과가 좋아 보입니다. 왜냐하면 설비별 균등부하를 달성했으면서도 설비의 부하율이 왼쪽보다 오른쪽 표가 낮기 때문입니다. 이 문제들 역시 모두 선형계획법으로 풀었습니다. 자, 어떤가요? 이쯤되면 설비별로 균등 부하가 되게끔 제품별 수량을 설비에 할당하는 조합은 굉장히 많겠다는 생각이 들지 않으십니까? 그렇다면 그 속에는 반드시 가장 좋은 조합, 다시 말해서 설비별로 균등한 부하를 유지하면서도 설비의 부하율이 가장 낮은 대안이 반드시 하나는 있겠다는 생각도 들지 않으십니까? 그래서 다음에는 이와 같은 기대감을 실현시킬 수 있는 해법을 소개합니다.

	공정	제품	계획량	MC #1	MC #2	MC #3	Total
[Input]							
	총조립	A	100	10	20		
		B	100	20	10		
		C	200		10	10	
		D	200			10	
[Solution]							
	총조립	A	100	0.5	0.5		
		B	100	1	0		
		C	200		0.75	0.25	
		D	200			1	
[Analysis]							
Machine				MC #1	MC #2	MC #3	Total
예상 작업시간 (분)				2,500	2,500	2,500	7,500
조업시간 (분)				2,400	2,400	2,400	
부하율(%)				104.2%	104.2%	104.2%	

	공정	제품	계획량	MC #1	MC #2	MC #3	Total
[Input]							
	총조립	A	100	10	20		
		B	100	20	10		
		C	200		10	10	
		D	200			10	
[Solution]							
	총조립	A	100	0.55742	0.44258		
		B	100	0.95407	0.04593		
		C	200		0.76723	0.23278	
		D	200			1	
[Analysis]							
Machine				MC #1	MC #2	MC #3	Total
예상 작업시간 (분)				2,466	2,466	2,466	7,397
조업시간 (분)				2,400	2,400	2,400	
부하율(%)				102.7%	102.7%	102.7%	

〈그림44. 설비별 균등 부하를 달성하는 제품별 설비 할당의 여러 예〉

〈왼쪽 – 〈그림43〉의 결과〉　　　　　〈오른쪽 – 〈그림43〉보다 향상된 다른 결과〉

③ 물량 할당 방법(3) – 설비별 부하의 하향 평준화

모든 설비의 부하율이 되도록 같게끔 제품별로 설비 할당을 수행합니다. 그러면서도 설비의 부하율이 가장 적게 나오도록 제품별 계획 수량을 설비에 할당해야 합니다. 그리고 보니 달성해야 할 목표가 두 가지입니다. 이 두 가지 목표를 줄여서 '설비별 부하의 하향 평준화'라고 부르겠습니다.

아래 〈그림45〉는 설비별 부하의 하향 평준화에 도달한 결과입니다. 결과를 해석해 보겠습니다. 모든 설비의 부하율이 91.7%이므로 생산계획량 전부를 주어진 기간 동안 모두 생산할 수 있다고 결론 내릴 수 있습니다. 참으로 신기합니다. 할당을 어떻게 하느냐에 따라서 〈그림43〉, 〈그림44〉와 같이 수행 불가능하다는 결론을 내릴 수도 있고, 〈그림45〉

SCM 혁신과 생산계획

처럼 수행 가능하다는 결론을 내릴 수도 있습니다. 물론 대부분의 회사라면 최종적으로 수행 가능하다는 결론을 내릴 것입니다.

	A	B	C	D	E	F	G
1	[Input]						
2	공정	제품	계획량	MC #1	MC #2	MC #3	
3	총조립	A	100	10	20		
4		B	100	20	10		
5		C	200		10	10	
6		D	200			10	
7							
8	[Solution]						
9	공정	제품	계획량	MC #1	MC #2	MC #3	
10	총조립	A	100	1	0		
11		B	100	0.6	0.4		
12		C	200		0.9	0.1	
13		D	200			1	
14							
15	[Analysis]						
16	Machine			MC #1	MC #2	MC #3	Total
17	예상 작업시간 (분)			2,200	2,200	2,200	6,600
18	조업시간 (분)			2,400	2,400	2,400	
19	부하율(%)			91.7%	91.7%	91.7%	

〈그림45. 설비별 부하의 하향 평준화를 구현한 결과〉

혹자는 이렇게 문제를 제기할 것입니다. "〈그림45〉는 수리최적화 기법 중에 하나인 선형계획법으로 푼 결과이다. 그렇기 때문에 현실에서는 도저히 달성할 수 없는 이론적이고 이상적인 결과이다. 최적화로 푼 결과를 바탕으로 수행 가능하다는 결론을 내리면 SCM의 제1원칙인 계획한 대로 실행하기란 요원하다."라고 말이죠.

여기에서 제가 하고 싶은 말이 있습니다. 시스템에는 요구되는 두 가지 성질이 있는데 그중 하나는 타당성입니다. 현실 세계와 유사한 결과를 얻으면 타당성이 있다고 합니다. 그렇다면 타당성을 보장받을 수 있는 능력치 결과라는 것이 있을까요? 아마도 그 해답을 쉽게 찾기는 어려울 것입니다. 타당성이 보장된 설비 할당의 결과를 얻기란 참으로 쉽지 않습니다. 시스템에 요구되는 또 다른 성질이 하나 있는데 바로 신뢰성입니다. 신뢰성이란 인풋 정보가 같으면 항상 같은 결과를 얻는 성질을 말합니다. 최적화 기법을 사용하면 〈그림45〉와 같은 형태의 문제에서 제품의 종류가 아무리 많고, 설비의 대수가 아무리 많더라도, 다시 말해서 문제가 아무리 복잡해도 인풋 데이터만 같으면 항상 같은 결과를 얻습니다. 이 문제를 사람이 푼다고 생각해 보겠습니다. 정말이지 어쩌다 한 번 타당성이 제법 있는 결과를 우연히 얻었다고 해서 수주대토(守株待 兎)[56]할 수는 없는 노릇입니다. 심지어는 같은 사람에게 어제 푼 것과 똑같은 할당의 문제를 오늘 다시 풀어 보라고 하면 같은 할당값을 제시하지 못할 것이 불을 보듯 뻔합니다.

개념을 조금 더 확대해 보겠습니다. 인풋 정보가 어떻든 간에 결과의 품질이 일정한 수준을 유지하면, 신뢰성이 있다고 합니다. 넓은 의미의 신뢰성입니다. 어떠한 인풋이 주어지든 〈그림45〉와 같은 최적의 결과를 항상 얻을 수만 있다면, **다시 말해서 신뢰성을 보장받을 수만 있다면, 우리는 그 신뢰성 높은 결과를 바탕으로 타당성 높은 결론에 도달할 수 있습니다.** 예를 들어, 최적화 기법을 사용하여 최고로 좋은 능력치를 도출하여 생산가능 여부를 결정하고 실제 생산을 진행한 다음에 계획한 결과와 실제로 생산한 결과를 여러 번 비교하여 늘상 3% 정도의 차이가

---

56 어쩌다가 우연히 얻어걸린 만족스러운 결과를 가지고 다음번에 또 얻을 것이라 기대하며 하염없이 기다리는 어리석은 모습을 빗대려고 사용하였습니다.

있음을 발견하였다면, 할 수 있음과 없음을 판단하는 경계선을 부하율 **100%가 아닌 97%로 설정하는 것이 훨씬 합리적인 접근방법이 될 수 있습니다. 이것을 운영의 노하우**라고 부릅니다. 신뢰성 높은 결과를 바탕으로 몇 % 정도를 빼 주어야 타당성 높은 결론에 도달하는지는 회사마다 다릅니다. 생산계획을 수립하는 여러 프로젝트에 참여하면서 성공도 하고 때로는 실패도 경험했지만, 능력치를 최적화로 뽑는 이 방법만큼은 고객들의 호응도가 늘 좋았습니다.

▌04 선형계획법(Linear Programming) 소개

이제 내용을 정리할 시간입니다. 우리는 지금까지 APICS(American Production and Inventory Control Society, 미국생산재고관리협회)에서 제시한 전통적인 형태의 능력치 측정 과정을 살펴보았습니다. 전통적인 방법을 다시 요약하겠습니다. 생산의 상세한 능력치 정보를 감안하여 수요를 최대한 만족하는 생산계획을 단숨에 풀어 버리면 더할 나위 없이 좋겠지만, 한 번에 생산계획을 수립하는 것이 워낙 어렵기 때문에 현실적으로는 대강의 능력치 정보 ――― 예컨대 우리 공장은 일주일에 몇 개까지 만들 수 있다는 정도의 정보이며, 이것을 '수량제약'이라고 부릅니다 ―――만을 감안하여 일단 생산계획을 수립합니다. 수립한 생산계획이 능력치를 잘 감안했는지 확인하기 위해 이번에는 생산의 상세한 시간 정보를 활용하여 능력치를 계산합니다. 능력치를 측정하는 가장 정교한 방법은 설비별로 부하율을 측정하는 것입니다. 모든 설비의 부하율이 100%가 넘지 않으면 생산계획을 수행할 수 있다고 판단합니다. 그런데 설비별로 부하율을 측정하려면 제품별 생산계획 수량을 설비에 할당해 보아야 비로소 알 수 있는데 할당이라는 작업이 쉽지가 않아 많은 회사들이 정교한 능력치 측정을 하지 못하고 있는 실정입니다. 저는 이 문제를 해결하기 위해 최적화 기법 가운데 하나인 선형계획법을 사용하였습니다.

최적화를 활용한 할당도 그냥 잘하면 되는 것이 아니라 체계적인 목표 선정이 필요합니다. 여러 설비가 있는 경우에는 단순히 공장 전체의 예상 작업시간을 줄인다고 되는 것이 아니라고 했습니다. 왜냐하면 설비별로 부하율에 차이가 많이 발생하면 계획을 수행할 수 있는지 없는지 판단할 수 없기 때문입니다(〈그림42〉 참조). 그렇다고 설비별 부하율을 무조건 같게만 해서도 안 된다고 말씀드렸습니다. 할당을 통해 모든 설비의 부하를 같게 할 수 있지만, 할당을 어떻게 하느냐에 따라 설비의 부하율 자체가 높을 수도 있고 낮을 수도 있기 때문입니다(〈그림43〉, 〈그림44〉 참조). 그래서 최종적으로 다음과 같은 결론에 도달합니다. 올바르게 능력치를 측정하기 위해서는 설비별로 부하를 같게 하면서도(그래야 해석이 가능합니다) 그 부하를 최대한 낮추도록 할당을 해야 합니다(그래야 결과의 신뢰성을 바탕으로 타당성도 확보할 수 있습니다)(〈그림45〉 참조).

설비별 부하의 하향 평준화라는 목적을 실현하려면, 제품별/설비별로 계획량을 잘 할당해야 합니다. 할당의 문제를 잘 풀기 위해서 최적화 기법을 사용하는데 가장 널리 알려진 최적화 기법으로 선형계획법이 있습니다. SCM이나 운영과 관련한 일을 하면 최적화라는 말을 종종 듣거나

SCM 혁신과 생산계획

사용합니다. 예전에는 크게 고민하지 않고 막연히 좋은 대안을 언급할 때 최적화라는 단어를 사용하곤 했는데 선형계획법의 내용을 조금은 이해하게 되면서부터는 용어 사용에 신중해졌습니다. 사람들과 회의를 할 때, 최적화에 대한 지식이 문제를 이해하거나 문제를 체계적으로 접근하여 합리적인 의사결정에 이르게 하는 데 많은 도움을 주었습니다. 제가 비록 간단한 문제에 대해서만 최적화 모델링을 사용하는 초보적 수준의 능력을 보유하고 있다고 할지라도 말입니다. 저는 이번 장을 통해 여러분이 단순히 능력치 측정을 이해하는 것에만 그치지 않고, 실무자로서 엑셀에서 제공하는 해 찾기 기능을 통해 모델링하여 능력치 측정 계산기를 직접 만들어 사용할 수 있기를 희망합니다. 이 목표를 달성하려면 여러분께 어쩔 수 없이 선형계획법에 대해 말씀을 드리지 않을 수가 없습니다. 하지만 모든 일에는 단계가 있는 법입니다. 처음부터 바로 설비별 할당 문제에 접근할 수는 없으니, 가장 대표적이고 간단한 문제부터 시작하겠습니다. [문제5]를 보겠습니다.

[문제5]
선형계획법의 간단한 문제 (최대 이윤의 문제)

중국집을 운영하는 민돌이는 짜장면과 짬뽕 단 두 가지 메뉴만을 만들어서 판다.

짜장면 한 그릇을 만들기 위해서는 밀가루 4컵과 양파 2개가 필요하고, 짬뽕 한 그릇을 만들기 위해서는 밀가루 2컵과 양파 6개가 필요하다.

짜장면은 한 그릇을 팔면 500원이 남고, 짬뽕은 400원이 남는다.

현재 밀가루는 30컵, 양파는 40개가 준비되어 있다.

그렇다면 이익을 가장 많이 남기기 위해서는 짜장면과 짬뽕을 각각 몇 그릇씩 팔아야 하는가?

이 문제를 풀려면 수식을 세워야 합니다. 중학교 2학년 때 배우는 (이원일차)연립방정식이 생각납니다. 짜장면을 X_1, 짬뽕을 X_2라고 하겠습니다.

먼저 이윤이 얼마가 되나 생각해 봅니다. 짜장면은 한 그릇에 500원이 남고, 짬뽕은 한 그릇에 400원이 남으므로 짜장면과 짬뽕을 각각 몇 그릇 팔지에 따라 총 이윤에 대한 식을 다음과 같이 세웁니다.

- 이윤 = $500X_1 + 400X_2$

이윤을 가장 많이 남기는 것이 목적이기 때문에 이것을 **목적함수**라고 부릅니다.

다음으로 재료들에 대한 내용을 식으로 세웁니다. 밀가루는 짜장면 한 그릇에 4컵 들어가고, 짬뽕 한 그릇에 2컵 들어갑니다. 그리고 양파는 짜장면 한 그릇에 2개, 짬뽕 한 그릇을 만들기 위해 6개가 들어갑니다. 짜장면과 짬뽕을 각각 몇 그릇 만들지에[57] 따라 요구되는 밀가루 사용량과 양파 사용량에 대한 식을 각각 세우되, 밀가루는 30컵, 양파는 40개밖에 없으므로 부등식이 필요합니다.

- 밀가루 사용량 = $4X_1 + 2X_2 \leq 30$
- 양파 사용량 = $2X_1 + 6X_2 \leq 40$

---

57 [문제5]에서는 만드는 대로 다 팔린다고 가정합니다.

SCM 혁신과 생산계획

그리고 한 가지 조건이 더 필요합니다. X_1과 X_2, 다시 말해서 짜장면과 짬뽕의 그릇 수는 음수일 수가 없습니다. 그래서 다음과 같은 조건을 수식에 추가합니다.

- **음수가 아닐 조건 $X_1 \geq 0$**
- **음수가 아닐 조건 $X_2 \geq 0$**

이 네 가지 항목을 모두 **제약조건**이라고 부릅니다.

위의 식을 가지고 직관적으로 접근해 보겠습니다. 짜장면이 짬뽕보다 한 그릇 팔 때마다 100원 더 남으므로 웬만하면 짜장면을 많이 만들고 싶을 것입니다. 그런데 이 욕망을 억누르는 현실이 있습니다. 바로 제품을 만들 때 필요한 밀가루와 양파라는 재료의 양이 제한적이라는 사실입니다. 우리는 이것을 **자원의 유한성**이라고 부릅니다. 상대적으로 돈이 많이 남기 때문에 짜장면만 만들고 싶지만, 이렇게 할 경우 준비된 밀가루의 양이 30컵밖에 없는데 짜장면 한 그릇에 밀가루가 4컵이 필요하므로 짜장면 7그릇밖에는 만들지 못합니다. 이와 반면에 짜장면 7그릇을 만드는데 양파가 고작 14개만 필요하므로 양파가 많이 남습니다. 다시 말해서 자원을 알뜰살뜰히 사용하지 못하게 됩니다. 결국 자원이 허용하는 한 골고루 만들어야 합니다.

최대화 $500X_1 + 400X_2$ (단위: 원) → 목적함수

제약 조건 $4X_1 + 2X_2 \leq 30$ (밀가루)
$2X_1 + 6X_2 \leq 40$ (양파)
$X_1, X_2 \geq 0$ (X_1 = 짜장면, X_2 = 짬뽕)

문제를 식으로 적었습니다. 풀어야 하는 문제가 있으면 문제를 잘 파악하고 파악한 문제에 대해서 위의 상자에 있는 내용과 같이 같이 수식을 세웁니다. 우리는 이것을 **모델링**을 세운다고 합니다. 선형계획법은 1) 그래픽을 그려 가면서 문제를 풀 수도 있고, 2) 대수적으로 유리수의 사칙연산을 활용해 가면서 문제를 풀 수도 있으며, 뒤에 가면 보겠지만 3) 엑셀 등과 같은 시스템을 이용하여 문제를 풀 수도 있습니다. 중요한 것은 어느 방법을 이용하든 모델링이라는 작업은 반드시 필요합니다. 요즘처럼 시스템의 도움을 받아 선형계획법의 문제를 풀 때에는 이 모델링이라는 작업이 문제 풀이의 거의 대부분을 차지할 정도로 중요합니다. 시중에 나와 있는 경영과학책들의 예제를 통해 반복 훈련하면서 모델링이라는 작업에 익숙해지기를 바랍니다.

알고 싶은 내용은 짜장면을 몇 그릇 팔고, 짬뽕을 몇 그릇 팔 때 최대 이윤이 얼마가 되는가입니다. 여기에서 명심해야 할 내용이 있습니다. 짜장면과 짬뽕을 각각 몇 그릇 팔지가 결정변수입니다. 결정변수를 구해야지만 비로소 전체 이윤을 구할 수 있습니다. 그래서 이 문제에서 총 이윤은 종속변수가 됩니다.

이제부터 본격적으로 어떻게 문제를 푸는지 말씀드리겠습니다. 아래 〈그림46〉과 같이 세 가지 접근방법을 동원하여 이해를 돕겠습니다. 시중에 나와 있는 대부분의 경영과학 책에서는 그래픽을 통해 문제의 이해를 돕고 난 뒤(접근방법1), 바로 엑셀로 모델링을 하여 해를 구하는 방법을 제시하고 있는데(접근방법3), 이렇게 하니 비전공자들 중에는 여전히 선형계획법이 무엇인지 와닿지 않는다고 어려움을 토로하는 사람들이 있었습니다. SCM 프로젝트를 하다 보면 외부 전문가들이 최적화에 대해 언급할 때가 있는데, 용어부터 생소하기 때문에 알아듣기도 어렵고 이해가 부족하니 자신의 생각을 자신 있게 말하기 어렵다는 의견도 있었습니다. 선형계획법은 깊게 들어가면 매우 어려운 학문인 것은 맞지만, 우리가 프로젝트를 하면서 이야기하는 수준이라는 것이 실은 아주 높은 수준의 전문적인 지식을 요하는 것은 아닙니다. 개념만 비교적 정확하게 알아도 얼마든지 오가는 내용을 이해하고 내 의견을 표출할 수 있는 정도는 됩니다. 저는 선형계획법의 개념을 잘 이해하려면 대수적인 방법을 동원하여 접근하는 것이(접근방법2) 도움이 많이 된다고 생각합니다. 어떤 책에서는 그나마 접근방법2를 표(행렬)로 만들어서 기계적인 절차로 문제 푸는 방식을 설명하고 있기는 합니다만, 그래도 대수적으로 접근하는 것이 개념을 이해하는 데에 훨씬 도움이 됩니다.[58]

선형계획법의 풀이 방법은 다음의 세 가지가 있습니다.

	접근방법(1)	접근방법(2)	접근방법(3)
Title	그래픽적 접근	대수적 접근	시스템적 접근
Key-Word	볼록곡선, Corner Point, 교점	Dictionary, 여유변수, 진입변수, 퇴출변수, Pivoting, Iteration	접근 방법(1)~(2)의 개념 활용
장점	최적화, 그 중에서도 선형계획법의 개념을 이해하는데 도움이 됨	그래픽적 접근의 단점을 보완하고(변수가 많아도 이론적으로 풀이 가능) 선형계획법의 개념을 정확히 제시해 줌	컴퓨터의 도움으로 단순한 반복 작업을 엄청나게 빠른 시간 안에 해 낼 수 있음
단점	변수가 3개만 되어도 상당히 복잡해짐(변수가 4개 이상이면 도식이 불가능함)	하지만 그래픽적 접근과 마찬가지로 변수가 조금만 많아져도 복잡도가 증가하여 풀기가 어려워짐	전문적인 기술이 필요함 (하지만 엑셀을 활용하면 아주 간단히 직관적인 방법으로 문제를 해결할 수 있음)

〈그림46. 선형계획법 문제를 풀기 위한 세 가지 접근방법〉

---

58 대수적인 접근방법을 위해 V. Chvatal 선생님이 쓴 "Linear Programming"(1983) 책을 참고했습니다.

① 접근방법(1) – 그래픽을 통한 접근

X_1, X_2 모두 0 이상이라고 했으므로, 좌표평면상에서 1사분면의 영역에만 해당합니다. X_1을 가로축(X축), X_2를 세로축(Y축)으로 하고, 제약조건으로 적은 2개 식을 이으면 사각형이 나옵니다. X_1과 X_2는 0 이상이라는 조건과 제약식의 부등호를 고려하면 사각형 안의 영역이 전부 정답의 영역(Solution Space)에 해당합니다. 실수의 조건이라면 무수히 많은 해집합이 존재한다는 뜻입니다. 제약조건 4개의 선분을 연결하면 사각형이 만들어집니다. 만일 제약이 많아서 선분이 여러 개 있다면 다각형이 만들어지는데 이는 전부 볼록다각형(Convex Polygon)입니다.[59] 여기에서 중요한 통찰이 작용합니다. 선형계획법에서 요구하는 목적함수, 즉 최대(혹은 최소)값은 항상 볼록다각형을 이루는 교점(Corner Points)에만 존재한다는 사실입니다. 따라서 최적해를 찾기 위해서 면적 내부의 무수히 많은 실수 영역을 다 찾을 필요가 없습니다. 〈그림47〉에서 총 이윤이 가장 많이 남는 짜장면과 짬뽕의 개수는 (0, 0), (0, 6.67), (7.5, 0), (5, 5) 이렇게 네 개의 교점 중에 하나입니다.[60] 최적화는 기본적으로 모든 대안의 탐색입니다. 모든 대안을 나열하고 대안 중에서 가장 높은 점수가 되는 대안을 선택합니다. 그렇기 때문에 이 문제에서는 4개의 대안을 평가하면 됩니다. 총 이윤과 관련한 식은 $500X_1 + 400X_2$이므로 네 가지 대안에 대한 평가 결과는 다음과 같습니다.

---

59 볼록다각형의 상대적인 개념은 오목다각형(Concave Polygon)입니다.

60 엄밀하게 짜장면과 짬뽕의 판매량은 정수이어야 하므로 정수의 조건이 별도로 더 붙어야 하는데 여기서는 논외로 하겠습니다.

- 대안1 $(X_1, X_2)=(0, 0)=500\times0 + 400\times0 = 0$(원)
- 대안2 $(X_1, X_2)=(0, 6.67)=500\times0 + 400\times6.67 = 2666.7$(원)
- 대안3 $(X_1, X_2)=(7.5, 0)=500\times7.5 + 400\times0 = 3750$(원)
- 대안4 $(X_1, X_2)=(5, 5)=500\times5 + 400\times5 = 4500$(원)

네 가지 대안 중에서 대안4인 짜장면 5그릇, 짬뽕 5그릇을 팔 때 4500(원)이 남아서 가장 높은 이윤이 됩니다. 이 방법 말고도 목적함수인 $500X_1+400X_2$를 가지고 선분을 만들어서 위, 아래로 수평 이동해 가면서 그 선분에서 가장 높은 Y절편(X_2절편)을 이루는 조건을 찾아보면 $(X_1, X_2)=(5, 5)$이어야 함을 어렵지 않게 찾을 수 있습니다. 〈그림47〉에 있는 파란색 선이 여기에 해당합니다.

그래픽을 통한 접근방법이 어떠셨는지요? 선형계획법의 내용을 이해하는 데 분명 도움이 되었을 것입니다. 하지만 그래픽을 통한 접근방법은 한계가 있습니다. 그동안은 예제가 짜장면, 짬뽕이라는 두 개의 변수만 있어서 도식화하기 쉬웠습니다. 여기에 탕수육이라는 변수가 하나 더 들어가면 우리는 X_1, X_2, X_3 혹은 X, Y, Z와 같이 축을 하나 더 만들어서 3차원 도형을 그려야 합니다. 교점도 선과 선이 아닌, 면과 면이 만나는 점들이 될 것입니다. 그리기가 많이 어렵습니다. 여기에 팔보채라도 하나 더 들어가면 4차원이 되어 우리가 살고 있는 세계에서는 표현이 불가능합니다. 그런데 우리가 회사에서 풀어야 하는 문제들은 이것보다 변수가 훨씬 더 많습니다. 일정 개수보다 많은 변수, 즉 차원이 되면 교점의 개수도 기하급수적으로 많아지는데, 어떻든 최적의 값을 구하기 위해서는 모든 교점을 다 비교 평가해야 합니다. 변수가 한 1,000개쯤 되고, 교점이 대략 10,000개쯤 된다면 최적의 값을 구하기 위해 10,000개의 교점을 다 비교 평가해야 합니다. 이러려면 시간이 너무 많이 걸리겠지요?

최대화 $500X_1 + 400X_2$ (단위: 원) ← 목적함수
제약 조건 $4X_1 + 2X_2 \leq 30$ (밀가루)
            $2X_1 + 6X_2 \leq 40$ (양파)
            $X_1, X_2 \geq 0$ (X_1 = 짜장면, X_2 = 짬뽕)

[Convex Curve]

1. 선형으로 이루어진 도형은 볼록 곡선을 그린다.

[Corner Points]

1. 선형으로 이루어진 볼록 곡선에 대한 최대(최소)값은 교점(꼭짓점)을 지나는 경우에 한한다.
2. → 따라서 발생 가능한 모든 경우의 수를 헤아릴 필요가 없다. (→ 극점의 값만 비교하면 된다)

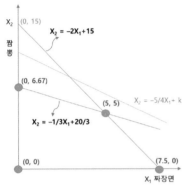

Case	꼭짓점 좌표 (X_1, X_2)	짜장면 (X_1)	짬뽕 (X_2)	목적함수 값 $(500X_1+400X_2)$
1	(0, 0)	0	0	0
2	(0, 6.67)	0	6.67	2666.7
3	(7.5, 0)	7.5	0	3750
4	**(5, 5)**	**5**	**5**	**4500**

〈그림47. 접근방법(1) – 그래픽을 통한 접근〉

② 접근방법(2) – 대수적인 방법을 통한 접근

이제 그래픽을 통한 접근방법 말고도 대수적인 접근방법을 소개하겠습니다. 대수적인 접근방법을 잘 이해하고 나면, 프로젝트를 수행하면서 선형계획법에 대한 말이 나와도 웬만한 말들은 다 이해가 갈 것입니다. 대수적으로 접근하기 위해서는 먼저 문제를 잘 파악하고 그 문제를 수식으로 만듭니다. 선형계획법은 연립부등식의 문제를 푸는 것입니다. 〈그림48〉은 (이원일차)연립부등식입니다.

[목적]
짜장면 한 그릇을 팔면 500원이 남고,
짬뽕 한 그릇 팔면 400원이 남는다.
하루 동안 무엇을 얼마나 팔아야
이익이 최대가 되겠는가?

[단위당 자원 소요량]
짜장면, 짬뽕 모두 밀가루와 양파가 주재료
짜장면 한 그릇에 밀가루 4컵, 양파 2개 필요
짬뽕 한 그릇에 밀가루 2컵, 양파 6개 필요

[자원의 유한성]
밀가루: 30컵
양파: 40개

Mathematical Modeling

Max $5X_1 + 4X_2$ (단위: 백원)
s.t. $4X_1 + 2X_2 \leq 30$ (밀가루)
     $2X_1 + 6X_2 \leq 40$ (양파)
     $X_1, X_2 \geq 0$ (X_1 = 짜장면 X_2 = 짬뽕)

〈그림48. 접근방법(2)
– 대수적인 방법으로 접근〉

앞에서 모델링에 대해 잠시 언급한 적이 있는데 여기에서 조금 더 말씀드리겠습니다. 모델링에서 제일 첫 줄은 **목적함수**를 나타냅니다. 그 아래에는 **제약**과 관련한 내용들을 식으로 적습니다. 이게 다입니다. 모델링 되어 있는 부분에 제일 첫 번째 줄은 총 이윤을 뜻합니다. 여기에서는 이윤을 표현할 때, 계산을 편하게 하려고 $500X_1$ + $400X_2$ 대신에 $5X_1+4X_2$로 적었습니다. 나중에 결과인 이윤에다 100을 곱하면 되니까요.[61] 그 이윤을 최대로 하겠다는 목적을 표시하기 위해 식 왼쪽에 Max라는 단어를 적습니다. 그 반대의 경우, 가령 비용을 최소화하겠다고 하는 문제라면 Min이라는 단어를 적어서 문제의 목적을 표현합니다. 아랫부분에는 제약을 적는 부분이라는 것을 표시하기 위해 s.t.라는 것을 적는데 이는 Subject To를 줄인 글자입니다.

---

61 선형인 관계이기 때문에 이러한 처리가 가능합니다.

Max $5X_1 + 4X_2$ (단위: 백원)
s.t. $4X_1 + 2X_2 + X_3 \qquad = 30$
$\qquad 2X_1 + 6X_2 + \qquad X_4 = 40$
$\qquad X_1, X_2, X_3, X_4 \geq 0$

연립부등식의 해를 바로 풀기란 대단히 어렵습니다. 그래서 각각의 부등식에 잉여변수(Slack Variables) X_3, X_4를 추가함으로써 어려운 부등식의 문제를 방정식의 문제로 전환합니다. 물론 잉여변수들도 음수가 아닙니다.

$X_3 = 30 - 4X_1 - 2X_2$
$X_4 = 40 - 2X_1 - 6X_2$
––––––––––––––––––––––
$Z \quad = \qquad 5X_1 + 4X_2$

$X = (X_1, X_2, X_3, X_4) = (0, 0, 30, 40); Z = 0$

잉여변수를 좌변에 두어 잉여변수 X_3과 X_4에 대한 식으로 정리합니다. 그리고 이번에는 목적함수인 이윤을 Z로 하고 아래에 적습니다. 이것을 **딕셔너리**(Dictionary)라고 부릅니다. 용어와 표기법을 전 세계가 공통으로 사용하니 우리도 여기에 따릅니다. 잉여변수를 추가하고 보니 변수는 4개인데, 식이 2개밖에 없습니다. 우리가 알기로는 변수가 2개이면 식도 2개가 있어야 하나의 교점이 생기는데, 변수는 4개이고 식이 2개밖에 없으니 해가 여러 개 존재할 수 있겠다는 생각이 듭니다. 그러므로 일단 그냥 생각나는 하나의 가능한 답을 적습니다. 잉여변수인 X_3과 X_4 모두 0 이상이어야 한다는 조건에 부합하려면, 직관적이긴 하지만 가장 확실하게는 X_1과 X_2가 0이면 됩니다. X_1과 X_2가 모두 0일 때, X_3은 30, X_4는 40이 됩니다. 이로써 X_1, X_2, X_3, X_4 모두 0 이상이어야 한다는 조건을 전부 만족합니다. 물론 그때의 Z는 0입니다. 제약조건에 모두 부합하기 때문에 전혀 틀린 답이 아닙니다만 썩 만족스러운 답은 아닙니다. 짜장면(X_1)과 짬뽕(X_2)을 하나도 팔지 않아서 이윤 Z

SCM 혁신과 생산계획

를 0(원)이 되도록 손 놓고 있을 사람은 없기 때문입니다. 나중에 엑셀의 최적화 기능을 사용하여 문제를 풀 때 결정변수의 초기값을 전부 0으로 놓고 푸는데, 그 이유는 해공간(Solution Space)에서 가장 확실성을 보장받는 가능해(Feasible Solution)이기 때문입니다.

[1st iteration]

$X_3 = 30 - 4X_1 - 2X_2$
$X_4 = 40 - 2X_1 - 6X_2$
$Z = 5X_1 + 4X_2$

Let $X_1 = t \geq 0$, $X_2 = 0$
$X_3 = 30 - 4t \geq 0$, $t \leq 30/4$ (√)
$X_4 = 40 - 2t \geq 0$, $t \leq 20$

$4X_1 = 30 - 2X_2 - X_3 \Rightarrow X_1 = 30/4 - 1/2X_2 - 1/4X_3$
$X_4 = 40 - 2(30/4 - 1/2X_2 - 1/4X_3) - 6X_2$
$Z = 5(30/4 - 1/2X_2 - 1/4X_3) + 4X_2$

$X_1 = 30/4 - 1/2X_2 - 1/4X_3$
$X_4 = 25 - 5X_2 + 1/2X_3$
$Z = 150/4 + 3/2X_2 - 5/4X_3$

$X = (X_1, X_2, X_3, X_4) = (30/4, 0, 0, 25); Z = 150/4$

이제 현재 0인 Z값을 개선시킬 일만 남았습니다. Z값을 개선시키기 위해서는 전략이 필요합니다. 모두 0인 X_1과 X_2 중에서 어느 것을 한 단위 올렸을 때, Z값이 더 가파르게 올라가는가요? X_1의 계수는 5이고, X_2의 계수는 4입니다. X_1의 계수가 크므로 X_2는 0으로 유지하고, X_1만을 올려 보려고 합니다. 이때의 X_1을 **진입변수**(Entering Variable)라고 부릅니다. 자, 이제 X_1을 얼마까지 올릴 수 있는지가 관건입니다. X_1을 무한정 올리면 좋겠지만, 제약이 따릅니다. X_3의 입장에서 보면 X_1은 30/4까지만 올릴 수 있습니다. 그 이상 올리면 X_3은 0 이상이어야 한다는 조건을 위반하여 안 됩니다. 마찬가지로 X_4의 입장에서 보면 X_1은 20까지 올릴 수 있습니다. X_3과 X_4 모두 0 이상이어야 한다는 조건을 만족하려면 X_1은 보다 엄격한 X_3의 한도 내에서만 증가시켜야 합니다. 현재의 딕셔너리는 X_3과 X_4에 관한 식으로 정리가 되어 있는데, 이 중 하나를 X_1에 관한 식으로 다시 정리하려고 합니다. X_3과 X_4 중에서 어느 식을 X_1에 관한 식으로 정리할 수 있을까요? 위의 그림에서 보듯 보다 엄격한 조건인 X_3을 X_1에 관한 식으로 대체합니다. 원래 좌변에 있던 X_3을 우변으로 옮기기 때문에 X_3을 **퇴출변수** (Outgoing Variable)라고 부릅니다. X_3에 관한 식에 있었던 X_1을 좌변으로 놓고 다시 정리하면 $X_1 = 30/4 - 1/2X_2 - 1/4X_3$이 됩니다. 이하 모든 식에 있는 X_1을 X_1의 우변에 있는 $(30/4 - 1/2X_2 - 1/4X_3)$로 대체하고 다시 정리하면 다음과 같은 새로운 딕셔너리를 얻습니다.

$$X_1 = 30/4 - 1/2X_2 - 1/4X_3$$

$$X_4 = 25 - 5X_2 + 1/2X_3$$

$$Z = 150/4 + 3/2X_2 - 5/4X_3$$

이 딕셔너리에서 가장 확실성을 보장받는 해는 X_2와 X_3가 0일 때, $X_1 = 30/4$이고, $X_4 = 25$입니다. 결정변수를 다시 정리하면 $(X_1, X_2, X_3, X_4) = (30/4, 0, 0, 25)$이고, 그때의 Z는 150/4(백원)가 됩니다. 중요한 것은 X_1과 X_2이니 짜장면 7.5그릇, 짬뽕 0그릇을 팔 때 총 이윤이 150/4(백원), 즉 3,750(원)이 됩니다. 어떤가요? 최초의 딕셔너리에는 Z가 0이었는데, 새롭게 도출한 딕셔너리에는 Z가 150/4이 되었으니 비약적인 상승 아닌가요?

```
[2nd iteration]

X₁ = 30/4 – 1/2X₂ – 1/4X₃
X₄ = 25    –  5X₂ + 1/2X₃
Z = 150/4 + 3/2X₂ – 5/4X₃

Let X₂ = t ≥ 0, X₃ = 0
X₁ = 30/4 – 1/2t ≥ 0, t ≤ 15
X₄ = 25 – 5t ≥ 0, t ≤ 5 (√)

5X₂ = 25 + 1/2X₃ – X₄ ⇒ X₂ = 5 + 1/10X₃ – 1/5X₄
X₁ = 30/4 – 1/2(5 + 1/10X₃ – 1/5X₄) – 1/4X₃
Z = 150/4 + 3/2(5 + 1/10X₃ – 1/5X₄) – 5/4 X₃

X₂ = 5 + 1/10X₃  – 1/5X₄
X₁ = 5 – 1/10X₃ – 3/10X₄
Z = 45 – 11/10X₃ – 3/10X₄

X = (X₁, X₂, X₃, X₄) = (5, 5, 0, 0); Z = 45
```

현재의 상황에서 Z를 더 증가시킬 것이 있는지 확인합니다. 이번에는 별로 고민할 게 없습니다. Z는 X_2와 X_3으로 이루어졌는데 X_3에는 음수가 붙어 있어 X_3을 증가시킬수록 Z를 감소시킵니다. 따라서 자연스럽게 진입변수는 X_2가 됩니다. 이제 퇴출변수를 찾아야 합니다. 앞 장에서와 같은 방식으로 X_3을 0으로 두고 X_2만 늘리되 어디까지 늘릴 수 있는지를 확인합니다. X_1에 관한 식에서 보면 X_2를 15까지 늘릴 수 있습니다. 그리고 X_4에 관한 식으로 보면 X_2를 5까지밖에 늘리지 못합니다. 모든 조건을 위반하지 않고 X_2를 늘리려면 보다 엄격한 조건인 X_4에 관한 식을 만족해야 합니다. 그래서 X_4는 퇴출변수가 됩니다. 진입변수(X_2)와 퇴출변수(X_4)를 알았으므로 현재의 딕셔너리에 있는 X_4를 우변으로 돌리고, X_4의 우변에 있는 X_2를 좌변으로 두어 X_2에 관한 식으로 다시 정리합니다. 정리한 $X_2 = 5 + 1/10X_3 - 1/5X_4$를 모든 항목에 적용하면 최종적으로 다음과 같은 딕셔너리를 얻습니다.

$X_2 = 5 + 1/10X_3 - 1/5X_4$

$X_1 = 5 - 1/10X_3 - 3/10X_4$

$Z = 45 - 11X_3 - 3/10X_4$

이 딕셔너리에서 가장 확실성을 보장받는 해는 X_3와 X_4가 0일 때, X_1 = 5이고, X_2 = 5입니다. 결정변수를 다시 정리하면 (X_1, X_2, X_3, X_4) = (5, 5, 0, 0)이고 그때의 Z는 45(백원)가 됩니다. 중요한 것은 X_1과 X_2이니 짜장면 5그릇, 짬뽕 5그릇을 팔 때 총 이윤이 45(백원), 즉 4500(원)이 됩니다. 바로 이전의 딕셔너리에는 Z가 150/4였는데, 이번에는 Z가 45로 더욱 증가했습니다.

여기에서 Z를 더 증가시킬 가능성이 있는지 살펴봅니다. Z를 구성하는 X_3과 X_4 모두 음의 계수를 가지고 있으므로 X_3이나 X_4를 모두 증가시킬수록 Z를 감소시키는 결과를 가져옵니다. 따라서 더 이상 Z를 증가시킬 요인이 없으므로 모든 행위를 여기에서 종료합니다(Terminate).

결론

> 짜장면 5그릇, 짬뽕 5그릇을 판매하여
> 45(백원)의 이윤을 남기는 것이 Best!

최초의 딕셔너리에서 진입변수와 퇴출변수를 찾아 진입변수에 대한 관계식을 만들고 그로부터 새로운 딕셔너리를 만드는 행위를 **반복**(Iteration)이라고 부릅니다. 위의 〈그림48〉에서 제시한 문제는 간단하여 반복을 두 번만 해도 최적의 해에 도달했지만, 변수와 제약조건이 많아지면 반복의 횟수가 엄청나게 늘어날 것임을 짐작할 수 있습니다. 한 예로 아주 오래 전에 변수 3개 --- 말하자면 X_1, X_2, X_3--- 제약식 3개 정도의 문제를 같은 방식으로 손으로 직접 푸니, 반복(Iteration)을 여섯 번 정도 거쳐서

SCM 혁신과 생산계획

최적의 값에 도달하였는데, 중학교에서 배웠던 유리수의 연산 문제이기는 하지만 이것은 사람이 할 것이 못 된다고 생각한 적이 있습니다.

눈썰미가 있는 독자들은 대수적인 접근방법에서 딕셔너리 상의 X_1, X_2에 해당하는 값들이 그래픽을 통한 접근방법에서 말한 교점들과 일치한다는 사실을 발견했을 것입니다. **그런데 대수적 접근방법에서는 아래 〈그림49〉와 같이 교점 (0, 6.67)에 대한 딕셔너리를 만들지 않았습니다.** 이유는 만들 필요가 없었기 때문입니다. 첫 번째 반복(Iteration)의 내용을 기억하기 바랍니다. 진입변수를 찾을 때, Z를 구성하는 변수들의 계수가 전부 양수(+)인 경우, 이왕이면 Z를 보다 효율적으로 증가시킬 대상을 찾습니다. 다시 말해서 변수의 계수가 보다 큰 쪽을 진입변수로 정합니다. 이래야 문제를 푸는 효율이 좋아집니다. $(X_1, X_2)=(0, 0)$에서 출발하면 갈림길이 두 개가 있는데 (0, 6.67)로 이동할 것이냐, 아니면 (7.5, 0)으로 이동할 것이냐의 선택의 문제에서 Z를 보다 효율적으로 키울 후자, 즉 (7.5, 0)을 선택한 것입니다. 그렇다는 말은 (0, 6.67)은 더 이상 안 봐도 된다는 말이 됩니다. 그리고 (7.5, 0)의 상황에서는 마지막으로 남은 교점 (5, 5)를 선택하고 문제 풀이가 종료된 것입니다.

그래픽을 통한 접근방법에서는 대안 4개를 모두 탐색하고 평가하여 이윤이 가장 많이 남는 대상을 찾은 반면에, 대수적인 접근방법을 통해서는 4개의 대안 중에서 결과를 효율적으로 향상시키는 쪽으로 단 3개의 대안만을 찾아 차례대로 선택해 나갔다는 사실이 중요합니다. 이번 [문제5] 처럼 단순한 문제에서는 전체 대안을 탐색하여 비교 평가하는 방식과 좋은 대안을 선별적으로 찾아가는 방식이 효율성 면에서 큰 차이가 없어 보일지 모르지만, 문제가 복잡해지면 결과를 찾는 성능에 많은 영향을 미칩니다. 가령 1,000개의 대안이 있는 경우 100개의 대안만을 순차적으로 탐색하여 결론을 얻을 수 있고, 이보다 문제가 훨씬 더 복잡한 10,000개의 대안이 있는 경우에도 단 120개의 대안만을 체계적으로 탐색하고 9,880개의 대안을 과감하게 무시해도 좋다면 문제가 아무리 커지더라도 예상 가능한 시간 내로 문제가 풀릴 것으로 기대할 수 있습니다. 위에서 대수적으로 소개한 방법을 사용하면, 변수가 아무리 많아져도 모든 대안을 전부 다 비교 평가할 필요가 없어서 문제 푸는 시간을 탁월하게 줄일 수 있습니다. 이 방법을 Danzig 선생님이 고안했는데 **심플렉스 알고리즘**(Simplex Algorithms), **혹은 심플렉스 기법**(Simplex Method)이라고 부릅니다. 선형계획법의 문제를 푸는 여러 방법들 중에서 가장 유명한 방법입니다.

대수적 접근 방법은 그래픽적 접근 방법에 비해 비교해야 할 평가 대상이 줄었습니다.
이처럼 효과적으로 --- 모든 대안을 비교 평가하지 않고도 최적의 해에 도달할 수 있는 ---
선형계획법의 문제 풀이 방법을 '심플렉스법'이라고 합니다.
(본 예제에의 경우에는 (0, 6.67)에 대한 평가를 하지 않고도 최적의 해에 도달하였음)

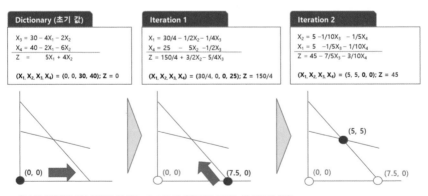

※ 대수적 접근방법으로 문제를 풀 경우, (0, 6.67)에 대한 대안 평가는 할 필요가 없음

〈그림49. 그래픽을 통한 접근과 대수적 접근방법의 비교〉

③ 접근방법(3) - 시스템을 통한 접근

이제 마지막으로 시스템을 통한 접근방법을 소개합니다. 선형계획법 문제를 푸는 소프트웨어는 많습니다만 여기서는 엑셀을 사용하겠습니다. 이 책을 읽는 독자들이라면 엑셀을 한 번씩은 접해 보았을 텐데, 엑셀에서 제공하는 간단한 함수 몇 개만 이해하면 선형계획법의 식을 세우고 문제를 풀 수 있습니다. 그리고 엑셀은 가독성이 매우 뛰어납니다. 그렇기 때문에 엑셀로 수식을 세우고 수식에 맞는 답을 보기 좋게 만들 수 있어서 엑셀만 보아도 문제와 답을 이해하고 분석하기 쉽습니다.

엑셀로 선형계획법의 문제를 풀기 위해서는 잠자고 있는 기능 하나를 활성화 시켜야 합니다. '해 찾기'라고 하는 기능인데 엑셀 프로그램을 인스톨 할 때에는 비활성화 상태로 있기 때문입니다. 해 찾기 기능은 엑셀의 '데이터' 메뉴에 있는데 별도의 조치를 취하지 않는 이상, 해 찾기 기능이 어디에서도 보이지 않습니다. 이제 〈그림50〉에 표현한 6개의 단계를 순서적으로 진행하여 '데이터' 메뉴에 해 찾기 기능을 추가하겠습니다.

〈그림50. 엑셀에 해 찾기 기능 추가〉

단계1. 해 찾기 기능은 '데이터' 메뉴에 있는데 현재 비활성화되어 보이지 않습니다.

해 찾기 기능을 활성화 시키기 위해서,

단계2. '파일' 메뉴를 누릅니다. 그런 다음 화면의 왼쪽 제일 아래에 있는 '옵션'을 누릅니다.

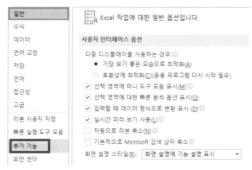

단계3. 옵션 팝업창이 뜨면 추가 기능을 누릅니다.

단계4. 해 찾기 추가 기능 항목을 선택하고, 아랫부분에 있는 관리(A) 항목에서 'Excel 추가 기능'을 선택한 다음 '이동' 버튼을 누릅니다.

SCM 혁신과 생산계획

단계5. 마지막으로 '해 찾기 추가 기능'의 선택 상자에 체크를 하고 확인을 누릅니다.

단계6. 단계1에서는 안 보이던 '해 찾기'라는 글자가 엑셀 데이터 메뉴에 나타납니다. 이제부터는 마음껏 선형계획법 문제를 만들고 풀 수 있습니다.

하지만 안타깝게도 엑셀은 변수의 개수에 제한이 있습니다. 제한된 개수 이상의 변수를 넣으면 엑셀로는 문제를 풀 수 없습니다. 회사에서 풀어야 하는 수준의 문제들은 아마 대부분 엑셀로는 풀 수가 없을 것입니다. 그래도 엑셀로 쉽게 모델링하여 그 타당성을 미리 검증한 다음에 시스템을 구축할지 여부를 결정할 수 있으니 그 쓰임새는 대단하다고 하겠습니다.

이제 마지막으로 시스템을 통한 접근입니다. 아래 〈그림51〉에 어떻게 [문제5]를 엑셀로 푸는지 나타내었습니다. 앞에서 보여 드린 〈그림48〉의 모델링 부분을 참고하여 그대로 엑셀에 담으면 됩니다. 이 책에서는 비록 엑셀이라는 도구를 사용하여 규모가 작은 문제만을 다루고 있지만, 개념만 잘 이해하고 있다면 엑셀이 아닌 전문적인 시스템을 구축하여 수천, 수만 개의 변수를 처리할 수 있습니다.

Mathematical Modeling

Max $5X_1 + 4X_2$ (단위: 백원)
s.t. $4X_1 + 2X_2 \leq 30$ (밀가루)
       $2X_1 + 6X_2 \leq 40$ (양파)
       $X_1, X_2 \geq 0$ (X_1 = 짜장면 X_2 = 짬뽕)

앞의 〈그림48〉에 이미 보여 드렸던 모델링입니다. 문제에서는 목적함수를 같은 행(Row)에 놓고 열(Column)로 구분하여 사용하였습니다(아래 〈그림51〉의 B4:C4 영역). 그리고 엑셀로 목적식과 제약식을 적절히 위, 아래에 배치하였습니다. 엑셀로 표현할 때에는 반드시 목적식을 위에, 제약식을 아래에 배치할 필요는 없습니다. 아래 〈그림51〉에서는 제약식을 위에 배치시키고, 목적식을 아래에 배치시켰습니다. 대신에 색깔로 대상을 구분하였습니다. 목적식의 목적값(Objective Value)은 주황색(〈그림51〉의 D5), 결정변수는 초록색(〈그림51〉의 B4:C4 영역), 제약식과 관련한 관계식들은 하늘색(〈그림51〉의 D2:D3 영역)으로 구분을 하였습니다. 늘 이렇게 하니까 엑셀로 수립한 내용만 보아도 어디가 목적함수의 목적값이고, 결정변수는 무엇이며, 그리고 제약을 나타내는 관계식은 무엇인지 한눈에 알아볼 수 있어서 매우 편리합니다.

표로 내용을 작성할 때의 장점 중에 하나는 같은 항목을 계속 반복

SCM 혁신과 생산계획

하여 표현하지 않아도 된다는 것입니다. 수리적 모델링에서 결정변수 X_1, X_2는 실제로 여러 번 등장을 하지만 표로 표현하면 X_1과 X_2는 B4:C4 영역에 한 번만 정의를 하면 됩니다. 이제는 엑셀에 수식이 걸려 있는 주황색과 하늘색 부분을 살펴보겠습니다. 주황색으로 표현한 목적식의 목적값은 함수입니다. 총 이윤 $5X_1+4X_2$를 엑셀로 표현하기 위해 $(B5 \times B4)+(C5 \times C4)$라고 표현해도 좋지만 저는 엑셀에서 제공하는 SUMPRODUCT 함수를 사용하여 SUMPRODUCT(B4:C4, B5:C5)라고 적었습니다. 이 SUMPRODUCT 함수는 선형계획법을 엑셀로 풀 때 많이 사용하는 함수이기 때문에 반드시 알고 있어야 합니다. 다음으로 하늘색 부분입니다. 밀가루 사용량에 대한 식 $4X_1+2X_2$와 양파 사용량에 대한 식 $2X_1+6X_2$도 또한 SUMPRODUCT 함수를 사용하여 각각 SUMPRODUCT($B4:$C4, B2:C2)와 SUMPRODUCT($B4:$C4, B3:C3)으로 처리했습니다. 이때 결정변수 B4:C4 부분을 밀가루와 양파에 공통적으로 사용하기 위해 절대참조($) 부호를 입력했습니다. 그리고 밀가루와 양파의 제한된 용량을 F열에 표시하였습니다(F2:F3). E열에 있는 관계 부분은 문제를 풀 때 아무런 영향을 주지 않는 내용입니다만, 엑셀 표만 보고도 문제를 쉽게 이해할 수 있도록 관계를 적은 것입니다. 결정변수인 B4와 C4를 구하면, 밀가루와 양파의 필요량이 결정되는데(D2:D3), 그 값은 제약인 밀가루와 양파 보유량(F2:F3)을 넘지 못한다(≤)는 내용을 E열의 관계 부분에 표현했습니다(E2:E3).

시스템을 통한 접근 방법은 대단히 쉽습니다. 그리고 엄청나게 빠릅니다.
특히 엑셀을 이용하면 문제들을 직관적으로 이해하여 빠르게 모델링 할 수 있습니다.
하지만, 어느 정도 친숙해 지기 위해 시간과 노력이 필요한 것은 모든 곳에 적용되는 이치입니다.

문제

	A	B	C	D	E	F
1	항목	짜장면(X₁)	짬뽕(X₂)	필요량	관계	제약
2	밀가루(컵)	4	2	0	≤	30
3	양파(개)	2	6	0	≤	40
4	결정변수	0	0			
5	그릇당 이윤(백원)	5	4	0		

수식

	A	B	C	D	E	F
1	항목	짜장면(X₁)	짬뽕(X₂)	필요량	관계	제약
2	밀가루(컵)	4	2	=SUMPRODUCT($B$4:$C$4,B2:C2)	≤	30
3	양파(개)	2	6	=SUMPRODUCT($B$4:$C$4,B3:C3)	≤	40
4	결정변수	0	0			
5	그릇당 이윤(백원)	5	4	=SUMPRODUCT($B$4:$C$4,B5:C5)		

결과

	A	B	C	D	E	F
1	항목	짜장면(X₁)	짬뽕(X₂)	필요량	관계	제약
2	밀가루(컵)	4	2	30	≤	30
3	양파(개)	2	6	40	≤	40
4	결정변수	5	5			
5	그릇당 이윤(백원)	5	4	45		

⟨그림51. 접근방법(3) – 시스템(엑셀)을 통한 선형계획법 풀이⟩

엑셀로 문제를 정의하고 필요한 곳에 SUMPRODUCT 함수 등을 활용하여 수식을 넣었으면 이제 실제로 엑셀의 해 찾기 기능을 수행해야 합니다. 엑셀의 '데이터' 메뉴에서 ⟨그림50⟩의 단계6에 나오는 '해 찾기'를 클릭합니다. 그러면 아래 ⟨그림52⟩의 왼쪽과 같이 '해 찾기 매개 변수'라고 하는 팝업창이 뜹니다. 여기에 필요한 내용을 정의하면 되는데 직관적으로 입력하기 편하게 되어 있습니다. 먼저 '목표 설정' 부분인데, 엑셀로 만든 주황색 부분(D5)을 선택하면 됩니다. 최대 이윤을 구하는 문제이기 때문에 '대상'에는 최댓값을 선택합니다. **다음으로 '변수 셀 변경' 부분입니다. 여기에 결정변수를 넣어야 하므로 초록색 부분을 선택합니다. 하나하나씩 지정할 때에는 콤마(,)로 구분하고(B4, C4), 셀을 연속적으로 선택하려면 마우스로 대상을 드래그(B4:C4) 하면 됩니다.** 마지막으로 '제한 조건에 종속' 부분인데 여기에 제약식을 넣어야 하므로 하늘색 부분을 선택합니다.

오른쪽 추가 버튼을 누르면 제한 조건을 추가할 수 있게 창이 뜹니다. 여기에 내용을 입력하는데 왼쪽 셀 참조에는 수식이 걸려 있는 부분(D2:D3)을 넣고, 오른쪽의 제한 조건에는 제약이 되는 숫자 제약조건을(F2:F3) 입력합니다. 모든 입력이 끝나면 마지막으로 '해법 선택'에서 어떤 방식으로 문제를 풀 것인지를 정합니다. 이 문제를 풀기 위해서는 단순 LP를 선택하면 되는데, 저는 웬만하면 GRG 비선형으로 놓고 문제를 풉니다. 단순 LP로 풀리지 않는 문제들까지도 GRG 비선형으로 풀리기 때문입니다.

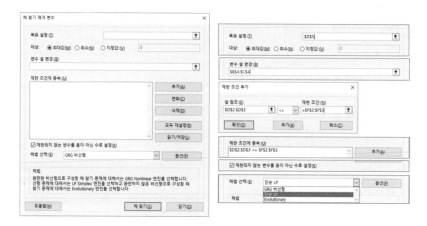

〈그림52. 엑셀의 해 찾기 사용〉

여기까지가 능력치 측정을 하기 위한 선형계획법의 기본 설명이었습니다. 이제부터 본격적으로 〈그림40〉에서 제기한 [문제4]를 풀겠습니다. 이미 〈그림40〉과 〈그림45〉를 통해 [문제4]에서 요구하는 문제와 정답을 보이긴 했지만, 이미 한참 지난 내용이라 기억이 가물가물할 텐데요. 다시 같은 문제를 드리겠습니다. 아래 〈그림53〉의 상황을 보고, 수립한 생산계획을 주어진 기간 안에 전부 수행할 수 있는지 판단하기 위해서는 설비별로 부하를 하향 평준화가 되도록 해야 합니다. 설비별 부하의 하향 평준화를 위해 제품별 생산계획을 설비별로 정교하게 할당해야 하는데 이것은 사람이 풀기에는 너무 어려운 작업입니다. 이제부터 실무에서 바로 능력치를 측정하는데 적용할 수 있는 예제를 말씀드리겠습니다. 흥미로운 여정이 되기를 기대합니다. **앞으로는 능력치를 측정하는 시스템을 CAO**(Capacity Allocation Optimizer)**라고 부르겠습니다.**

▌05 실습 - 능력치(캐파) 측정

① 능력치 측정(1) - 기본 문제

간단한 선형계획법의 문제를 엑셀로 푸는 방법을 다루었으니, 이제 다시 [문제4]로 돌아와 엑셀로 선형계획법을 모델링하고 정답을 찾아야 할 시간입니다. [문제4]에 대한 정답은 앞의 〈그림45〉에서 이미 보여 드렸는데, 바로 아래 〈그림53〉에 다시 나타내었습니다. 지금부터 〈그림53〉의 왼쪽 상황에서 시작하여 어떻게 해서 오른쪽과 같은 결과를 얻었는지 설명드리겠습니다. 아래 〈그림53〉에서 왼쪽은 문제를 풀기 전의 모습인데, 이미 아래 〈그림54〉와 같이 수식이 입력되어 있습니다. 오른쪽과 같이 해를 얻기 위하여 엑셀의 '데이터' 메뉴에서 '해 찾기' 버튼을 누르면 '해 찾기 매개 변수' 팝업창이 뜹니다. 그 팝업창에 필요한 것들을 입력하고 '해 찾기' 수행 버튼을 누르면 오른쪽 표에 있는 초록색 부분, 즉 결정변수에 답이 들어갑니다.[62] 엑셀이라는 시스템이 문제를 풀어 정

---

62 〈그림53〉에서 해 찾기를 시행하기 전, 왼쪽 그림의 초록색 부분에 전부 0이라고 입력을 하였습니다. 선형계획법에서 문제를 풀 때, 반드시 가능해 공간에 있는 임의의 점에서부터 출발을 해야 하는데 원점은 해공간(Solution Space)에 존재하는 가장 확실한 가능해(Feasible Solution) 중의 하나이기 때문입니다.

답을 제시한다는 뜻입니다. 결정변수를 찾고 나면 나머지 항목들, 예컨 대 예상 작업시간, 부하율, Max, 표준편차 등은 입력한 수식에 의해 자 동으로 결과가 나옵니다.

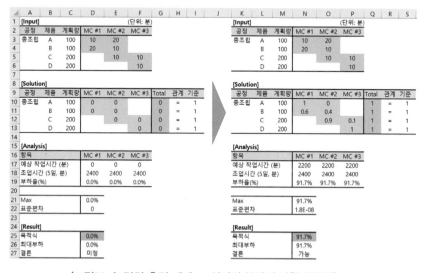

〈그림53. 능력치 측정 예제 - 설비별 부하의 하향 평준화〉
〈왼쪽 - 문제 풀기 전〉　　　　　　　〈오른쪽 - 해 찾기를 사용한 결과〉

그러면 최적화 문제를 풀기 위해서 엑셀에 수식은 어떻게 입력을 했 고, '해 찾기 매개 변수' 팝업창에는 필요한 내용을 어떻게 입력했는지 아래 〈그림54〉의 엑셀 수식 입력 부분을 하나씩 살펴보겠습니다.

설비별 부하율은 설비별 예상 작업시간을 조업시간으로 나누어서 얻 습니다.

1. 설비별 부하율(%) = 설비별 예상 작업시간 ÷ 조업시간 × 100(%)
   (D19:F19)
2. 조업시간(분) = 설비별 조업시간(분) (D18:F18)
3. 예상 작업시간(분) = 설비별 제품별(생산량 × Tact Time × 할당률)의 합(분)
   (D17:F17)

설비별 조업시간을 구하는 것은 어렵지 않습니다. (예. 하루 8시간 일하는 설비가 있는데 5일 동안의 능력치를 측정할 경우, 8(시간/일) × 60(분) × 5(일) = 2400(분)이라고 구함). 설비별 조업시간은 설비별로 서로 다를 수 있습니다만 능력치를 구하는 데에는 전혀 문제가 되지 않습니다. 설비별 예상 작업시간은 제품의 계획량, 제품들이 해당 설비를 진행할 때의 Tact Time, 그리고 제품들이 해당 설비에 어느 비중으로 진행을 했는지의 할당값으로 결정이 됩니다. (예. MC #1의 예상 작업시간 = (100개 × 10분 × 1) + (100개 × 20분 × 0.6) + (200개 × Tact Time 없음 × 0) + (200개 × Tact Time 없음 × 0) = 2,200(분)). 엑셀로는 이것을 SUMPRODUCT 함수를 사용하여 SUMPRODUCT(모든 제품, MC #1의 Tact Time, MC #1의 할당률)로 쉽게 처리합니다. MC #2와 MC #3의 예상 작업시간도 같은 방식으로 구합니다.

설비별로 부하율을 얻고 나면 설비의 최대 부하율과 표준편차를 구합니다.

4. 설비의 최대 부하율 = 설비별 부하율의 최댓값 (D21)
5. 설비별 부하율의 표준편차 = 모표준편차 (D22)

설비의 최대 부하율은 엑셀로 MAX 함수를 사용하여 MAX(설비별 부하율)로 구합니다. 설비별 부하율의 표준편차는 엑셀로 STDEV.P 함수를 사용하여 STDEV.P(설비별 부하율)로 나타냅니다.

그리고 제품별로 설비별 할당값의 합 --- 앞에서 씨줄이라는 용어를 사용하였습니다 ---이 얼마인지를 구해야 합니다.

6. 제품마다 설비별 할당값의 합 (G10:G13)

각각의 제품에 대해서 설비별 할당값의 합을 구하기 위해서 SUM 함수를 사용하여 SUM(설비별 할당값)으로 표현하였습니다.

	A	B	C	D	E	F	G	H	I
1	[Input]					(단위: 분)			
2	공정	제품	계획량	MC #1	MC #2	MC #3			
3	총조립	A	100	10	20				
4		B	100	20	10				
5		C	200		10	10			
6		D	200			10			
7									
8	[Solution]								
9	공정	제품	계획량	MC #1	MC #2	MC #3	Total	관계	기준
10	총조립	A	100	0	0		=SUM(D10:F10)	=	1
11		B	100	0	0		=SUM(D11:F11)	=	1
12		C	200		0	0	=SUM(D12:F12)	=	1
13		D	200			0	=SUM(D13:F13)	=	1
14									
15	[Analysis]								
16	항목			MC #1	MC #2	MC #3			
17	예상 작업시간 (분)			=SUMPRODUCT($C$3:$C$6,D3:D6,D10:D13)	=SUMPROD	=SUMPROD			
18	조업시간 (5일, 분)			=8*60*5	=8*60*5	=8*60*5			
19	부하율(%)			=D17/D18	=E17/E18	=F17/F18			
20									
21	Max			=MAX(D19:F19)					
22	표준편차			=STDEV.P(D19:F19)					
23									
24	[Result]								
25	목적식			=D21+D22					
26	최대부하			=D21					
27	결론			=IF(D26=0,"미정",IF(D26>1,"불가능","가능"))					

〈그림54. 〈그림53〉의 엑셀 수식 입력〉

자, 이제 가장 중요한 부분입니다. 능력치 측정을 위해 요구되는 목표가 무엇인지 상기해 보시기 바랍니다. **목표는 설비별 부하의 하향 평준화입니다.** 이 말을 시스템이 받아들일 수 있는 적절한 문장으로 표현해야 합니다. 모든 설비의 부하율을 최대한 낮추라는 말을 어떻게 적절한 문장으로 표현할까요? 저는 '모든 설비의 부하율을 각각 구하여 부하율이 최대가 되는 설비를 찾고, 그 설비의 부하율을 최대한 낮추어라', 즉 Minimize (설비의 최대 부하율)이라고 표현하였습니다. 그리고 모든 설비의 부하율을 최대한 균등하게 하라는 말은 '측정하려고 하는 설비들의 부하율에 대해 표준편차를 구하고, 그 표준편차를 최대한 낮추어라', 즉 Minimize (모든 설비 부하율의 표준편차)라고 표현하였습니다. 이제 이 두 가지 목표를 어떻게 한꺼번에 표현하느냐가 관건인데 **Minimize (설비의 최대 부하율 + 설비 부하율의 표준편차)라고 목적함수를 정의하였습니다.** 위의 엑셀 수식에서 D25가 목적함수에 해당합니다. 목적함수 설정은 반드시 이렇게 해야 한다는 정답이 없는 문제입니다. 문제를 푸는 사람들의 내공(?)과도 관련이 있습니다. 그렇기 때문에 목적함수를 세우는 작업은 예술(Art)적인 측면도 있다고 생각합니다.[63]

〈그림54〉와 같이 엑셀로 수식을 만든 다음, 해 찾기 매개 변수를 띄워서 아래 〈그림55〉와 같이 입력합니다.
먼저 목적함수를 나타내는 '목표 설정' 부분입니다. 〈그림54〉의 (설비의

---

63 엄밀하게 말해 엑셀 수식 D25(=1×D21 + 1×D22)에는 설비의 최대 부하율 항목에 가중치 1을, 그리고 설비 부하의 표준편차 항목에도 가중치 1을 부여했는데, 정말로 좋은 최적의 가중치는 2개 모두 1이 아닌 다른 값인지도 모릅니다. 그렇다고 해서 각각 최적의 가중치가 무엇인지 알기는 현실적으로 어렵습니다.

SCM 혁신과 생산계획

최대 부하율 + 설비 부하율의 표준편차)를 나타내는 주황색 부분(D25)을 최소화하겠다고 선언합니다.

그다음으로 결정변수를 선언하는 '변수 셀 변경' 부분입니다. 이 부분이 엑셀로 최적화 문제를 풀 때 가장 불편한 부분입니다. 결정변수가 배열(Array)의 형태라면 마우스로 드래그하여 블록의 형태를 만들면 되는데, 문제에 따라 단순히 드래그하지 못하는 경우가 있습니다. 이번 문제가 그렇습니다. 설비별로 진행 가능한 제품이 (혹은 제품별로 진행 가능한 설비가) 인접해 있지 않기 때문에(〈그림54〉의 초록색 부분 참조) 결정변수를 하나씩 하나씩 지정해야 합니다. 그때 저는 콤마(,)를 사용합니다. 예컨대 D10을 마우스로 클릭하고, 그다음에 콤마(,)를 누릅니다. 그다음에 D11을 마우스로 클릭합니다. 이러한 행위를 반복하여 초록색 영역의 셀(Cell)들을 전부 지정합니다.

이제 제약조건에 해당하는 '제한 조건에 종속' 부분입니다. (모든 변수는 음이 아니어야 한다는 조건을 제외하면) 제약조건으로 2개를 정의했는데, 두 번째 줄에 있는 제약조건부터 보겠습니다. 제품별로 계획량은 전부 할당이 되어야 한다고 정의했습니다. 그래서 제품별로 설비들에 할당된 값을 더하면(G10:G13) 1이라고 정의한 조건(I10:I13)과 같아야 한다(=)고 표현하였습니다. 마지막으로 첫 번째 줄에 있는 제약조건입니다. 이것은 〈그림54〉의 D21을 다시금 정의한 부분입니다. 엑셀로는 D21과 같이 MAX 함수를 사용하여 정의했는데, 해 찾기 엔진이 알 수 있도록 다시 정의를 해주었습니다. 이 첫 번째 제약조건은 굳이 정의하지 않아도 엔진이 수행됩니다만, 간혹 엔진이 수행되지 않고 에러가 날 때가 있는데 그때는 잊지 말고 정의해야 합니다. 모든 설비의 부하율(D19:F19)은 설비의 최대 부하율(D21)보다 크지 않다(≤)고 정의했습니다.

마지막으로 어떤 최적화 기법을 사용할지 고르는 '해법 선택' 부분인데 여기서는 GRG 비선형을 선택했습니다. 이 문제는 이미 선형이 아니기 때문에 [64] 단순 LP를 선택하고 돌리면 에러가 납니다. 그냥 웬만하면 모든 문제를 GRG 비선형으로 선택하고 해 찾기를 수행하라고 권합니다.

〈그림55. 〈그림53〉의 문제를 풀기 위한 해 찾기 매개 변수 입력〉

이제 〈그림55〉의 오른쪽 하단에 있는 해 찾기 버튼을 클릭하면 엔진이 결정변수 부분을 풉니다. 〈그림53〉의 초록색 부분이 왼쪽 그림에는 모두 0으로 되어 있었는데, 문제를 푼 결과 오른쪽 그림에는 0이 아닌

---

64 설비별 부하를 되도록 균등하게 하기 위해 표준편차 함수(STDEV.P)를 사용했는데, 표준편차를 구하는 식이 이미 선형식이 아닙니다. 또한 설비별 부하를 되도록 낮추기 위해 최댓값을 찾는 함수(MAX)를 사용했는데, 최댓값이라는 표현 또한 선형식이 아닙니다. 하지만 나머지 조건은 모두 선형식이라서 선형계획법으로 이해하고, 엔진 옵션에서만 단순 LP가 아닌 GRG 비선형으로 선택하라고 말씀드립니다.

SCM 혁신과 생산계획

값으로 채워졌고, 초록색에 채워진 값들로 인해 설비별 예상 작업시간들이 계산되고, 그로 인해 설비별 부하율이 계산됩니다. 가장 높은 설비의 부하율이 100%를 넘지 않으면 수립한 계획을 수행할 수 있다고 결론을 내리고, 100%를 넘으면 계획을 수행할 수 없다고 결론을 내립니다.

② 능력치 측정(2) – 설비별 조업시간과 예상가동률이 서로 다른 경우

지금까지는 우리는 다음 두 가지 특수한 조건에서 설비별 부하의 하향 평준화를 추구하는 할당 로직을 사용하여 능력치를 측정했었습니다. 이 두 가지 특수한 조건이란 첫째로 모든 설비의 조업시간이 같은 경우이고, 둘째로 모든 설비의 예상가동률이 100%인 경우를 말합니다. 실은 첫 번째 특수한 조건은 전혀 문제가 되지 않습니다. 설령 개별 설비의 조업시간이 서로 다르다고 할지라도 모든 설비의 부하율이 같도록 각각의 설비에 예상 작업시간을 만들어 주는 할당의 결과를 얻으면 그만입니다. 아래 〈그림56〉을 보겠습니다.

왼쪽 그림은 해 찾기를 수행하기 전의 상태입니다. 〈그림53〉과 비교하여 설비1, 설비2, 설비3의 조업시간이 각각 2500(분), 2300(분), 그리고 2400(분)으로 서로 다르다는 점에 주목하기 바랍니다. 이 경우 해 찾기 매개 변수를 바꾸지 않은 채 그대로 해 찾기를 수행해도 오른쪽과 같이 모든 설비의 부하율을 같게 만드는 할당값을 얻을 수 있고, 그 결과 모든 설비의 부하율이 92.4(%)가 되어 계획량을 전부 소화해 낼 수 있다는 결론에 이릅니다.

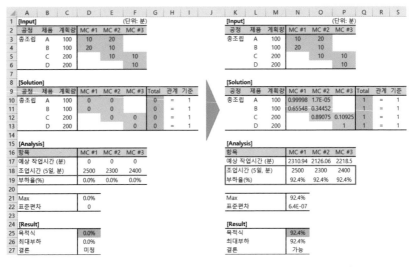

〈그림56. 설비별로 조업시간이 서로 다른 경우의 능력치 측정〉
〈왼쪽 - 문제 풀기 전〉　　　　　　　　〈오른쪽 - 해 찾기를 사용한 결과〉

　　이제 두 번째 특수한 조건을 일반화시켜 모든 설비의 예상가동률을 100%가 안 되게, 그리고 서로 다르게 설정하고도 설비별 부하의 하향평준화에 도달하는지 〈그림57〉을 통해 보겠습니다. 〈그림57〉은 능력치 측정의 가장 일반화된 형태입니다. 이 말은 〈그림57〉의 문제를 해결할 수 있으면 대부분의 능력치 문제를 해결할 수 있다는 뜻이 됩니다. 설비의 예상가동률이 100%가 아닌 경우에 대해서는 아주 간단한 형태이기는 하지만 [문제1]과 [문제2]에서도 잠깐 다루었습니다.

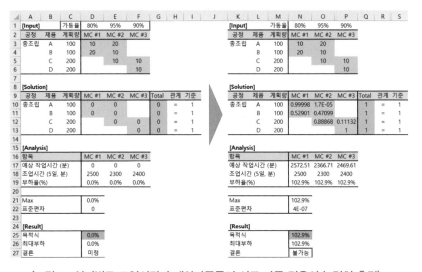

왼쪽 표 (문제 풀기 전)

[Input]		가동율	80%	95%	90%			
공정	제품	계획량	MC #1	MC #2	MC #3			
총조립	A	100	10	20				
	B	100	20	10				
	C	200		10	10			
	D	200			10			
[Solution]								
공정	제품	계획량	MC #1	MC #2	MC #3	Total	관계	기준
총조립	A	100	0	0		0	=	1
	B	100	0	0		0	=	1
	C	200		0	0	0	=	1
	D	200			0	0	=	1
[Analysis]								
항목			MC #1	MC #2	MC #3			
예상 작업시간 (분)			0	0	0			
조업시간 (5일, 분)			2500	2300	2400			
부하율(%)			0.0%	0.0%	0.0%			
Max			0.0%					
표준편차			0					
[Result]								
목적식			0.0%					
최대부하			0.0%					
결론			미정					

오른쪽 표 (해 찾기를 사용한 결과)

[Input]		가동율	80%	95%	90%			
공정	제품	계획량	MC #1	MC #2	MC #3			
총조립	A	100	10	20				
	B	100	20	10				
	C	200		10	10			
	D	200			10			
[Solution]								
공정	제품	계획량	MC #1	MC #2	MC #3	Total	관계	기준
총조립	A	100	0.99998	1.7E-05		1	=	1
	B	100	0.52901	0.47099		1	=	1
	C	200		0.88868	0.11132	1	=	1
	D	200			1	1	=	1
[Analysis]								
항목			MC #1	MC #2	MC #3			
예상 작업시간 (분)			2572.51	2366.71	2469.61			
조업시간 (5일, 분)			2500	2300	2400			
부하율(%)			102.9%	102.9%	102.9%			
Max			102.9%					
표준편차			4E-07					
[Result]								
목적식			102.9%					
최대부하			102.9%					
결론			불가능					

〈그림57. 설비별로 조업시간과 예상가동률이 서로 다른 경우의 능력치 측정〉

〈왼쪽 – 문제 풀기 전〉 　　　　　　　　　　〈오른쪽 – 해 찾기를 사용한 결과〉

〈그림56〉과 비교하여 〈그림57〉에는 100%가 안 되는 예상가동률을 설비마다 적었고, 게다가 설비 가동률을 서로 다르게 함으로써 보다 현실적인 상황을 반영했습니다. 설비 가동률이 100%가 안 되는 것을 제외하면 나머지 모든 조건들은 같기 때문에 〈그림57〉의 설비별 부하율은 〈그림56〉과 비교하면 상대적으로 높아질 것이라고 쉽게 예상할 수 있습니다. [문제1]을 풀면서 이미 다루었는데(주석 53번 참조), 설비 가동률이 100%보다 낮으면 예상 작업시간이 그만큼 더 길어지기 때문입니다. 아래 〈그림58〉에서는 설비별로 예상 작업시간을 구하기 위해 SUMPRODUCT(계획량, Tact Time, 할당률)을 설비별 가동률로 나누었습니다. 그리고 〈그림56〉과 비교하여 〈그림57〉은 설비가동률만 조금 바꾸었을 뿐인데 둘의 결과, 특히 결정변수를 나타내는 초록색 부분인 제품별 설

비 할당률이 〈그림56〉과 〈그림57〉 사이에 아무런 연관성이 보이지 않을 정도로 많이 다른 결과가 나왔음에 주목해야 합니다. 이러한 경향성 때문에 최적화 결과는 분석이 어렵다고들 합니다.

	A	B	C	D	E	F	G	H	I
1	[Input]		가동율	0.8	0.95	0.9			
2	공정	제품	계획량	MC #1	MC #2	MC #3			
3	총조립	A	100	10	20				
4		B	100	20	10				
5		C	200		10	10			
6		D	200			10			
7									
8	[Solution]								
9	공정	제품	계획량	MC #1	MC #2	MC #3	Total	관계	기준
10	총조립	A	100	0	0		=SUM(D10:F10)	=	1
11		B	100	0	0		=SUM(D11:F11)	=	1
12		C	200		0	0	=SUM(D12:F12)	=	1
13		D	200			0	=SUM(D13:F13)	=	1
14									
15	[Analysis]								
16	항목			MC #1	MC #2	MC #3			
17	예상 작업시간 (분)			=1/D1*SUMPRODUCT($C$3:$C$6,D3:D6,D10:D13)	=1/E1*SUM	=1/F1*SUM			
18	조업시간 (5일, 분)			2500	2300	2400			
19	부하율(%)			=D17/D18	=E17/E18	=F17/F18			
20									
21	Max			=MAX(D19:F19)					
22	표준편차			=STDEV.P(D19:F19)					
23									
24	[Result]								
25	목적식			=D21+D22					
26	최대부하			=D21					
27	결론			=IF(D26=0,"미정",IF(D26>1,"불가능","가능"))					

〈그림58. 설비가동률이 100%가 안 되는 경우의 예상 작업시간 계산 수식〉

③ 능력치 측정(3) – 문제의 규모가 큰 복잡한 문제

이제 마지막으로 이번 제10장의 앞부분에서 제시한 [문제3] (〈그림39〉 참고)을 풀어야 할 시간입니다. [문제3]에 대해 능력치를 측정한 결과는 아래 〈그림59〉와 같습니다. 제품과 설비가 많은 제법 큰 규모의 문제를 접하면 오히려 설비별 부하의 하향 평준화 기법으로 능력치를 측정한다는 말이 좀 더 쉽게 와닿습니다. 그리고 그 파워풀한 결과에 새삼 놀라게 됩니다. 〈그림59〉에 따르면 모든 설비의 부하율이 약 118%이기 때문에

[65] 7일이라는 주어진 기간 동안 모든 제품의 계획량을 다 소화할 수 없다는 결론을 내렸습니다.

제품	계획량	MC #1 (80.0%)	MC #2 (92.4%)	MC #3 (75.2%)	MC #4 (84.0%)	MC #5 (80.5%)	MC #6 (78.4%)	MC #7 (81.0%)	MC #8 (86.7%)	MC #9 (75.0%)	MC #10 (79.3%)
A	300	10.5	12							20	
B	680	13.1					12				
C	540	11		14							
D	1100				9.9	10.9		10.5			12
E	1040				15	15	16				
F	440		20						21		
G	280			29	27.1						
H	600		18				15.2	14.9			
I	1500			13				11	12	13.8	10.5
J	400					11.9					
계획량 계	6880										

제품	가능량	MC #1	MC #2	MC #3	MC #4	MC #5	MC #6	MC #7	MC #8	MC #9	MC #10	Total	관계	기준
A	300	0.424173	0.575542							0.000285		1	=	1
B	680	0.422144					0.577856					1	=	1
C	540	0.74325		0.25675								1	=	1
D	1100				0.016063	0.088722		0.476358			0.418857	1	=	1
E	1040				0.560983	0.240204	0.198813					1	=	1
F	440		0.402763						0.597237			1	=	1
G	280			0.860198	0.139802							1	=	1
H	600		0.497179				0.142294	0.360528				1	=	1
I	1500			0.000768				0.05487	0.26609	0.430692	0.247579	1	=	1
J	400					1						1	=	1

Machine	MC #1	MC #2	MC #3	MC #4	MC #5	MC #6	MC #7	MC #8	MC #9	MC #10
예상 작업시간 (분)	11889.39	11889.39	11889.38	11889.39	11889.39	11889.38	11889.39	11889.39	11889.38	11889.39
조업시간 (7일, 분)	10080	10080	10080	10080	10080	10080	10080	10080	10080	10080
부하율(%)	118.0%	118.0%	118.0%	118.0%	118.0%	118.0%	118.0%	118.0%	118.0%	118.0%

Max	1.179503
표준편차	2.95E-07
목적식	1.179503
최대부하	1.179503
결론	불가능

〈그림59. 제품과 설비가 많은 비교적 큰 규모의 능력치 측정의 문제〉

어떤가요? 지금까지 능력치 측정을 위한 기본 개념과 능력치 측정을 할 때 왜 최적화 기법을 동원하면 좋은지, 그리고 최적화 기법 가운데 하나인 선형계획법이 무엇이며, 선형계획법 문제를 어떻게 모델링하고,

---

65 엑셀에 있는 해 찾기 매개변수에 있는 옵션의 설정값에 따라서 엔진의 수행 결과인 제품별, 설비별 할당값에 약간씩 차이가 발생합니다. 결정변수인 할당값에 차이가 나면 종속변수인 설비별 부하율에도 약간씩 차이가 날 수 있습니다.

모델링한 내용을 엑셀에 어떻게 표현하는지 말씀드렸습니다. 이제 능력치(캐파) 측정 기법을 활용한 두 개의 흥미로운 문제를 다루겠습니다. 잠시 쉬었다 가는 시간으로 여기고 편안히 보기 바랍니다.

[응용 문제]
- 업체 간 할당의 문제
- 부하율이 균등하게 나오지 않은 경우의 대응

④ 응용문제(1) – 여러 공장 혹은 업체에 물량을 배분하는 문제

능력치를 해석하기 위해 우리는 설비별 부하의 하향 평준화라는 목표를 세웠고 엑셀이라는 시스템을 이용하여 이 목표를 달성해 주는 제품별 설비별 최적의 할당값을 구했습니다. 결국 할당 최적화(Allocation Optimization)를 실현한 셈인데 할당 최적화 문제는 우리가 계획을 수립할 때 온갖 유형으로 등장하며 직관이나 경험만 가지고는 풀기가 고약한 어려운 문제들입니다. 다행스러운 것은 지금까지 우리가 능력치(캐파)를 측정하기 위해 다루었던 할당 최적화 방식을 활용하면 제한적이긴 하지만 그동안 어렵게 여겼던 문제들을 훌륭하게 해결할 수 있습니다. 특히 제품별 설비별 할당 최적화의 개념을 확장하면 공장별 혹은 업체별 물량 배분의 문제로까지 적용할 수 있습니다. [문제6]을 통해 이 문제에 접근하겠습니다.

[문제6]

업체별로 물량을 공평하게 배분하는 문제

　회사A의 요청을 받아서 생산을 진행하는 협력 회사가 두 군데 있습니다. 이들 협력 회사를 편의상 '업체1', '업체2'라고 부르겠습니다. 회사A에서는 여러 고객에게 제품을 어떻게 납품할지 수요계획을 수립하고, 수요계획에 대응하기 위한 주간 단위의 MPS를 수립하여, MPS 물량을 업체1과 업체2에 생산 의뢰하려고 합니다. 형평성이 관건입니다. 업체1과 업체2의 생산 능력이 서로 다른데, 한 업체에 편중된 생산을 요청하면 특정 업체에 과부하가 걸려서 생산 차질을 빚을 가능성이 있습니다. 업체1은 6대의 설비를 갖추고 있으면서 주말에도 작업을 하는 회사이고, 업체2는 4대의 설비를 보유하고 있지만 주말에는 반드시 쉬어야 하는 회사입니다.[66] 그리고 제품A와 같이 업체1과 업체2에서 다 만들 수 있는 제품이 있는 반면에, 제품B와 같이 특정 업체에서만 만들 수 있는 제품도 있습니다. 게다가 Tact Time은 제품별 설비별로 편차가 있습니다. **제품별 계획량을 업체별로 각각 몇 개씩 생산해 달라고 요청하는 것이 가장 공평한가요?** 〈그림60〉에 문제의 상황이 잘 묘사되어 있습니다.

---

[66]　편의상 두 업체 모두 모든 설비는 하루에 24시간, 즉 1440분을 돌린다고 가정합니다. 일주일에 7일을 모두 돌리면 설비별로 조업시간은 1440(분/일) × 7(일) = 10080(분)이 됩니다. 5일만 돌리면 7200(분)이 됩니다.

◢	A	B	C	D	E	F	G	H	I	J	K	L
1		가동율	80.0%	92.4%	75.2%	84.0%	80.5%	78.4%	81.0%	86.7%	75.0%	79.3%
2	제품	계획량	업체1-1	업체1-2	업체1-3	업체1-4	업체1-5	업체1-6	업체2-1	업체2-2	업체2-3	업체2-4
3	A	100	10.5	12							20	
4	B	480	13.1					12				
5	C	340	11		14							
6	D	900				9.9	10.9		10.5			12
7	E	840				15	15	16				
8	F	240		20						21		
9	G	80			29	27.1						
10	H	400		18				15.2	14.9			
11	I	1300			13				11	12	13.8	10.5
12	J	200					11.9					
13	계획량 계	4880										
27	Machine		업체1-1	업체1-2	업체1-3	업체1-4	업체1-5	업체1-6	업체2-1	업체2-2	업체2-3	업체2-4
29	조업시간 (7일/5일, 분)		10080	10080	10080	10080	10080	10080	7200	7200	7200	7200

〈그림60. 회사A의 계획량과 업체별 생산 능력 정보〉

[문제6]의 정답부터 나타내면 아래 〈그림61〉과 같습니다.

◢	Q	R	S	T
15	제품	계획량	업체1	업체2
16	A	100	67	33
17	B	480	480	0
18	C	340	340	0
19	D	900	382	518
20	E	840	840	0
21	F	240	102	138
22	G	80	80	0
23	H	400	358	42
24	I	1300	351	949
25	J	200	200	0
26	계획량 계	4880	3200	1680

〈그림61. 회사A의 계획량을 2개의 업체에 나눈 결과〉

이상적으로 물량을 배분한다는 것이 저마다의 입장에 따라 서로 다를 수는 있지만, 업체별로 조업시간이 서로 다르기 때문에 단순히 예상 작업시간을 균등하게 가져가기보다는 부하율(=예상작업시간÷조업시간)을 고르게 하는 것이 보다 타당하다는 데에는 이견이 없을 것입니다. 이 관점에서

SCM 혁신과 생산계획

라면 [문제6](〈그림60〉)은 정확하게 [문제3](그림〈59〉)과 똑같은 유형의 문제입니다. 업체별 물량 배분이라는 미션을 수행하기 위하여 새롭게 모델링을 할 필요가 없이 앞에서 다루었던 〈그림59〉와 똑같은 방법으로 문제를 풀면 됩니다. 그 결과를 〈그림62〉에 나타내었습니다.

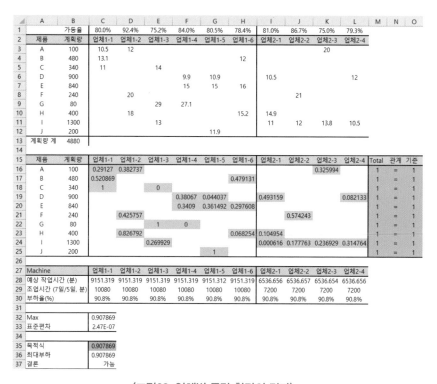

	가동율	80.0%	92.4%	75.2%	84.0%	80.5%	78.4%	81.0%	86.7%	75.0%	79.3%			
제품	계획량	업체1-1	업체1-2	업체1-3	업체1-4	업체1-5	업체1-6	업체2-1	업체2-2	업체2-3	업체2-4			
A	100	10.5	12							20				
B	480	13.1					12							
C	340	11		14										
D	900				9.9	10.9		10.5			12			
E	840				15	15	16							
F	240		20						21					
G	80			29	27.1									
H	400		18				15.2	14.9						
I	1300			13				11	12	13.8	10.5			
J	200					11.9								
계획량 계	4880													

제품	계획량	업체1-1	업체1-2	업체1-3	업체1-4	업체1-5	업체1-6	업체2-1	업체2-2	업체2-3	업체2-4	Total	관계	기준
A	100	0.29127	0.382737						0.325994			1	=	1
B	480	0.520869					0.479131					1	=	1
C	340	1		0								1	=	1
D	900				0.38067	0.044037		0.493159			0.082133	1	=	1
E	840				0.3409	0.361492	0.297608					1	=	1
F	240		0.425757						0.574243			1	=	1
G	80			1	0							1	=	1
H	400		0.826792				0.068254	0.104954				1	=	1
I	1300			0.269929				0.000616	0.177763	0.236929	0.314764	1	=	1
J	200					1						1	=	1

Machine		업체1-1	업체1-2	업체1-3	업체1-4	업체1-5	업체1-6	업체2-1	업체2-2	업체2-3	업체2-4
예상 작업시간 (분)		9151.319	9151.319	9151.319	9151.319	9151.312	9151.319	6536.656	6536.657	6536.654	6536.656
조업시간 (7일/5일, 분)		10080	10080	10080	10080	10080	10080	7200	7200	7200	7200
부하율(%)		90.8%	90.8%	90.8%	90.8%	90.8%	90.8%	90.8%	90.8%	90.8%	90.8%

Max	0.907869
표준편차	2.47E-07

목적식	0.907869
최대부하	0.907869
결론	가능

〈그림62. 업체별 물량 할당의 결과〉

위의 〈그림62〉은 〈그림59〉와 차이가 없습니다. 단지 생산계획량, 설비의 이름, 그리고 몇몇 설비의 조업시간만 조금 바꾸었을 뿐입니다. 시스템이 푼 제품별 설비별 할당의 결과를 업체로 묶어서 업체별 물량으로 처리하면 그만입니다. 〈그림62〉가 만든 할당값을 이용하여 〈그림 63〉처럼 수식을 넣어 〈그림61〉과 같은 결과를 만들었습니다.

	Q	R	S	T
15	제품	계획량	업체1	업체2
16	A	100	=ROUND($B16*SUM(C16:H16),0)	=ROUND($B16*SUM(I16:L16),0)
17	B	480	=ROUND($B17*SUM(C17:H17),0)	=ROUND($B17*SUM(I17:L17),0)
18	C	340	=ROUND($B18*SUM(C18:H18),0)	=ROUND($B18*SUM(I18:L18),0)
19	D	900	=ROUND($B19*SUM(C19:H19),0)	=ROUND($B19*SUM(I19:L19),0)
20	E	840	=ROUND($B20*SUM(C20:H20),0)	=ROUND($B20*SUM(I20:L20),0)
21	F	240	=ROUND($B21*SUM(C21:H21),0)	=ROUND($B21*SUM(I21:L21),0)
22	G	80	=ROUND($B22*SUM(C22:H22),0)	=ROUND($B22*SUM(I22:L22),0)
23	H	400	=ROUND($B23*SUM(C23:H23),0)	=ROUND($B23*SUM(I23:L23),0)
24	I	1300	=ROUND($B24*SUM(C24:H24),0)	=ROUND($B24*SUM(I24:L24),0)
25	J	200	=ROUND($B25*SUM(C25:H25),0)	=ROUND($B25*SUM(I25:L25),0)
26	계획량 계	=SUM(R16:R25)	=SUM(S16:S25)	=SUM(T16:T25)

〈그림63. 〈그림62〉의 결과를 얻은 다음, 업체별 배분 물량을 구하는 수식〉

⑤ 응용문제(2) – 설비별로 균등한 부하율이 나오지 않는 문제의 해석 과 처리 방법

우리는 지금까지 설비별 부하율이 모두 같게 나오는 문제만을 다루었습니다. 하지만 사람 사는 일이란 게 매번 그럴 수만은 없는 법입니다. **설비별로 균등한 부하를 만들겠다는 목표는 여건이 허락할 때에만 달성할 수 있는 목표입니다.** 인풋 데이터가 이미 설비별 균등 부하를 도저히 실현시킬 수 없을 때에는 설비별로 균등한 부하가 나올 수 없습니다. 주로 계획량이 많은 제품에 대해서 진행 가능한 설비 대수가 아주 적을 때 이런 현상이 나옵니다. 계획량은 많은데 진행 가능한 설비 대수가 적으면, 특정 설비에 과부하가 걸려도 다른 설비로 부하를 덜어 줄 수 없기 때문입니다. 문제의 크기가 작은 경우는 어느 설비에 과부하가 걸릴지 금방 발견할 수 있지만, 문제의 크기가 큰 경우에는 과부하가 걸리는 설비가 한눈에 들어오지 않습니다.

SCM 혁신과 생산계획

이처럼 설비별로 부하가 같지 않은 문제상황에 직면하였을 때, 설비별 균등부하를 실현해 주는 CAO의 특징을 활용함으로써 문제의 원인을 진단하고 문제의 해결방안도 찾을 수 있습니다. CAO를 수행하였는데 모든 설비의 부하율이 같지 않고, 특정 설비에 과부하가 걸린다면 그 원인이 무엇인지 빠르고 정확하게 파악할 수 있어 실행을 할 때 특정 설비에 과부하가 발생하지 않도록 예방 조치를 할 수 있습니다. 이번에 제시하는 응용문제를 통해 설비별로 균등한 부하율이 나오지 않는 경우, 문제를 해석하고 해결하는 방법을 익히기 바랍니다.

[문제7]
설비별로 균등한 부하율이 나오지 않는 상황

능력치 측정을 위한 인풋 데이터 중에서 설비가동률, 제품별로 진행 가능한 설비, 그리고 Tact Time 등은 자주 바뀌지 않는 정보입니다. 그래서 그 정보들을 정적인 데이터(Static Data)라고 부릅니다. 이와 반면에 계획량 등은 늘 바뀌는 정보입니다. 그래서 이 정보들은 동적인 데이터(Dynamic Data)라고 부릅니다. 능력치 측정이란 변동성이 강한 계획량 정보를 정적인 데이터에 넣고 점검하는 작업입니다. 그러나 운영하는 과정에서 동적인 변화의 폭이 정적인 유지 상태를 넘어 서는 경우가 종종 발생합니다. 늘 한 대의 설비로만 진행하던 제품인데, 시장에서 수요가 폭증하여 이제는 한 대의 설비로는 도저히 생산요청량을 감당하지 못하는 경우가 그 예입니다. 이런 경우 모든 설비에 부하율이 균등하게 나오도록 할당을 하지 못하는 일이 발생합니다. 이 문제를 해결하자고 설비의 추가 구매부터 생각하는 것은 너무 성급한 태도입니다. 몇몇 특정 설비에만 과부하가 걸린다면 그 원인은 대부분 계획량이 많은 특정 제품을 진행할 수 있는 설비가 너무 제한적이기 때문입니다. 그렇기 때문에 이같은 현상을 해결하기 위해서는 어떤 제품 때문에 특정 설비에 과부하가 걸렸는지를 확인하고, 문제의 제품을 다른 설비에서도 진행할 수 있도록 호기전개(Assignment)를 늘려야(Relaxation) 합니다.

이제 문제 드립니다. **아래 〈그림64〉에서 능력치를 측정하여 설비별로 균등한 부하율이 나오는지 확인하고 모든 설비의 부하율이 균등하지 못하다면 병목 설비를 찾으십시오. 그리고 제품별 진행 가능한 설비, 즉 호기전개를 되도록이면 조금만 늘리고도 특정 설비(들)의 과부하 현상을 해소하기 바랍니다.**

	A	B	C	D	E	F	G	H	I	J	K	L
1	[Input]	가동율	80.0%	92.4%	97.0%	84.0%	80.5%	78.5%	81.0%	86.7%	75.0%	90.0%
2	Model	요청량	MC #1	MC #2	MC #3	MC #4	MC #5	MC #6	MC #7	MC #8	MC #9	MC #10
3	A	300	10.5	12							14	
4	B	680	13.1					12				
5	C	540	11		14							
6	D	1100				13	20					12
7	E	900				15	9					
8	F	440		10						11		
9	G	280			19							
10	H	600		18				12	17			
11	I	1200			13				11	12	15	12
12	J	400					11.9					
13	계	6440										
28	[Analysis]											
29	Machine		MC #1	MC #2	MC #3	MC #4	MC #5	MC #6	MC #7	MC #8	MC #9	MC #10
31	조업시간 (7일, 분)		10080	10080	10080	10080	10080	10080	10080	10080	10080	10080

〈그림64. 능력치 측정을 위한 문제 (균등한 부하율이 나오지 않는 상황)〉

SCM 혁신과 생산계획

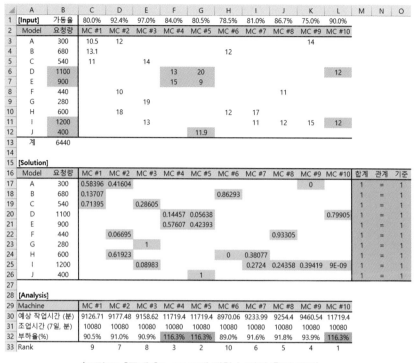

	A	B	C	D	E	F	G	H	I	J	K	L	M	N	O
1	[Input]	가동율	80.0%	92.4%	97.0%	84.0%	80.5%	78.5%	81.0%	86.7%	75.0%	90.0%			
2	Model	요청량	MC #1	MC #2	MC #3	MC #4	MC #5	MC #6	MC #7	MC #8	MC #9	MC #10			
3	A	300	10.5	12							14				
4	B	680	13.1					12							
5	C	540	11		14										
6	D	1100				13	20					12			
7	E	900				15	9								
8	F	440		10						11					
9	G	280			19										
10	H	600		18				12	17						
11	I	1200			13				11	12	15	12			
12	J	400				11.9									
13	계	6440													
14															
15	[Solution]														
16	Model	요청량	MC #1	MC #2	MC #3	MC #4	MC #5	MC #6	MC #7	MC #8	MC #9	MC #10	합계	관계	기준
17	A	300	0.58396	0.41604							0		1	=	1
18	B	680	0.13707					0.86293					1	=	1
19	C	540	0.71395		0.28605								1	=	1
20	D	1100				0.14457	0.05638					0.79905	1	=	1
21	E	900				0.57607	0.42393						1	=	1
22	F	440		0.06695						0.93305			1	=	1
23	G	280			1								1	=	1
24	H	600		0.61923				0	0.38077				1	=	1
25	I	1200			0.08983				0.2724	0.24358	0.39419	9E-09	1	=	1
26	J	400				1							1	=	1
27															
28	[Analysis]														
29	Machine		MC #1	MC #2	MC #3	MC #4	MC #5	MC #6	MC #7	MC #8	MC #9	MC #10			
30	예상 작업시간 (분)		9126.71	9177.48	9158.62	11719.4	11719.4	8970.06	9233.99	9254.4	9460.54	11719.4			
31	조업시간 (7일, 분)		10080	10080	10080	10080	10080	10080	10080	10080	10080	10080			
32	부하율(%)		90.5%	91.0%	90.9%	116.3%	116.3%	89.0%	91.6%	91.8%	93.9%	116.3%			
33	Rank		9	7	8	3	2	10	6	5	4	1			

〈그림65. [문제7](〈그림64〉)에 대한 능력치 측정 결과〉

〈그림65〉에 〈그림64〉의 문제를 푼 결과가 잘 나타나 있습니다. CAO로 능력치 측정을 했음에도 모든 설비들이 균등한 부하율을 만들지 못했습니다. 특히 설비4, 설비5, 그리고 설비10이 다른 설비들 보다 부하가 많이 걸려 병목 설비로 판명이 났습니다. **CAO의 특성상, 웬만하면 모든 설비에 균등한 부하율이 나오도록 만들어야 할 텐데 특정 설비(들)에 과부하가 생겼음은 인풋 데이터가 도저히 균등 부하율을 실현할 수 없는 조건이었다고 보아야 합니다.** 개념에 대한 믿음이 있기 때문에 인풋 데이터가 꼬였을 거라는 확신이 듭니다. 여기에서 중요한 질문을 드

립니다. 할당 최적화에 기반한 설비별 부하의 하향 평준화 로직이 없었다면 〈그림64〉처럼 문제가 주어졌을 때 어떤 설비가 병목 설비인지 미리 예측할 수 있었을까요? 회사의 운영은 이보다 훨씬 더 복잡할 텐데 많은 종류의 제품과 다양한 설비의 조합에서 병목 설비가 무엇인지 미리 파악할 수 있을까요? 특히, 생산의 난이도가 각기 다른 여러 종류의 제품들이 주차별로 서로 다른 계획량을 들고 있는 경우, 언제 어느 설비가 병목이 되어 생산의 흐름을 방해할지 미리 파악할 수 있을까요?

〈그림65〉와 같은 최적화 방식으로 능력치를 측정하니 막연했던 부분, 즉 어느 설비가 문제의 설비인지 한눈에 들어옵니다. 미리 문제점을 발견할 수 있으니 예방적 조치도 가능합니다. 자, 이제는 설비별 부하의 하향 평준화 로직이 제법 강력하다는 생각이 들지 않습니까?

지금부터는 [문제7]에서 요구했던 병목 설비 해소 방안에 대해 말씀드립니다. 어떤 제품에 진행 가능한 설비가 한 대밖에 없으면 우리는 그설비를 해당 제품의 **전용설비**라고 부릅니다. 제품별로 전용설비의 비중이 높으면 생산할 때 어떤 설비로 진행할지 고민을 덜 하겠지만, 생산 도중 설비에 문제가 생기면 유연하게 대응하기가 어렵습니다. 반면에 제품에 진행 가능한 설비가 많으면 많을수록 유연성(Flexibility)이 높아져서 특정 설비에 문제가 생겨도 다른 설비로 대체하여 생산을 계속 진행할 수 있지만, 그만큼 관리 비용이 많이 듭니다. 어떤 제품에 진행 가능한 설비, 즉 호기전개(Arrangement 또는 Assignment)를 추가하려면 장비, 공정, 품질, 그리고 기술 등과 같은 부서들이 많은 시간을 들여서 사전 검증을 해야 합니다. 그리고 진행 가능한 설비가 많다고 하여 항상 운영이 원활하게 흐르는 것도 아닙니다. 오히려 기대했던 것과는 반대로 생산을 진행하면서 특정 설비에 과부하가 걸리는 경우가 발생하고, 이를 해결하는데 많은 노력과 비용이 들기도 합니다. 적절한 비유일지는 모르겠으나 고스톱을 칠 때 먹을 패가 많으면 오히려 혼란스러울 때가 있고, 먹을 패가 딱 하나만 있으면 오히려 마음이 편할 때가 있는 것과 비슷한 이치입니다. 생각 나는 다른 비유 하나를 더 들겠습니다. 어떤 회사는 제품을 만들어 여러 나라에 수출을 합니다. 최근 개발 경쟁력을 높이고 운영에도 유연하게 대응하고자 핵심 부품의 모듈화를 추진하였습니다. 이 말은 웬만한 제품에는 모듈화되어 있는 핵심 부품이 다 들어간다는 말입니다. 이제 이 핵심 부품의 재고만 넉넉하면 어떠한 제품이든 생산을 진행하는데 큰 어려움이 없습니다. 그런데 이 핵심 부품은 저가의 제품을 만들 때에도 필요하고, 고가의 제품을 만들 때에도 필요합니다. 이럴 경우 핵심 부품은 오버 스펙이 될 가능성이 높습니다. 저가의 제품에는 그다지 요구되지 않는 기능까지도 담아야 하기 때문입니다. 그 결과 제품들의 원가경쟁력이 떨어져서 영업이익이 줄어드는 원치 않는 결과를 초래하기도 합니다. 세상에는 온통 최적화의 문제들로 가득 차 있습니다. 비록 수학적으로 모델링을 세우고 최적의 해를 찾는 능력은 없다고 할지라도, 어느 한쪽에 매몰되지 않도록 감수성을 키우고 균형 감각을 유지해야 하는 까닭입니다.

각설하고, 이런 이유로 관리를 꼼꼼하게 잘하는 회사일수록 진행 가능한 설비, 즉 호기전개를 마구 늘리지 않습니다. 웬만하면 전용설비를 유지하고, 몇몇 제품에 한해 호기전개에 유연성을 확보함으로써 운영을 단순하게 하면서도 적절한 유연성까지 확보하려고 합니다. 그러다 보면 때로는 호기전개가 제품의 계획량 변경을 따라가지 못합니다. 〈그림65〉의 결과와 같이 몇몇 설비에 과부하가 걸리는 이유는 대부분 이 때문입니다.

문제의 해소 방안을 논하기 전에 설비4, 설비5, 그리고 설비10에 과부하를 발생시킨 제품이 무엇인지 확인할 필요가 있습니다. 과부하가 걸린 세 설비에 진행하는 제품은 D, E, I, 그리고 J입니다. 먼저 제품J는 계획량이 400으로 수량이 비록 많지는 않지만 설비5가 전용설비입니다. 그다음 계획량이 900인 제품E는 설비4와 설비5밖에 진행할 수 없습니다. 대략 5:5 (엄밀히 58:42) 정도의 비율로만 진행한다고 해도 이미 설비5는 과부하 상태입니다. 계획량이 1100으로 상당히 많은 제품D는 설비5로는 5%밖에 진행하지 않습니다. 설비5는 이미 과부하 상태일뿐더러 Tact Time이 길기 때문에 진행할 이유가 없습니다. 설비4도 제품E를 많이(900 × 0.576) 진행하기 때문에 제품D를 진행할 여력이 많지 않아서 설비10에 제품D를 많이(1100 × 0.799)을 할당했습니다. 이제 마지막으로 수량이 제일 많은 제품I에 대해서는 이미 제품D의 계획량 중에서 많은 수량을 처리해야 하는 설비10을 제외한 나머지 다른 설비들에 할당을 함으로써[67] 나름 과부하가 걸린 설비4, 설비5, 설비10 세 설비끼리도 균등부하를 유지하고 있습니다. 최적화 결과를 보고 이렇게 해석하는 것이 불합리해 보이기는 하지만 문제의 세 설비가 어느 제품 때문에 그리고 왜 과부하가 걸렸는지는 대충 설명이 됩니다.

---

67 〈그림65〉에 제품I를 설비10에 할당한 결과가 9E-09라고 적혀 있는데, 이것은 9×10-9을 뜻하며 0에 매우 가까운 값입니다.

자, 이제 마지막 관문입니다. 앞에서 말씀드린 바와 같이 운영을 효율적으로 하기 위해서 기업은 호기전개를 제한적으로만 열어 놓고 사용하는 경우가 많습니다. 그러다 보니 계획량이 많이 바뀌면 호기전개의 유연성이 떨어져서 특정 설비에 과부하가 걸리는 상황이 발생합니다. 그렇다고 호기전개를 모든 제품에 함부로 열어 놓을 수도 없는 노릇입니다. 촌철살인의 지혜가 필요한 시점입니다. 딱 한 군데 막힌 혈맥을 풀어줌으로써 모든 설비에 균등한 부하율이 나오게 할 수도 있기 때문입니다. 설령 호기전개를 한 군데만 열어서는 부하율을 균등하게 만들 수 없기에 불가피하게 여러 곳에 호기전개를 늘려 주어야 균등한 부하율이 나온다고 해도 가장 효과가 큰 곳부터 호기전개를 제한적으로 열어 주어야 한다는 것쯤은 쉽게 이해가 갈 것입니다. 이 문제를 해결하기 위해 다음과 같이 접근합니다.

[특정 설비의 과부하를 효율적으로 해소하는 방법]

(단계1) 부하율이 제일 높은 설비를 찾습니다. (RANK 함수 활용) 〈그림66〉

(단계2) 단계1에서 찾은 설비의 예상 작업시간에 가장 많은 영향을 미치는 제품을 찾습니다. 〈그림65〉 (예상 작업시간 = 제품의 계획량 × Tact Time × 할당률)

(단계3) 부하율이 가장 낮은 설비를 찾습니다. (RANK 함수 활용) 〈그림66〉

(단계4) 단계2에 해당하는 제품을 단계3의 설비로 호기전개를 늘려 줍니다. 〈그림67〉

(단계5) 단계4에 이미 호기전개가 되어 있으면, 부하율이 그다음으로 제일 낮은 설비에 호기전개를 늘려 줍니다.

"부하율이 제일 높은 설비에서, 부하율에 가장 많은 영향을 미치는 대상을 찾아, 부하율이 가장 낮은 설비에 할당량을 덜어 줄 수 있도록 길을 뚫어 준다." 아이디어가 단순하면서도 직관적이기 때문에 어렵지 않게 이해가 될 것입니다. 아래의 설명을 참고하시기 바랍니다.

[단계1] 문제를 해결하기 위한 첫 단계로 설비별 부하율의 순위를 정합니다. 〈그림66〉을 보면 설비4, 설비5, 설비10의 부하율이 모두 116.3%이지만 그래도 엑셀은 미세하게나마 우열을 가릴 수 있나 봅니다. 순위를 정하기 위해 RANK 함수를 사용합니다. 그 결과 설비10의 부하율이 가장 높고, 설비6의 부하율이 가장 낮습니다.

▲	A	B	C	D	E	F	G	H	I	J	K	L
28	[Analysis]											
29	Machine		MC #1	MC #2	MC #3	MC #4	MC #5	MC #6	MC #7	MC #8	MC #9	MC #10
30	예상 작업시간 (분)		9126.713	9177.485	9158.615	11719.42	11719.43	8970.055	9233.994	9254.402	9460.544	11719.43
31	조업시간 (7일, 분)		10080	10080	10080	10080	10080	10080	10080	10080	10080	10080
32	부하율(%)		90.5%	91.0%	90.9%	116.3%	116.3%	89.0%	91.6%	91.8%	93.9%	116.3%
33	Rank	=RANK(C32,$C$32:$L$32)		8	3	2		10	6	5	4	1

〈그림66. RANK 함수를 활용한 부하율의 순위 찾기〉

[단계2] 이제는 설비10에 부하를 많이 준 대상이 무엇인지를 찾아야 합니다. 〈그림65〉에서 설비10에 예상 작업시간을 발생시킨 대상들입니다. 설비10으로 진행 가능한 제품은 제품D와 제품I 밖에는 없습니다.

- 설비10에 대한 제품D의 예상 작업시간 = 1 ÷ 예상가동률 × 제품 D의 계획량 × Tact Time × 할당률 = 1 ÷ 0.9 × 1100 × 12 × 0.79905 = 11719(분)

- 설비10에 대한 제품I의 예상 작업시간 = 1 ÷ 예상가동률 × 제품
  I의 계획량 × Tact Time × 할당률 = 1 ÷ 0.9 × 1200 × 12 ×
  9E-09 = 0.0001(분) (여기서 9E-09는 0에 가까운 수입니다)

[단계3] 따라서 설비10에 태웠던 제품D를 다른 설비에도 태워야 하는 데, 부하율이 가장 낮은 설비에 태우는 것이 가장 효율적입니다. 부하율이 가장 낮은 설비는 〈그림65〉에서 설비6입니다.

[단계4~단계5] 제품D는 설비10 말고도 설비4와 설비5로도 진행 가능합니다만, 설비4와 설비5가 이미 과부하 상태이므로 설비6도 진행 가능하도록 호기전개를 늘려 줍니다. 이때 설비6에도 이미 호기전개가 되어 있으면, 부하율이 그다음으로 낮은 설비를 찾아서 호기전개를 늘려 주면 됩니다. 이번 [문제7]에서는 설비6에 호기전개를 늘려 줄 수 있으므로 단계4에서 탐색을 종료합니다. 〈그림65〉과 비교하여 〈그림67〉은 제품D에 대한 설비6의 호기전개가 추가되었고, 그때의 Tact Time은 15(분)으로 설정했습니다.

	A	B	C	D	E	F	G	H	I	J	K	L	M	N	O
1	[Input]	가동율	80.0%	92.4%	97.0%	84.0%	80.5%	78.5%	81.0%	86.7%	75.0%	90.0%			
2	Model	요청량	MC #1	MC #2	MC #3	MC #4	MC #5	MC #6	MC #7	MC #8	MC #9	MC #10			
3	A	300	10.5	12							14				
4	B	680	13.1					12							
5	C	540	11		14										
6	D	1100				13	20	15				12			
7	E	900				15	9								
8	F	440		10						11					
9	G	280			19										
10	H	600		18				12	17						
11	I	1200			13				11	12	15	12			
12	J	400					11.9								
13	계	6440													
14															
15	[Solution]														
16	Model	요청량	MC #1	MC #2	MC #3	MC #4	MC #5	MC #6	MC #7	MC #8	MC #9	MC #10	합계	관계	기준
17	A	300	6.74E-10	0.043898							0.956102		1	=	1
18	B	680	0.607378					0.392622					1	=	1
19	C	540	0.442148		0.557852								1	=	1
20	D	1100				0.03384	0	0.281198				0.684962	1	=	1
21	E	900				0.589245	0.410755						1	=	1
22	F	440		1						2.2E-07			1	=	1
23	G	280			1								1	=	1
24	H	600		0.43746				0.005921	0.556619				1	=	1
25	I	1200			0.013292				0.186351	0.604859	0.195497	0	1	=	1
26	J	400					1						1	=	1
27															
28	[Analysis]														
29	Machine		MC #1	MC #2	MC #3	MC #4	MC #5	MC #6	MC #7	MC #8	MC #9	MC #10			
30	예상 작업시간 (분)		10046.11	10046.11	10046.11	10046.1	10046.1	10046.11	10046.11	10046.1	10046.11	10046.11			
31	조업시간 (7일, 분)		10080	10080	10080	10080	10080	10080	10080	10080	10080	10080			
32	부하율(%)		99.7%	99.7%	99.7%	99.7%	99.7%	99.7%	99.7%	99.7%	99.7%	99.7%			
33	Rank		2	5	6	9	10	3	4	8	7	1			

〈그림67. 설비6에 제품D의 호기전개를 추가하여 CAO를 돌린 결과〉

〈그림67〉에서 제품D에 대한 설비6의 호기전개 딱 한 곳만을 추가했는데, 결정변수가 되는 제품별 설비별 할당의 결과는 〈그림65〉와 비교하여 많이 바뀌었습니다. 대신에 모든 설비의 부하율이 99.7%가 되어 이제는 모든 제품의 계획량을 주어진 7일 동안 전부 만들 수 있다고 결론 내릴 수 있습니다. 제품D와 설비6에 해당하는 호기전개를 새롭게 추가했음에도 불구하고 모든 설비의 부하율이 균등하게 나오지 않는다면, 지금까지 진행했던 방식을 되풀이하여 어느 곳의 호기전개를 더 늘릴지 결정하면 됩니다. 이것은 어디까지나 논리적인 과정을 통해 가장 효율적인 호기전개 추가 지점을 찾는 것이니, 현실에서는 이대로 진행하

SCM 혁신과 생산계획

기 어려울 수도 있습니다. 그럼에도 불구하고 미래의 계획량을 가지고 CAO를 돌려 본다면 어느 설비가 문제가 되는 지를 미리 확인할 수 있고, 어느 부분의 호기전개를 늘려야 전체 계획량을 무리 없이 진행할 수 있는지 또한 판단할 수 있는데, 그 예방적 활동들이 실제 라인을 운영할 때 많은 도움이 되었습니다.

이로써 CAO에 대한 설명을 마칩니다. 마지막으로 간략하게 CAO(Capacity Allocation Optimizer)라는 시스템을 통해 능력치(캐파)를 측정하는 방식이 종전의 캐파 측정 방식과 어떤 차이들이 있는지 아래 〈그림68〉과 같이 요약했습니다.

항목	기존 Capacity 측정 방식	(New)Capacity 측정 방식
용어 사용 방식	'Plant별 몇 개의 Capa'라는 용어를 사용함 (예: A공장의 Capa는 월간 24K(개)임)	시간 개념을 도입하여 수행 가능/불가능을 판정함 (예: 부하시간이 가용시간 대비 100% 이상/이하임)
표준화	각 공장마다 Capacity 수립 담당자별로 측정 방식에 차이가 존재함	Capacity 측정을 위한 단일 Logic을 적용함으로써 전사(全社) 기준의 표준을 제시함
측정 가능 여부	모델별, 가용호기별 Tact Time에 차이가 있는 경우, Capa 측정이 매우 어려움	최적화 모델링의 해법을 개인 PC(엑셀)를 통해 손쉽게 찾아 낼 수 있음
측정 소요 시간	정교한 측정 결과를 노출하기까지 장시간(수시간에서 수일) 소요됨	1분 이내면 Capa 측정 결과를 확인할 수 있음
결과의 신뢰성	기준정보가 같아도 사람에 따라, 수행 시점에 따라 같은 결과값을 얻기 어려움	기준정보만 같다면 항상 같은 결과를 얻음 (Gap 분석을 통해 결과의 Quality 향상 가능)
Planning 수립	수량으로 표현하므로 제약정보 관리가 편리함 (Planning 결과 분석도 용이함)	공급계획 수립에 바로 접목시키기는 어려움 (결과 분석 또한 어려움)

〈그림68. CAO와 기존 능력치(캐파) 측정 방식의 차이〉

11.
생산요청량에서 생산가능량을 뽑아 주는 PMO(Product Mix Optimizer)

영업의 수요를 최대한 만족하면서도 실행 가능한 생산계획을 한 번에 수립하기는 어렵기 때문에 계획의 실행 가능성부터 헤아리기보다는 수요를 완벽하게 만족하기 위한 생산 수량을 먼저 뽑습니다. 우리는 이것을 생산요청량이라고 부릅니다. 그다음, 생산 가능한 수량을 뽑기 위하여 생산요청량에 대해서 할 수 있다/없다를 판단하는 RCCP(개략적인 능력측정) 점검 과정을 거칩니다. 그런데 막상 실전에서 바로 사용할 만한 RCCP 점검 방법이 알려진 것이 없어서, 선형계획법을 이용한 RCCP 측정 계산기를 만들고 이것을 CAO라고 이름 붙였습니다.

CAO를 사용하여 생산요청량에 대해 '할 수 있다' 혹은 '할 수 없다'를 먼저 판단합니다. 생산의 가/부만을 표시하기 때문에 결과를 표현하는 방식 자체는 간단하지만, 가/부를 표시하기까지의 메커니즘은 그렇게 단순하지 않았음도 보았습니다. 설비 부하율이 100%가 넘어 생산요청량을 기간 내에 전부 수행할 수 없을 경우, 할 수 있는 계획을 만들기 위해서는 우선적으로 능력치에 대한 기준정보를 높이는 쪽으로 수정한 뒤 다시 부하율을 분석하고, 더 이상 기준정보를 수정하기가 어려우면 비로소 수립했던 생산요청량을 줄이려는 시도를 할 것입니다. 다만 아직까지는 어떻게 생산요청량을 능력치 한도 내로 줄이는지 말씀드리지 않았습니다.

▌01 PMO에 대한 일반 설명

생산요청량에 대하여 CAO를 활용하여 능력치를 측정한 다음, 실행할 수 있다/없다를 판단하는 행위는 할 수 있는 계획을 수립하는 데에 분명 중요한 일입니다. 그런데 이것만 가지고는 뭔가 부족하다는 생각에 아쉬움이 남습니다. 생산 능력치에 대한 기준정보가 잘 관리되고 있어서 CAO 결과가 매우 신뢰할만 하다면, 여러분이 진짜로 원하는 것은 **"생산요청량을 공장의 능력치에 딱 맞는 생산가능량[68]으로 만들되, 기왕이면 이윤이 가장 많이 남는 제품별 수량을 만들 수는 없는가?"**에 대한 답을 구하고 싶을 것입니다. 요청량을 능력치에 맞게 제품별로 알맞게 잘라낼 수 있는가(Demand Cutting)가 관건이 됩니다. 네, 할 수 있습니다. **저는 이 도구를 PMO(Product Mix Optimizer)라고 부르겠습니다.**

---

68 그동안 우리는 RCCP 검증 도구인 CAO를 통해 생산가능 여부를 검증하기 위한 제품별 수량을 '계획량'이라고 불렀습니다. 이제 PMO를 다루면서부터 용어를 좀 더 명확하게 구분하려고 합니다. 어떠한 형태가 되었건 CAO나 PMO 인풋 정보는 '요청량', PMO 결과는 '가능량', 그리고 회사가 최종 확정하여 공식적으로 선언한 값은 '계획량'이라고 부르겠습니다. 어떤 회사는 수요를 만족하는 생산요청량을 만들었는데 계획을 수립하는 수준이 높지 못해서 이것이 진짜 생산 가능한지 여부를 정확히 따질 수가 없기에 그냥 계획으로 선언합니다. 이 경우는 요청량이 곧 계획량(MPS)이 됩니다. 이상적으로는 다음의 절차를 따릅니다. 일단 요청량을 구한 다음, 요청량을 여러 형태의 가능량으로 만들고 그 가능량들을 비교 평가하여 보다 괜찮은 가능량을 찾는 과정을 거친 다음, 가장 좋다고 판단되는 가능량을 조직 간의 합의를 거쳐서 선정하고 이것을 계획량으로 공표합니다.

〈그림69〉에서 PMO의 개념을 도식화했습니다. 어떤 기간 동안 A 100개, B 100개, C 200개, 그리고 D 200개를 생산하면 영업 수요를 만족할 수 있습니다. 아직까지는 생산의 능력치를 감안하지 않고 영업 수요만을 고려하여 생산해야 할 수량을 만들었기 때문에 이것을 **생산요청량**이라고 부릅니다. 그러나 여기에서 만족하면 안 됩니다. 할 수 있는 계획을 수립하기 위해 공장의 능력치 범위 내에서 제품별 생산량을 만들어야만 합니다. 우리는 이것을 생산가능량이라고 부릅니다. 요청량 보다 공장의 능력치가 작다면, 요청량을 가능량으로 만들기 위해 요청량의 일부를 줄여야 합니다. **그런데 능력치를 감안하여 제품별로 생산가능량을 만들 수 있는 조합은 무수히 많습니다.** 가능량을 만들기 위해 요청량 중에 어느 제품을 얼마만큼 줄일지에 대한 조합 또한 셀 수없이 많습니다. 그래서 요청량을 가능량으로 바꿀 때에는 무작위로 만드는 것보다는 특정 목표를 가지고 움직이는 것이 현명합니다. 가장 먼저 떠올릴 수 있는 생각으로 기왕이면 회사의 전체 이윤이 최대가 되게 제품별 생산가능량을 만드는 것입니다. 〈그림69〉는 공장의 능력치 범위 내에서 회사의 이윤이 최대가 되도록 제품A의 요청량 100을 34만큼 줄여서 66이라는 수량을 만들고, 나머지 제품B, C, 그리고 D는 요청량을 그대로 두는 것입니다. 그래서 A 100개, B 100개, C 200개, D 200개라고 하는 요청량을 A 66개, B 100개, C 200개, 그리고 D 200개라고 하는 가능량으로 바꾸었습니다. 만약 이 가능량의 조합을 그대로 확정하여 계획으로 선언하고 공표하면 **가능량이 곧 계획량**(MPS)이 되는 것이고, 가능량조차도 수정이 필요하여 가능량을 수정한 뒤에 확정하면 **수정한 가능량이 곧 계획량**이 됩니다.

SCM 혁신과 생산계획

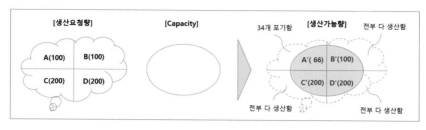

〈그림69. PMO를 사용하여 생산요청량을 능력치에 딱 맞는 생산가능량으로 변환함〉

PMO가 잘 돌기 위해서는 전제 조건이 있습니다. 바로 CAO를 돌리는 데 필요한 기준정보가 잘 맞아야 합니다. CAO의 기준정보가 잘 맞기 때문에 CAO를 적극 활용하는 것인지, 아니면 CAO를 열심히 사용하다 보니 CAO의 기준정보가 잘 맞는지는 모르겠으나, 분명한 것은 PMO를 사용하려면 CAO부터 잘 활용해야 한다는 점입니다. PMO의 내용은 대부분 CAO 정보를 그대로 사용하기 때문입니다. 그렇기 때문에 성급하게 PMO를 구축해서는 안 됩니다. CAO에 필요한 기준정보와 CAO 결과에 대한 사용자들의 신뢰가 확보된 다음에 PMO를 구축하는 것이 바람직합니다.

이 PMO야말로 가장 강력한 계획수립 지원 도구입니다. 만들 수 있는 제품별 생산가능량의 조합은 무수히 많습니다. 계획수립 담당자는 제품별로 만들 수 있는 무수히 많은 생산가능량의 조합 중에 임의의(?) 하나를 선택해서 계획량으로 선언하고 계획을 배포합니다. 아마도 사용자가 직접 수립한 계획과 PMO를 통해 수립한 계획을 회사의 전체 이윤이라는 측면에서 비교해 보면 차이가 제법 날 것으로 확신합니다. 단지 계획의 포트폴리오(Product Mix)만 바꾸었을 뿐인데 자원은 비슷하게 활용하면서도 회사의 이윤에는 차이를 가져다준다는 중요한 의미를 지닙니다.

02 PMO(설비)의 기본 문제

이제 [문제8]를 통해 PMO가 갖는 의미를 파악하고 어떻게 PMO를 모델링하는지 살펴보겠습니다.

[문제8]
PMO(설비)의 대표 문제

아래 〈그림70〉과 같이 2일 동안의 생산요청량이 제품별로 A 100개, B 100개, C 200개, 그리고 D 200개가 있습니다. 설비들에 모두 2일 이라는 조업시간을 반영하여 능력치를 측정하였더니 설비별 부하율이 100%가 넘었습니다. 그래서 설비별로 부하율이 정확하게 100%가 되도록 제품별 생산가능량을 만들고 싶습니다. 보다 그럴듯한 목표도 하나 추가하면 금상첨화이겠습니다. 가장 많은 이윤, 가장 많은 매출, 가장 많은 생산량 정도가 우리가 생각할 수 있는 목표가 될 텐데 세 가지를 한꺼번에 다 바라면 욕심이 과하다 하겠습니다. 하나만 선택해야 합니다. 저라면 이윤이 가장 많이 남는 제품별 생산가능량을 원할 것입니다. 자, 여기서 문제 드립니다.

문제8-1) 생산요청량에 대한 설비별 부하율은 얼마인가요?

문제8-2) 제품별 개당 이윤을 알 때, 설비별 부하율이 100%가 되면서 전체 이윤이 최대가 되게 하는 제품별 생산가능량을 구하세요.

문제8-3) 이번에는 설비별 부하율이 100%가 되면서 전체 생산량이 최대가 되게 하는 제품별 생산가능량을 구하세요.

SCM 혁신과 생산계획

문제8-4) 문제8-2)와 문제8-3)의 결과를 비교하세요.

문제8-5) 문제8-2)와 문제8-3)에서 구한 제품별 생산가능량으로 설비별 부하
율을 구하세요. 설비별 부하율이 모두 100%가 되었는지요?

정답8-1) CAO 수행 결과

2일 동안 처리하고 싶은 생산요청량에 대하여 지금껏 해 왔던 방식
으로 능력치를 측정하였고, 〈그림70〉과 같이 모든 설비의 부하율이
103.2%가 나왔습니다. 결과적으로 2일 동안 생산요청량을 전부 생산할
수 없다는 결론을 내립니다.

⊿	A	B	C	D	E	F	G	H	I
1	[Input]		가동율	80%	75%	70%			
2	공정	제품	요청량	MC #1	MC #2	MC #3			
3	SMD	A	100	10	20				
4		B	100	20	10				
5		C	200		10	10			
6		D	200			10			
7									
8	[Solution]								
9	공정	제품	요청량	MC #1	MC #2	MC #3	Total	관계	기준
10	SMD	A	100	1	0		1	=	1
11		B	100	0.689189	0.310811		1	=	1
12		C	200		0.959459	0.040541	1	=	1
13		D	200			1	1	=	1
14									
15	[Analysis]								
16	항목			MC #1	MC #2	MC #3			
17	예상 작업시간(분)			2972.973	2972.973	2972.973			
18	조업시간(2일, 분)			2880	2880	2880			
19	부하율(%)			103.2%	103.2%	103.2%			
20									
21	Max			1.032282					
22	표준편차			1.18E-09					
23	목적함수			1.032282					

〈그림70. [문제8]의 문제8-1) CAO 수행 결과〉

정답8-2) PMO(이윤 최대화)

여기가 제11장 전체의 하이라이트입니다. 〈그림71〉과 같이 생산요청량 중에서 제품별 개당 이윤이 가장 적게 남는 제품A만 34개를 줄여 66개를 만들고[69], 나머지 제품들은 요청량을 그대로 유지함으로써 모든 설비의 부하율이 100%가 되면서도 전체 이윤이 최대가 되는 생산가능량을 도출하였습니다. 문제를 풀기 위한 인풋 데이터는 제품별 개당 이윤 (B3:B6) 정보만 추가한 것을 제외하고는 CAO와 같습니다.

◢	A	B	C	D	E	F	G	H	I	J
1	[Input]			가동율	80%	75%	70%			
2	제품	이윤	요청량	가능량	MC #1	MC #2	MC #3			
3	A	10	100	65.6	10	20				
4	B	30	100	100	20	10				
5	C	20	200	200		10	10			
6	D	40	200	200			10			
7			생산 요청량 계	600						
8			생산 가능량 계	565.6						
9			생산 가능 총 이윤	15656						
10										
11	[Solution]									
12	제품	이윤	요청량	가능량	MC #1	MC #2	MC #3	Total	관계	기준
13	A	10	100	65.6	0.656	0		0.656	≤	1
14	B	30	100	100	0.824	0.176		1	≤	1
15	C	20	200	200		0.992	0.008	1	≤	1
16	D	40	200	200			1	1	≤	1
17										
18	[Analysis]									
19	Machine				MC #1	MC #2	MC #3			
20	예상 작업시간(분)				2880	2880	2880			
21	조업시간(2일, 분)				2880	2880	2880			
22	부하율(%)				100.0%	100.0%	100.0%			
23				관계	≤	≤	≤			
24				기준	100.0%	100.0%	100.0%			

〈그림71. [문제8]의 문제8-2) 수행 결과〉

---

69 제품별 수량(개수)은 정수이어야 하는데, 〈그림71〉을 보면 제품A의 가능량이 65.6(개)로 나왔습니다. 결정변수인 할당률을 실수의 범위에서 구하기 때문에 종속변수인 제품A의 가능량 또한 실수로 구해집니다. 결과를 표시할 때 필요하다면 소수점 이하 첫째 자리에서 반올림하여 정수로 표현하겠습니다.

문제8-2)를 풀기 위하여 계산이 필요한 부분에 〈그림72〉와 같이 수식으로 표현하였습니다. 가능량을 나타내는 부분이 D3:D6과 D13:D16, 이렇게 두 곳에 정의되어 있는데 엄밀히 말씀드려서 D13:D16만 있어도 됩니다. 단지 결과를 보기 좋게 요약하기 위하여 D13:D16에서 결과를 먼저 얻은 다음, D3:D6에 다시 표현하였을 뿐입니다. CAO와 마찬가지로 제품별 설비별 할당값을 결정변수로 삼았습니다(초록색 부분). 이 결정변수는 다음 세 군데 계산식에 영향을 주는데 두 군데는 제약조건과 그리고 한 군데는 목적함수와 관련이 있습니다. 결정변수를 씨줄(제품별 모든 설비)과 날줄(설비별 모든 제품)로 나누어서 보겠습니다.

씨줄1) 제품별로 모든 설비의 할당값의 합을 H13:H16에 정의합니다.
씨줄2) 제품별로 요청량과 씨줄1)에서 얻은 값을 곱하여 얻은 제품별 가능량을 D13:D16에 정의합니다. 여기서 구한 제품별 가능량과 연계하여 제품별 가능량과 기준정보인 제품별 개당 이윤을 곱하여 가능량 전체 이윤을 SUMPRODUCT(제품별 이윤, 제품별 가능량)라고 D9에 정의합니다(목적함수, 주황색 부분).
날줄1) 설비별로 모든 제품의 예상 작업시간을 구합니다. 이때 특정 설비별로 예상 작업시간은 SUMPRODUCT(제품별 요청량, 제품별 Tact Time, 제품별 할당값)을 E20:G20에 정의합니다. 여기에서 구한 설비별 예상 작업시간과 문제에서 이미 알고 있는 설비별 조업시간의 관계를 통해 설비별 부하율을 E22:G22에 정의합니다.

그동안 엑셀로 만든 예제들을 가만히 보면 늘 비슷한 모양새, 즉 구조가 있음을 발견합니다. 어차피 엑셀은 행과 열로 이루어진 그리드(격자)를 다루는 도구입니다. 사각형 안에 문제를 풀기 위해 해결해야 할 결정변수를 정하고, 이 결정변수로부터 도출되는 값을 식으로 연결하여 목적함수와 제약조건을 정의합니다. 죄송합니다. 말은 쉽지만 직접 만들기는 어려운데 제가 잘못했습니다. 고백하는데 저는 이 문제를 푸는데 몇 달이 걸렸습니다. 하지만 제 후배에게 이 문제를 소개했더니 단 며칠 만에 문제를 완벽하게 풀어서 제게 보여 주었습니다. 제가 그동안 잘못 생각한 것까지 바로 잡아서 말이죠. 드러나지만 않았지 뛰어난 재능이 있는 사람들이 도처에 참으로 많습니다.

	A	B	C	D	E	F	G	H	I	J
1	[Input]			가동율	0.8		0.75	0.7		
2	제품	이율	요청량	가능량	MC #1	MC #2	MC #3			
3	A	10	100	=D13	10	20				
4	B	30	100	=D14	20	10				
5	C	20	200	=D15		10	10			
6	D	40	200	=D16			10			
7		생산 요청량 계		=SUM(C3:C6)						
8		생산 가능량 계		=SUM(D3:D6)						
9		생산 가능 총 이율		=SUMPRODUCT(B3:B6,D3:D6)						
10										
11	[Solution]									
12	제품	이율	요청량	가능량	MC #1	MC #2	MC #3	Total	관계	기준
13	A	10	100	=C13*SUM(E13:G13)	0	0		=SUM(E13:G13)	≤	1
14	B	30	100	=C14*SUM(E14:G14)	0	0		=SUM(E14:G14)	≤	1
15	C	20	200	=C15*SUM(E15:G15)		0	0	=SUM(E15:G15)	≤	1
16	D	40	200	=C16*SUM(E16:G16)			0	=SUM(E16:G16)	≤	1
17										
18	[Analysis]									
19	Machine				MC #1	MC #2	MC #3			
20	예상 작업시간(분)				=1/E1*SUMPRODUCT($C3:$C6,E3:E6,E13:E16)	=1/F1*SUM	=1/G1*SUM			
21	조업시간(2일, 분)				2880	2880	2880			
22	부하율(%)				=E20/E21	=F20/F21	=G20/G21			
23			관계		≤	≤	≤			
24			기준		1	1	1			

〈그림72. [문제8]의 문제8-2) 수행을 위한 엑셀 수식〉

수식을 다 정의했으면 이제 엑셀의 해 찾기 엔진을 돌려야 하는데 그러려면 〈그림73〉과 같이 엑셀의 해 찾기 매개 변수 창을 열고 '목표 설정', '변수 셀 변경', 그리고 '제약조건에 종속' 부분을 세팅해야 합니다. 이 과

SCM 혁신과 생산계획

정은 〈그림72〉에 있는 수식을 만들 때부터 목적함수, 결정변수, 제약조건을 어떻게 수립하겠다는 생각이 전부 담겨 있어야 합니다. 〈그림73〉에서는 〈그림72〉에서 이미 의도했던 내용을 단지 집어넣고 확인하는 일밖에 없습니다. 〈그림73〉을 〈그림72〉와 연관 지어서 보겠습니다.

- 목표 설정 – 총 이윤이 가장 많이 남는 가능량을 찾는 것이 목표이므로 D9를 선택하고, 최댓값을 선택합니다. 이것은 이전 페이지 '씨줄2' 부분과 같은 내용입니다.
- 변수 셀 변경 – 결정변수가 E13:G16 구간 전체가 아님에 주의해야 합니다. 초록색이 아닌 하얀색 영역에는 값이 들어가면 안 되기 때문에 결정변수를 콤마(,)를 사용하여 일일이 지정해 줄 수밖에는 없습니다. 이것은 CAO에서 결정변수를 지정하는 것과 완전히 같은 방식입니다. E13:E14를 선택한 다음에 콤마(,)를 찍고, F13:F15를 선택한 다음에 또 콤마(,)를 찍고, 마지막으로 G15:G16를 선택합니다.
- 제약 조건에 종속 – 이 문제에서 제약조건은 2개입니다. 〈그림72〉의 하늘색 영역이 제약조건에 해당합니다.

제약1) 제품별로 모든 설비의 할당값의 합은 1보다 크지 않아야 합니다. 이것은 이전 페이지 '씨줄1'과 같은 내용입니다.

제약2) 설비별로 부하율은 100%보다 크지 않아야 합니다. 이것은 이전 페이지 '날줄1'과 같은 내용입니다. 부하율을 100%가 되게 하려고 제약조건에 등호를 사용하여 설비별로 부하율이 정확하게 100%가 되어야 한다고 정의하지 않아도 됩니다. 부하율이 100% 보다 크지 않아야 한다는 제약만으로도 엔진은 목적함수인 총 이윤이 최대가 되도록 제품의 가능량을 많게 함으로써 설비별 부하율을 최대한도로 끌어올려 100%에 도달시킬 것이기 때문입니다.

〈그림73. [문제8]의 문제8-2) 수행을 위한 엑셀 해 찾기 매개 변수 세팅〉

여기까지가 문제8-2)에 대한 정답8-2)의 설명이었습니다. 다시 말씀드리지만 PMO(이윤 최대화)는 대단히 막강합니다. 평소와 비슷한 자원과 노력을 들여 단 1%라도 회사의 수익에 도움이 된다면 안 할 이유가 없습니다. 많은 회사에서 적극 활용했으면 하는 최적화 모델링입니다.

정답8-3) PMO(생산량 최대화)

문제8-3)에서 제기한 생산량을 최대화하라는 목표는 수요 기반의

SCM이 추구하는 방향과 잘 부합하지는 않습니다. 그래서 썩 좋은 문제라고는 생각하지 않습니다. 하지만 실제로 회사가 추구하는 다양한 목표에 PMO 기법을 접목시켜 활용할 수 있다는 점을 보이기 위해서 이 문제를 드렸습니다. 이것 말고도 또 다른 목표로 무엇을 삼을까 각자 생각해 보기 바랍니다. PMO(생산량 최대화)는 앞의 PMO(이윤 최대화) 문제와 별반 다를 게 없는 문제입니다. 모든 내용은 똑같고 단지 목적함수를 이윤의 합(D9)으로 지정하느냐, 가능량의 합(D8)으로 지정하느냐만 달라집니다. 결과는 〈그림74〉와 같습니다.

	A	B	C	D	E	F	G	H	I	J
1	[Input]			가동율	80%	75%	70%			
2	제품	이윤	요청량	가능량	MC #1	MC #2	MC #3			
3	A	10	100	100	10	20				
4	B	30	100	100	20	10				
5	C	20	200	200		10	10			
6	D	40	200	182.8			10			
7			생산 요청량 계	600						
8			생산 가능량 계	582.8						
9		생산 가능 총 이윤		15312						
10										
11	[Solution]									
12	제품	이윤	요청량	가능량	MC #1	MC #2	MC #3	Total	관계	기준
13	A	10	100	100	1	0		1	≤	1
14	B	30	100	100	0.652	0.348		1	≤	1
15	C	20	200	200		0.906	0.094	1	≤	1
16	D	40	200	182.8			0.914	0.914	≤	1
17										
18	[Analysis]									
19	Machine				MC #1	MC #2	MC #3			
20	예상 작업시간(분)				2880	2880	2880			
21	조업시간(2일, 분)				2880	2880	2880			
22	부하율(%)				100.0%	100.0%	100.0%			
23				관계	≤	≤	≤			
24				기준	100.0%	100.0%	100.0%			

〈그림74. [문제8]의 문제8-3) 수행 결과〉

정답8-4) 결과 비교 (PMO(이윤 최대화) vs. PMO(생산량 최대화))

정답8-2)와 정답8-3)에서 얻은 결과를 〈그림75〉에서 비교하였습니다. 서로 다른 목표에 도달하기 위해 최적화로 푼 결과를 비교하면서 독자들도 이보다 더 좋은 결과를 얻을 수 있는지 생각하기 바랍니다. 양쪽의 결과만 단순 비교하면 총 이윤을 최대화하는 쪽이 그렇지 않은 쪽보다 총 이윤이 대략 2% 높고, 생산량을 최대화하는 쪽이 그렇지 않은 쪽보다 총 생산량이 대략 3% 높습니다.

	A	B	C	D	E	F	G	H
1		PMO (이윤 최대화)				PMO (생산량 최대화)		
2	제품	이윤	요청량	가능량	가능량	요청량	이윤	제품
3	A	10	100	65.6	100	100	10	A
4	B	30	100	100	100	100	30	B
5	C	20	200	200	200	200	20	C
6	D	40	200	200	182.8	200	40	D
7		생산 요청량 계		600	600	생산 요청량 계		
8		생산 가능량 계		565.6	582.8	생산 가능량 계		
9		총 이윤 (가능량)		15656	15312	총 이윤 (가능량)		

〈그림75. 결과 비교 PMO(이윤 최대화) vs. PMO(생산량 최대화)〉

정답8-5) PMO 검증 (가능량으로 다시 CAO 부하율 측정)

PMO를 수행하여 얻은 결과, 즉 생산가능량을 다시 CAO에 넣고 능력치를 측정하여 모든 설비의 부하율이 정확하게 100%가 나오면 PMO의 결과는 타당하다고 결론 내릴 수 있습니다. 〈그림76〉은 이윤과 생산량을 최대화하도록 각각 PMO를 수행하여 얻은 제품별 생산가능량을 CAO에 넣고 부하율을 측정한 결과입니다. 예상한 대로 양쪽 모두 모든 설비의 부하율이 100%가 나왔습니다. 이로써 PMO를 수행한 다음, 매번 확인 차 CAO를 돌릴 필요는 없겠습니다.

SCM 혁신과 생산계획

	A	B	C	D	E	F	G	H	I
1	[Input]		가동율	80%	75%	70%			
2	공정	제품	가능량	MC #1	MC #2	MC #3			
3	SMD	A	65.6	10	20				
4		B	100	20	10				
5		C	200		10	10			
6		D	200			10			
7									
8	[Solution]								
9	공정	제품	가능량	MC #1	MC #2	MC #3	Total	관계	기준
10	SMD	A	65.6	1	0		1	=	1
11		B	100	0.824	0.176		1	=	1
12		C	200		0.992	0.008	1	=	1
13		D	200			1	1	=	1
14									
15	[Analysis]								
16	Machine			MC #1	MC #2	MC #3			
17	예상 작업시간(분)			2880	2880	2880			
18	조업시간(2일, 분)			2880	2880	2880			
19	부하율(%)			100.0%	100.0%	100.0%			

	K	L	M	N	O	P	Q	R	S
1	[Input]		가동율	80%	75%	70%			
2	공정	제품	가능량	MC #1	MC #2	MC #3			
3	SMD	A	100	10	20				
4		B	100	20	10				
5		C	200		10	10			
6		D	182.8			10			
7									
8	[Solution]								
9	공정	제품	가능량	MC #1	MC #2	MC #3	Total	관계	기준
10	SMD	A	100	1	0		1	=	1
11		B	100	0.652	0.348		1	=	1
12		C	200		0.906	0.094	1	=	1
13		D	182.8			1	1	=	1
14									
15	[Analysis]								
16	Machine			MC #1	MC #2	MC #3			
17	예상 작업시간(분)			2880	2880	2880			
18	조업시간(2일, 분)			2880	2880	2880			
19	부하율(%)			100.0%	100.0%	100.0%			

〈그림76. PMO 가능량으로 CAO 부하율 측정〉

〈왼쪽 – PMO(이윤)으로 CAO 측정〉   〈오른쪽 – PMO(생산량)으로 CAO 측정〉

지금까지 간단한 유형의 PMO만 보았으니, 이제는 조금 더 큰 규모의 문제를 다루겠습니다. 규모가 제법 되는 문제를 푸는 것이 때로는 개념을 잡는데 더욱 도움이 되기 때문입니다. 제품의 종류가 4개에서 10개로 늘었고, 설비도 3대에서 10대로 늘어난 것을 제외하면 〈그림77〉은 앞에서 다루었던 〈그림71〉의 PMO(설비-이윤) 문제와 똑같은 유형의 문제입니다. 요청량을 가지고 능력치를 측정하니 설비별 부하율이 100%를 넘었고, 그래서 설비별 부하율이 100%가 되면서도 전체 이윤이 최대가 되도록 요청량을 일부 줄여서 가능량으로 만드는 것이 목표입니다. 어떤가요? 이보다 더 완벽하게 제품별 생산가능량(D3:D12 또는 D21:D30)을 뽑을 자신이 있는지요?

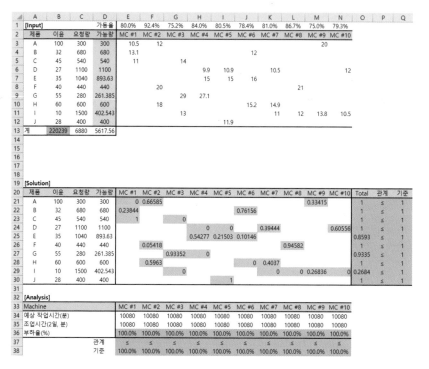

	A	B	C	D	E	F	G	H	I	J	K	L	M	N	O	P	Q
1	[Input]			가동률	80.0%	92.4%	75.2%	84.0%	80.5%	78.4%	81.0%	86.7%	75.0%	79.3%			
2	제품	이윤	요청량	가능량	MC #1	MC #2	MC #3	MC #4	MC #5	MC #6	MC #7	MC #8	MC #9	MC #10			
3	A	100	300	300	10.5	12							20				
4	B	32	680	680	13.1					12							
5	C	45	540	540	11		14										
6	D	27	1100	1100				9.9	10.9		10.5			12			
7	E	35	1040	893.63					15	15	16						
8	F	40	440	440		20						21					
9	G	55	280	261.385			29	27.1									
10	H	60	600	600		18				15.2	14.9						
11	I	10	1500	402.543		13					11	12	13.8	10.5			
12	J	28	400	400					11.9								
13	계	220239	6880	5617.56													

	A	B	C	D	E	F	G	H	I	J	K	L	M	N	O	P	Q
19	[Solution]																
20	제품	이윤	요청량	가능량	MC #1	MC #2	MC #3	MC #4	MC #5	MC #6	MC #7	MC #8	MC #9	MC #10	Total	관계	기준
21	A	100	300	300	0	0.66585							0.33415		1	≤	1
22	B	32	680	680	0.23844					0.76156					1	≤	1
23	C	45	540	540	1		0								1	≤	1
24	D	27	1100	1100				0	0		0.39444			0.60556	1	≤	1
25	E	35	1040	893.63					0.54277	0.21503	0.10146				0.8593	≤	1
26	F	40	440	440		0.05418						0.94582			1	≤	1
27	G	55	280	261.385			0.93352	0							0.9335	≤	1
28	H	60	600	600		0.5963				0.4037					1	≤	1
29	I	10	1500	402.543			0				0	0.26836			0.2684	≤	1
30	J	28	400	400					1						1	≤	1

	A		E	F	G	H	I	J	K	L	M	N
32	[Analysis]											
33	Machine		MC #1	MC #2	MC #3	MC #4	MC #5	MC #6	MC #7	MC #8	MC #9	MC #10
34	예상 작업시간(분)		10080	10080	10080	10080	10080	10080	10080	10080	10080	10080
35	조업시간(2일, 분)		10080	10080	10080	10080	10080	10080	10080	10080	10080	10080
36	부하율(%)		100.0%	100.0%	100.0%	100.0%	100.0%	100.0%	100.0%	100.0%	100.0%	100.0%
37		관계	≤	≤	≤	≤	≤	≤	≤	≤	≤	≤
38		기준	100.0%	100.0%	100.0%	100.0%	100.0%	100.0%	100.0%	100.0%	100.0%	100.0%

〈그림77. 조금 더 규모가 큰 PMO(설비-이윤) 수행 결과〉

| 03 PMO(설비)의 응용 - 전략적 요구사항의 반영

PMO에 전략적인 요구사항도 담아낼 수 있는가?

어떤 제품은 이윤이 많이 남지 않아 웬만하면 많이 만들고 싶지 않은데, 그 제품을 요청한 고객이 워낙에 중요한지라 고객과의 관계를 전략적으로 고려하지 않을 수 없습니다. 혹은, 거래관계를 계속 해 오던 중에 이번만큼은 자기네가 요청한 모든 제품을 절대로 결품 내서는 안

SCM 혁신과 생산계획

된다고 고객이 특별히 요청할 수도 있습니다. 이 경우는 향후 지속적인 거래를 고려하여 이번에는 비록 이윤이 많이 남지 않아도 최우선으로 요청량을 가능량에 반영시켜 주는 것이 바람직합니다. 이러한 요구사항을 PMO에 반영시키겠습니다. 다음 [문제9]를 보시기 바랍니다.

[문제9]
PMO(설비-이윤) & 전략적 요구사항 고려

아래 〈그림78〉에는 〈그림77〉에서 제시했던 문제에 회사와 거래하는 고객들에 대한 정보를 추가하였습니다. 고객1과는 제품A, B, C, D를 거래하고, 고객2와는 제품E, F, G, H를 거래하며, 마지막으로 고객3과는 제품I와 J를 거래합니다. 수요가 있어서 요청량을 뽑았는데 CAO로 확인을 해 보니 요청량이 능력치보다 많았습니다. 어떤 품목을 줄여야 하나 고민하고 있는데, 설상가상으로 고객2와 고객3이 다음과 같은 어려운 조건을 제시하였습니다. 어릴 적 읽었던 전래 동화책에 종종 등장하는 외국 사신처럼 요구 조건이 매우 까다롭습니다.

고객2: 모든 제품(E+F+G+H)은 요청량 전부(2,360개)를 하나도 빠짐없이 다 납품해야 합니다.
고객3: 요청량(I+J = 1,900개) 중에서 제품과 상관없이 무조건 1,500개 이상을 납품해야 합니다.

〈그림78〉에는 PMO(설비-이윤) 외에도 고객2와 고객3이 요구한 내용도 반영하기 위하여 A15:G17에 제약조건을 위한 관계식을 추가하였습니

다. 결정변수인 할당률을 구하면 가능량이 얻어지는데 고객2와 고객3에게 공급하는 제품의 가능량을 E16:E17에 적고, 비교의 기준이 되는 고객의 특별 요구 수량을 G16:G17에 적었습니다. 이러한 전략적 요청이 구체적이고 많으면 정보를 계속 늘려 나가면 됩니다. 다만, 아무 생각 없이 고객의 특별 요청내용을 계속 늘려 나가다 보면 엔진이 문제를 풀지 못하는 경우가 발생하니 주의하시기 바랍니다.[70]

[Input]

제품	이율	요청량	가능량	MC #1	MC #2	MC #3	MC #4	MC #5	MC #6	MC #7	MC #8	MC #9	MC #10
가동율				80.0%	92.4%	75.2%	84.0%	80.5%	78.4%	81.0%	86.7%	75.0%	79.3%
A	100	300	300	10.5	12							20	
B	32	680	439.998	13.1					12				
C	45	540	540	11		14							
D	27	1100	522.013				9.9	10.9		10.5			12
E	35	1040	1040					15	15	16			
F	40	440	440		20						21		
G	55	280	280				29	27.1					
H	60	600	600		18						15.2	14.9	
I	10	1500	1100				13			11	12	13.8	10.5
J	28	400	400						11.9				
계	210074	6880	5662.01										

제약	대상	요청량	가능량	관계	기준
고객2	E+F+G+H	2360	2360	≥	2360
고객3	I+J	1900	1500	≥	1500

[Solution]

제품	이율	요청량	가능량	MC #1	MC #2	MC #3	MC #4	MC #5	MC #6	MC #7	MC #8	MC #9	MC #10	Total	관계	기준
A	100	300	300		1							0		1	≤	1
B	32	680	439.998	0.23844					0.40862					0.6471	≤	1
C	45	540	540	1		0								1	≤	1
D	27	1100	522.013				0			0.30822			0.16633	0.4746	≤	1
E	35	1040	1040					0.51043	0.21503	0.27454				1	≤	1
F	40	440	440		0.05418						0.94582			1	≤	1
G	55	280	280				0.93352	0.06648						1	≤	1
H	60	600	600		0.48492					0	0.51508			1	≤	1
I	10	1500	1100				0				0	0.36522	0.36812	0.7333	≤	1
J	28	400	400			1								1	≤	1

[Analysis]

Machine	MC #1	MC #2	MC #3	MC #4	MC #5	MC #6	MC #7	MC #8	MC #9	MC #10
예상 작업시간(분)	10080	10080	10080	10080	10080	10080	10080	10080	10080	10080
조업시간(2일, 분)	10080	10080	10080	10080	10080	10080	10080	10080	10080	10080
부하율(%)	100.0%	100.0%	100.0%	100.0%	100.0%	100.0%	100.0%	100.0%	100.0%	100.0%
관계	≤	≤	≤	≤	≤	≤	≤	≤	≤	≤
기준	100.0%	100.0%	100.0%	100.0%	100.0%	100.0%	100.0%	100.0%	100.0%	100.0%

〈그림78. 〈그림77〉에 전략적 요구사항을 제약에 추가하여 반영한 결과〉

---

70 예컨대 고객2가 요구한 제품들의 요청량(D16)은 전부 합쳐서 2,360개밖에 안 되는데, 고객이 중요한 것만 생각하여 2,500개 이상 만들어야 한다고 G16에 정의하면 엔진은 에러를 띄웁니다. 왜냐하면 할당률의 합이 1을 넘지 못하게, 다시 말해 가능량은 요청량 수량을 넘지 못하도록 다른 제약에서 막았기 때문입니다. (O21:Q30)

〈그림79〉에 〈그림78〉의 값들이 어떻게 나왔는지 수식으로 나타내었습니다. B13에는 전체 이윤을 나타내기 위해 SUMPRODUCT(B3:B12,D3:D12), 즉 SUMPRODUCT(제품별 이윤, 제품별 생산가능량)을 사용하였습니다. 이것이 목적함수로 사용할 대상입니다. 나머지는 앞에서 설명한 PMO와 모두 같은 내용이고, 다만 전략적 요구사항을 담아내기 위해 A15:G17의 영역이 추가되었는데, 그중에서도 E16은 고객2와 거래하는 제품인 제품 E, F, G, H의 생산가능량을 나타내기 위해 SUM(D25:D28)를 사용했습니다. 같은 방식으로 E17은 SUM(D29:D30)을 사용했습니다.

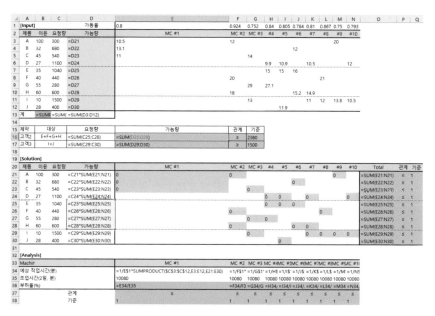

〈그림79. 〈그림78〉을 풀기 위한 엑셀 수식〉

독자의 이해를 돕기 위해 문제가 무엇인지 다시 한번 정리하겠습니다.

[목적함수] 전체 이윤이 최대가 되도록 제품별 생산가능량 만들기
[결정변수] 목적함수를 최대한 만족하되, 제약조건을 위반하지 않는 제품별
　　　　　　설비별 할당값
[제약조건1] 제품별로 요청량보다 더 큰 값을 만들면 안 됨
[제약조건2] 설비별로 부하율이 100%가 넘으면 안 됨
[제약조건3] 고객이 특별히 요구하는 제품별 수량 조건을 만족해야 함

문제가 요구하는 내용이 이해가 되면, 이제 〈그림80〉에 그 내용을 담
겠습니다.

- 목표 설정 – 총 이윤이 가장 많이 남는 가능량을 찾는 것이 목표이
  므로 총 이윤에 해당하는 셀인 B13을 선택하고, 최댓값을 선택합
  니다.
- 변수 셀 변경 – 결정변수가 E21:N30 전체구간이 아님에 주의해
  야 합니다. 초록색이 아닌 하얀색 영역에는 값이 들어가면 안 되기
  때문에 결정변수를 콤마(,)를 사용하여 일일이 지정해 줍니다. 콤마
  를 사용하여 결정변수를 지정하는 방법은 〈그림73〉의 설명 부분을
  참고하십시오.
- 제약조건에 종속 – 이 문제에서 제약조건은 3개입니다. 〈그림78〉
  의 하늘색 영역이 제약조건에 해당합니다.

  제약1) 생산가능량은 생산요청량보다 클 수 없으므로 제품별로 모든

설비의 할당값을 다 더해도 1보다 크지 않아야 한다는 조건이 필요합니다. 제한 조건에 종속 세 번째 항목에 O21:O30 <= Q21:Q30이라는 조건을 입력했습니다.

제약2] 설비별로 부하율은 100%보다는 크지 않아야 합니다. 제한 조건에 종속 두 번째 항목에 E36:N36 <= E38:N38이라는 조건을 입력했습니다.

제약3] 제품별로 적어도 이 정도는 생산해야 한다는 고객의 특별한 요청이 있었습니다. 제한 조건 종속 첫 번째 항목에 E16:E17 >= G16:G17이라는 조건을 입력했습니다.

〈그림80. 〈그림78〉을 풀기 위한 해 찾기 매개 변수 세팅〉

직접 본문에서 다루지는 않았지만 같은 문제를 가지고 생산량 최대화를 달성하도록 PMO를 수행한 결과와 고객의 특수한 요청사항을 반영하면서도 가장 많은 생산량을 제시하도록 PMO를 수행한 결과까지 총 4개의 대안을 만들었고, 각 대안의 결과를 비교하였습니다. 결과 중에 제품의 수량이 소수로 나온 것은 소수점 이하 첫째 자리에서 반올림하여 전부 정수로 표현하였습니다. 〈그림81〉은 PMO의 수행 대안별 결과를 비교한 것입니다. 대안1은 최대한 이윤이 많이 남도록 PMO를 수행한 결과이고, 대안2는 대안1에 고객의 특별한 요청을 반영한 결과이며, 대안3은 생산량이 가장 많도록 PMO를 수행한 결과이고, 마지막으로 대안4는 대안3에 고객의 특별한 요청을 반영한 결과입니다. 총 이윤을 비교하면 대안1〉대안2〉대안4〉대안3의 순으로, 반면에 가능량을 비교하면 대안3〉대안4〉대안2〉대안1의 순으로 결과가 좋게 나왔습니다. 이렇게 생산가능량에 대한 여러 대안을 만들고, 상황에 가장 알맞은 대안을 선택하여 계획을 확정하는 것도 좋은 방법입니다.

	A	B	C	D	E	F	G	H	I	J	K	L	M
1	제품	대안1			대안2			대안3			대안4		
2		PMO (이윤 only)			PMO (이윤 + 고객요구)			PMO (생산량 only)			PMO (생산량 + 고객요구)		
3		이윤	요청량	가능량	이윤	요청량	가능량	이윤	요청량	가능량	이윤	요청량	가능량
4	A	100	300	300	100	300	300	100	300	300	100	300	300
5	B	32	680	680	32	680	440	32	680	680	32	680	48
6	C	45	540	540	45	540	540	45	540	540	45	540	540
7	D	27	1,100	1,100	27	1,100	522	27	1,100	1,100	27	1,100	1,100
8	E	35	1,040	894	35	1,040	1,040	35	1,040	1,040	35	1,040	1,040
9	F	40	440	440	40	440	440	40	440	34	40	440	440
10	G	55	280	261	55	280	280	55	280	0	55	280	280
11	H	60	600	600	60	600	600	60	600	600	60	600	600
12	I	10	1,500	403	10	1,500	1,100	10	1,500	1,500	10	1,500	1,500
13	J	28	400	400	28	400	400	28	400	400	28	400	0
14	계	220,235	6,880	5,618	210,074	6,880	5,662	205,720	6,880	6,194	205,936	6,880	5,848

〈그림81. PMO(설비) 수행 옵션별 결과 비교〉

PMO는 주간보다는 월간 단위의 생산량을 정할 때 대단히 유용한 도구입니다. 어떤 회사는 매월 월간 생산량을 먼저 정하고, 그 월간 생산량을 크게 흔들지 않는 범위 내에서 주간 생산량을 정하기도 하는데, 월간 생산량을 정할 때 바로 이 PMO가 역할을 담당합니다. 그렇다면 PMO를 어느 조직이 주관하여 사용하면 좋을까요? 어차피 두 조직 중에 하나입니다. PMO를 사업부에서 운영하는 것이 좋을까요?, 아니면 생산 조직에서 운영하는 것이 좋을까요?

어느 조직이 PMO를 운영하는 것이 좋은지를 판단하려면, PMO를 사용하지 않고 월간 생산량을 정하는 모습을 떠올리면 답이 금방 나옵니다. 월간 단위의 생산량을 결정하는데 사업부나 마케팅에서 자기들만의 방식으로 수요를 만족하면서도 생산 가능한(?) 생산량을 정한 다음, 이대로 진행해도 좋은지 생산에 검토 요청을 하면 생산 쪽에서는 펄쩍펄쩍 뜁니다. 생산을 몰라도 너무 몰라서 이렇게 무리한 요청량을 매번 던진다고 하면서 말입니다. 특정 제품은 생산요청량이 지나치게 많아서 기간 내에 생산하기 어렵다고 답을 주어도 영업 쪽에서 우겨대는 통에 생산과 영업이 옥신각신만 하다가 끝나는 경우가 많습니다. 가뜩이나 계획을 수립하는 시간이 늘 부족한 관계로 생산량을 잘 정하지 못한 채 계획을 확정하고 배포할 때가 많습니다. 그렇다고 해서 생산량 결정의 역할을 생산 조직이 담당할 수도 없는 노릇입니다. 수요가 생산의 능력치보다 큰 경우, 어떤 수요를 줄여야 할지 생산이 어떻게 알겠습니까? 특정 제품에 대해서 납품 수량을 줄이겠다고 하면 고객이 이를 받아줄지, 아니면 납품 수량을 조금이라도 줄인다면 이번 거래는 없던 것으로 하자고 할지 생산은 알 수가 없기 때문에 생산량은 생산이 정하는 것이 아닙니다.

　그래서 이 PMO라는 도구를 잘만 활용한다면 계획수립의 주체에 대한 구조적인 문제가 많이 해소될 것으로 기대합니다. PMO를 사용할 때 필요한 대부분의 기준정보는 CAO와 같은 것을 사용한다고 했습니다. 생산의 능력치를 측정하기 위한 CAO의 기준정보는 생산이 맡아서 관리합니다. 그리고 CAO의 기준정보 관리는 상시 이루어져야 합니다. 그래야 검토하고 싶은 요청량들이 있으면 그때마다 부하율을 점검할 수 있습니다. 그러면 제품별 이윤 정보를 제외하고는 PMO에서 사용하는 대부분의 기준정보 관리도 생산이 하는 것이 됩니다. 생산이 관리하는 정보를 기반으로 계획수립 주체인 사업부에서 PMO를 활용하여 월간 생산량을 정합니다. 이렇게 하면 능력치를 잘 감안하여 실행 가능한 생산량을 PMO가 제안할 것이기 때문에 사업부가 생산을 모른 채 계획을 수립한다는 불신을 많이 해소할 수 있습니다.

▌04　PMO의 또 다른 형태 - PMO(자재)

　SCM을 잘해서 달성하고 싶은 두 가지 지향점으로 고객이 원하는 것을 제때 잘 납품하고, 그러면서도 재고 자산을 적절한 수준으로 유지하는 것이라고 말씀드린 적이 있습니다. SCM의 지향점에 잘 도달하려면 **할 수 있는 계획을 세우고, 수립한 계획은 반드시 지켜야** 합니다. 수요를 이상적으로 만족하는 공급(생산)량을 '요청량'이라고 했습니다. 요청량은 대부분 실행 불가능한 수량입니다. 회사가 계획을 세우고 관리를 할 필요를 느낀다면 이미 수요가 생산할 능력을 초과하는 경우가 대부분입니다. 이 요청량을 실행할 수 있는 '가능량'으로 만들기 위해 고려해야 하는 요인들을 **제약**이라고 부릅니다. 제약은 크게 두 가지가 있습니다. 바로 '능력치'와 '자재'입니다. 흔히들 능력치는 캐파 제약, 자재는 자재 제약이라고 부릅니다. 능력치를 고려하여 가능량 만드는 것은 앞서 'PMO(설비)' 부분에서 다루었습니다. 자재도 고려하여 만들 수 있느냐고요? 예, 그렇습니다. 그래서 이름도 **'PMO**(자재) 라고 부르겠습니다.

  여기서 오해가 있을까 봐 미리 한 말씀 드립니다. 우리가 계획을 수립할 때에는 보통 시간축을 고려합니다. 예를 들어 주간 계획은 10~20주의 전체 기간에 대하여 주간 단위로 계획을 수립합니다. 앞선 주차에서 하고 싶은 요청량을 능력치가 부족하여 전부 다 가능량으로 만들지 못하면, 아직 남아 있는 요청량을 다음 주에 마저 하되, 다음 주에 있는 요청량보다 먼저 가능량으로 반영하도록 우선권을 줍니다. 일반적인 계획수립 기법과 PMO는 여기에서 차이를 보입니다. 계획은 요청량을 전부 가능량으로 만들지 못할 때, 남은 요청량을 다음 버킷으로 이월(移越, Carry Over)시키지만, PMO는 한 지점에 대한 최적의 의사결정만 수행합니다. 물론 APS 전문 업체라면 이 PMO 기법을 여러 주차에 연결하여 여러 버킷의 계획으로도 충분히 만들 수 있으리라 봅니다. 중요한 것은 여러분들은 이 PMO라는 기법이자 도구를 통해 요청량을 가능량으로 전환할 때 고민해야 할 것들이 무엇이 있고, 어떻게 적용하는지, 그리고 최적화라는 개념이 실제 어떻게 활용되고 있는지 이미 많은 것을 습득하였다는 사실입니다.

자, 지금부터 PMO(자재)를 말씀드리겠습니다. 상황에 대한 인식이 먼저입니다. 여기 전자 제품을 만드는 회사가 있습니다. 전자 제품을 만드는 회사에서 가장 중요한 생산 제약은 아무래도 자재입니다. 한 제품에 들어가는 부품 혹은 자재가 적게는 수십 종에서 많게는 수백, 수천 종이 들어갑니다. 하나의 제품을 만들기 위해 자재가 어떻게 결합되어 있는지는 BOM(Bill Of Materials) 정보에 담겨 있고, BOM 정보는 회사의 가장 중요한 무형 자산 가운데 하나입니다. 그런데 제품별로 BOM을 풀어서 보면 어떤 자재는 특정 제품에만 사용되는데 이러한 자재를 **전용자재**[71]라고 부릅니다. 또 어떤 자재는 여러 제품에 두루 쓰이는데 이러한 자재를 **공용자재**라고 합니다. 만들고 싶은, 혹은 만들어야 하는 제품은 많은데 자재가 늘 무한정 있는 것이 아닙니다. 자원의 유한성 때문에 우리의 고민이 시작됩니다. 만약 모든 자재가 전용자재라면 현재 보유한 자재를 가지고 제품 요청량 중에서 몇 개를 만들 수 있는지 가능량을 금방 계산할 수 있습니다. 하지만 대부분의 상황에서는 전용자재와 공용자재가 섞여 있는데 이럴 경우 제품별로 가능량을 몇 개씩 만들 수 있는지 헤아리기가 쉽지 않습니다. [문제10]을 통해 이 문제에 접근하겠습니다.

[문제10]

전용자재와 공용자재가 함께 있는 경우 제품별 생산가능량 찾기

제품A와 제품B의 요청량이 각각 2,000(개)와 3,000(개)가 있습니다. 제품별로 BOM을 보니 〈그림82〉와 같이 제품A 하나를 만들기 위해 원자

---

71 제품에 단독으로 사용하는 자재를 전용자재라고 한 것과 같이 제품에 단독으로 사용하는 설비를 전용설비라고 앞에서 불렀습니다. (제10장 5절 참고)

재a가 두 단위[72], 그리고 원자재c가 한 단위 들어갑니다. 그리고 제품B 하나를 만들기 위해 원자재a가 한 단위, 그리고 원자재b가 두 단위 들어갑니다. 그리고 원자재 기초재고는 a가 5,000개, b가 6,000개, 그리고 c가 2,000개가 있습니다. 설비의 능력치는 고려하지 않고, 제품별 생산가능량을 최대한 많이 만들려고 합니다. 제품별로 몇 개씩 만들 수 있는가요?

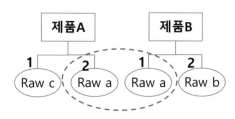

〈그림82. 제품A와 제품B에 사용되는 전용자재와 공용자재〉

이러한 상황은 실제로 생산을 실행(Execution)할 때 흔히 발생합니다. 생산계획은 잡혀 있는데 자재가 충분하지 않은 경우, 어떤 제품을 얼마나 만들어야 제품의 전체 생산량이 최대가 되는지 고민을 하게 됩니다. 계획을 수립할 때라고 별반 다르지 않습니다. 요청량을 가능량으로 만들 때 위의 예제처럼 자재 제약을 반영하는 문제는 비록 문제가 간단해 보인다 할지라도 막상 풀려고 하면 그렇게 쉽지만은 않습니다. 공용자재 때문에 그렇습니다. 어떤 제품의 생산가능량을 늘릴수록 그 제품에 사용되는 자재 사용량 또한 많아져서 결국 특정 자재가 부족한 상황에 직면하게 됩니다. 마구잡이로 문제를 풀면 실마리가 안 보이므로 체계적으로 접근해야 하는데, 제품별로 우선순위를 정하고 우선순위가 높은

---

72   제품 하나를 만드는 필요한 원자재의 수량을 '소요원수'라고 부릅니다.

제품부터 가급적이면 요청량을 전부 가능량으로 바꾸는 전략을 흔히 사용합니다. 우선순위가 높은 제품부터 최대한 가능량으로 만들고 그래도 자재가 남으면 남는 자재의 재고가 허용하는 한도 내에서 그다음 우선순위 제품의 요청량을 가능량으로 만듭니다.[73] 제품의 우선순위를 어떻게 두느냐에 따라서 보유한 원자재로 만들 수 있는 제품 수량이 달라지는데 그 예제는 아래 〈그림83〉에 잘 나와 있습니다.

〈그림83〉에 있는 시나리오1은 제품A의 우선순위가 제품B의 우선순위보다 높은 경우입니다. 제품A의 요청량은 2,000(개)인데 요청량을 원자재 재고가 허용하는 최대한도 내에서 가능량으로 만들면 그때 사용하는 자재는 a가 4,000(개), c가 2,000(개)로 기초재고 범위 내에 있으므로 2,000(개) 전부를 가능량으로 만들 수 있고, 그때 남는 자재는 a 1,000(개), b 6,000(개), c 0(개)가 됩니다. 이제 제품B의 요청량 3,000(개) 중에서 얼마나 만들 수 있나 헤아려 보니 자재a가 1,000(개)밖에 없어서 제품B는 1,000(개)가 만들 수 있는 최대 수량이 됩니다.

이제 시나리오2를 보겠습니다. 시나리오2는 제품B의 우선순위가 제품A의 우선순위보다 높다고 정의했습니다. 우선순위가 높은 제품B의 요청량은 3,000(개)인데 요청량 전부를 가능량으로 만들면 그때 사용하는 자재는 a가 3,000(개), b가 6,000(개)로 역시 기초재고 범위 내에 들어오므로 3,000(개) 전부를 가능량으로 만들 수 있고, 그 때 남는 자재는 a

---

[73] 이 방법은 [문제10]과 같이 아주 단순한 문제에서는 괜찮은 결과를 제공하지만 제품의 가짓수가 많거나 한 제품에 들어가는 자재의 종류가 많은 복잡한 문제에서는 좋은 결과를 제공하지 못합니다.

2,000(개), b 0(개), c 2,000(개)가 됩니다. 이제 제품A의 요청량 2,000(개) 중에서 얼마나 만들 수 있나 헤아려 보니 자재a가 2,000(개)밖에 없는데 제품A 하나를 만드는데 자재a는 2개가 필요하므로 제품A를 1,000(개)까지밖에 만들지 못합니다.

결과적으로 시나리오별로 제품별 가능량을 비교하면 시나리오1은 제품A 2,000(개), 제품B 1,000(개)로 총 3,000(개)밖에 만들지 못하는 반면, 시나리오2는 제품A 1,000(개), 제품B 3,000(개)로 총 4,000(개)까지 만들 수 있게 됩니다. 결과를 통해 미루어 볼 때 제한된 자원에서도 우선순위를 어떻게 정하느냐에 따라 제품별 생산가능량이 달라짐을 확인할 수 있습니다. 그런데 제품별 우선순위를 만드는 경우의 수는 제품의 가짓수(n)에 대한 계승(팩토리얼, n!)이며, 제품의 가짓수가 많아지면 우선순위를 고려하여 순번을 정하는 경우의 수가 기하급수적으로 늘어납니다. 이 많은 경우의 수를 하나씩 따져가며 제일 많은 생산가능량을 제공하는 우선순위를 찾는다는 것은 비효율적일뿐더러 불가능한 작업입니다.[74]

한 가지 더 알아야 할 사실이 있습니다. ERP에서는 요청량과 가능량 이라는 개념의 구분이 없습니다. 엄밀히는 요청량이라는 개념밖에 없습니다. 그래서 〈그림83〉의 세 번째 내용에서 보는 바와 같이 ERP는

---

[74] 엄밀하게는 전체 생산량을 최대로 하려면 우선순위가 높다고 해서 자재가 허용하는 한도를 다 소진해서는 안 됩니다. 우선순위는 비록 낮지만 자재 소모량이 더욱 효율적인 제품을 위해 조금은 남겨두어야 합니다. 하지만 얼마를 남겨야 하는지를 알기는 대단히 어렵습니다. 그것이 최적화 개념입니다. 이 예제는 〈그림85〉에 잘 나타나 있습니다. 단지 우선순위만으로 파악했다면 아마도 우선순위가 제일 높은 제품은 요청량 전부를 가능량으로 취하였을 텐데, 어떠한 제품도 요청량 전부를 가능량으로 만들지 않았습니다.

제품별로 우선순위를 지정하여 가능량을 만들지 못하고, 요청량 전부를 만들 때 어떤 자재가 얼마나 부족한지만을 판단할 수 있습니다. 제품A 2,000(개), 제품B 3,000(개)를 전부 만들기 위해 자재a 7,000(개), b 6,000(개), 그리고 c 2,000(개)가 필요하므로 결과적으로 자재a가 2,000(개) 부족하다는 결과만 제공합니다. 자재에 대한 부족량을 보고 거꾸로 어떤 제품을 얼마나 만들 수 있는지를 헤아린다는 것은 현실적으로 불가능한데, ERP만 사용하는 회사들은 대부분 이렇게 살고 있습니다.

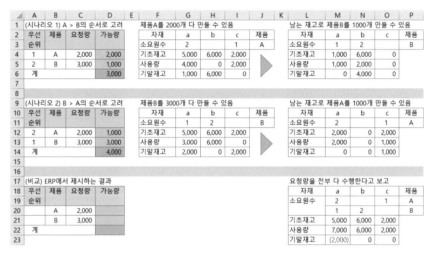

〈그림83. 제품의 우선순위를 다르게 하여 생산가능량을 비교한 결과〉

〈그림84〉는 PMO(자재)의 개념을 도식화하였습니다. 수요를 만족하기 위해 만들어야 하는 제품별 수량, 즉 요청량은 각각 A 2,000(개), B 3,000(개)이지만 제품에 사용되는 자재의 기초재고가 충분하지 못하여 요청량을 전부 다 가능량으로 만들지 못합니다. 대신에 자재의 기초재

고를 잘 활용하여 최대한 많은 제품을 가능량으로 만들었는데 제품A만 2,000(개)의 요청량에서 1,000(개)의 가능량으로 1,000(개)를 포기하였음을 보여 줍니다.

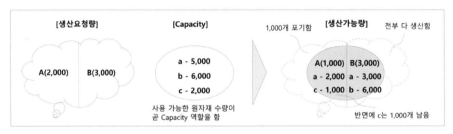

〈그림84. [문제10]에서 자재 제약을 고려하여
제품의 요청량을 가능량으로 가장 많이 만든 결과〉

PMO(설비) 문제와 마찬가지로 PMO(자재) 문제도 역시 최적화 문제입니다. 그래서 목표를 설정하면 할 수 있는 범위 내에서 설정한 목표를 최대한 잘 달성할 수 있는 결과를 제공합니다. PMO(자재) 문제에서도 이윤 최대화와 생산량 최대화라는 목표를 세우고 두 가지 목표 각각에 대하여 제품별 생산가능량을 구하고 그 결과를 비교해 봄으로써 여러분의 이해를 돕겠습니다. 추가로 Lot Size까지 고려해야 하는 경우에 어떻게 이 문제를 푸는지도 함께 설명드리겠습니다.

[문제11]
PMO(자재)의 여러 유형별 해 찾기 문제
제품별로 사용하는 원자재의 현황이 아래 그림과 같을 때 제품별 요청량에 대하여 다음 네 가지 유형의 PMO(자재) 문제를 풀고 그 결과를 비교하십시오.

문제11-1) PMO(자재-이윤)

문제11-2) PMO(자재-이윤-Lot Size) (제품별 Lot Size 수량을 감안하여 가능량을 산출함)

문제11-3) PMO(자재-생산량)

문제11-4) PMO(자재-생산량-Lot Size) (제품별 Lot Size 수량을 감안하여 가능량을 산출함)

정답11-1) PMO(자재-이윤)

제품별로 요청량은 많은데 막상 제품을 만드는데 필요한 자재가 많이 부족합니다. 자재가 부족한 가운데에서 생산 가능한 수량을 찾되, 그러면서도 전체 이윤이 최고가 되는 조합을 찾아야 합니다. **제품에 대한 자재들의 단위 소요량을 어떻게 표현하느냐가 문제 푸는 관건이며,** 아래 〈그림85〉처럼 표현하는 것이 가장 쉬운 방법이라고 생각합니다. 앞에서 봐 온 모든 문제와 마찬가지고 목적함수가 되는 전체 이윤은 주황색으로 표시했고, 결정변수인 제품별 가능량은 초록색으로, 그리고 제약조건은 하늘색으로 표시했습니다. E열과 F열은 문제11-2)와 문제11-4)를 풀기 위해 필요한 정보인데 전체 템플릿에 통일을 기하기 위해 추가한 것이니 문제11-1)에서는 무시해도 됩니다.

	A	B 이윤/개(원)	C 요청량(개)	D 가능량(개)	E Lot Size	F 상수K
1	제품	이윤/개(원)	요청량(개)	가능량(개)	Lot Size	상수K
2	A	250	2,000	1,538	1	
3	B	500	2,000	731	1	
4	C	800	3,000	692	1	
5	D	300	2,000	0	1	
6	E	1,000	2,000	769	1	
7	계	2,073,077	11,000	3,731	-	-

	H 원자재	I a	J b	K c	L d	M e	N f	O g	P h	Q i	R j	S 제품
1	원자재	a	b	c	d	e	f	g	h	i	j	제품
2	소요원수	1	2		1		1	1				A
3		2		2		2	1	1	1		1	B
4			1	1	2	4			1	1		C
5				2	2		1	2	1			D
6				2	4	1				1	1	E
7	기초재고	3,000	4,500	5,000	6,000	5,000	4,000	3,000	2,000	1,700	1,500	
8	자재사용량	3,000	3,769	3,692	6,000	5,000	2,269	2,269	1,423	1,462	1,500	
9	기말재고	0	731	1,308	0	0	1,731	731	577	238	0	5,315
10	관계	≥	≥	≥	≥	≥	≥	≥	≥	≥	≥	
11	기준	0	0	0	0	0	0	0	0	0	0	

〈그림85. PMO(자재–이윤) 문제의 결과〉

〈그림85〉에는 어떤 수식이 담겨 있는지 〈그림86〉에 표현하였습니다. 주황색인 전체 이윤을 표시하기 위해 SUMPRODUCT(제품별 개당이윤, 가능량)을 B7에 정의하였습니다. 중요한 것은 자재별 사용량입니다. 제품별 가능량이 커지면 그 제품에 사용하는 자재의 사용량 또한 많아집니다. 예컨대 자재a의 사용량은 SUMPRODUCT(제품별 가능량, 자재a의 소요원수)이며 SUMPRODUCT($D$2:$D$6,I2:I6)라고 정의했습니다. 제품별 가능량은 모든 자재의 사용량에 공통적으로 사용하므로 지정한 범위에 F4 버튼을 눌러 절대참조($)를 입력하였습니다.

	A	B	C	D	E	F
1	제품	이윤/개(원)	요청량(개)	가능량(개)	Lot Size	상수K
2	A	250	2000	0	1	
3	B	500	2000	0	1	
4	C	800	3000	0	1	
5	D	300	2000	0	1	
6	E	1000	2000	0	1	
7	계	=SUMPRODUCT(B2:B6,D2:D6)	=SUM(C2:C6)	=SUM(D2:D6)	-	-

	H	I	J	K	L	M	N	O	P	Q	R	S
1	원자재	a	b	c	d	e	f	g	h	i	j	제품
2	소요원수	1	2		1		1	1				A
3		2		2		2	1	1	1		1	B
4			1	1	2	4			1	1		C
5				2	2		1		2	1		D
6				2	4		1			1	1	E
7	기초재고	3000	4500	5000	6000	5000	4000	3000	2000	1700	1500	
8	자재사용량	=SUMPRODUCT($D$2:$D$6,I2:I6)	=SUMP	=SUMP	=SUMP	=SUMP	=SUMP	=SUMP	=SUMP	=SUMP	=SUMP	
9	기말재고	=I7-I8	=J7-J8	=K7-K8	=L7-L8	=M7-M	=N7-N8	=O7-O8	=P7-P8	=Q7-Q8	=R7-R8	=SUM(I9
10	관계	≥	≥	≥	≥	≥	≥	≥	≥	≥	≥	
11	기준	0	0	0	0	0	0	0	0	0	0	

〈그림86. PMO(자재-이윤) 문제를 풀기 위한 수식 세우기〉

이제 해를 찾기 위해 〈그림87〉에 해 찾기 매개 변수를 설정합니다. 목적함수가 되는 목표 설정에는 주황색 셀(B7)과 최댓값을 선택합니다. 결정변수인 변수 셀 변경 부분에는 초록색 부분인 제품별 가능량(D2:D6)을 지정합니다. 제약조건에 해당하는 제한 조건에 종속에는 다음 두 가지 하늘색으로 칠한 부분을 정의합니다. **첫째, 모든 자재의 기말재고는 0 이상이어야 합니다**(I9:R9 >= I11:R11). 전체 이윤을 최대로 만들겠다고 하여 제품을 마구 생산하면 자재 사용량이 기초재고보다 커질 수가 있는데 이러면 기말재고가 음수(-)가 되어 말이 성립하지 않습니다. **둘째, 가능량은 요청량보다 크면 안 됩니다**(D2:D6 <= C2:C6). 이 조건이 없으면 자재의 기초재고가 엄청나게 많은 경우 이윤을 최대화하기 위하여 **요청량보다** 가능량이 커질 수 있는데 역시 말이 성립하지 않습니다. 그래서 두 조건이 모두 있어야 합니다.

SCM 혁신과 생산계획

〈그림87. PMO(자재-이윤) 문제의 해 찾기 매개 변수 설정〉

정답11-2) PMO(자재-이윤-Lot Size)

어떤 제품은 반드시 박스 단위를 고려하여 가능량을 뽑아야 할 때가
있습니다. 제품마다 한 박스에 담기는 수량이 다르다면 이것 또한 일일
이 헤아려서 반영하기가 수월치 않습니다. 수요를 보고 요청량을 만들
때에는 어렵사리 박스 단위를 고려하였는데 가능량에서 이것을 무시한
다면 실망이 클 것입니다. PMO(자재) 문제에서 박스 단위(혹은 Lot Size)를 고
려하여 생산가능량을 뽑고 싶은데 이때 약간의 트릭을 이용하면 쉽게
문제를 풀 수 있습니다.

〈그림88〉에는 〈그림85〉에는 없던 E열과 F열에 값이 들어왔습니
다. 목적함수가 되는 전체 이윤은 문제11-1)과 똑같이 B7에 정의합니
다. 하지만 결정변수의 범위를 지정하는 부분에서는 문제11-1)의 〈그

림85〉와 문제11-2)의 〈그림88〉이 서로 다릅니다. 문제11-1)에서는 가능량(D2:D6)을 직접 결정변수로 삼아서 문제를 풀었는 데 반해, 문제 11-2)에서는 상수K라고 하는 필드(F2:F6)를 결정변수로 삼았습니다. 제약조건은 상수K가 '정수'이어야 한다는 조건이 하나 더 붙는 것을 제외하고는 문제11-1)과 문제11-2)에 차이가 없습니다.

	A	B	C	D	E	F
1	제품	이윤/개(원)	요청량(개)	가능량(개)	Lot Size	상수K
2	A	250	2,000	1,500	20	75
3	B	500	2,000	750	50	15
4	C	800	3,000	660	60	11
5	D	300	2,000	80	40	2
6	E	1,000	2,000	750	50	15
7	계	2,052,000	11,000	3,740	-	-

	H	I	J	K	L	M	N	O	P	Q	R	S
1	원자재	a	b	c	d	e	f	g	h	i	j	제품
2	소요원수	1	2		1		1	1				A
3		2		2		2	1	1	1		1	B
4			1	1	2	4			1	1		C
5				2	2		1	2	1			D
6				2	4	1				1	1	E
7	기초재고	3,000	4,500	5,000	6,000	5,000	4,000	3,000	2,000	1,700	1,500	
8	자재사용량	3,000	3,660	3,820	5,980	4,890	2,330	2,410	1,490	1,410	1,500	
9	기말재고	0	840	1,180	20	110	1,670	590	510	290	0	5,210
10	관계	≥	≥	≥	≥	≥	≥	≥	≥	≥	≥	
11	기준	0	0	0	0	0	0	0	0	0	0	

〈그림88. PMO(자재-이윤-Lot Size) 문제의 결과〉

〈그림88〉에는 어떤 수식이 담겨 있는지 〈그림89〉에 표현하였습니다. 주황색인 전체 이윤을 표시하기 위해 SUMPRODUCT(제품별 개당 이윤, 가능량)을 B7에 정의한 것은 문제11-1)과 같습니다. 문제11-1)에서는 가능량이 결정변수이기 때문에 아무런 수식을 입력하지 않았으나, 문제 11-2)에서 제품별 가능량은 제품별 Lot Size에 결정변수인 상수K를 곱

하여 얻습니다. 예를 들어 제품A의 가능량은 제품A의 Lot Size에 제품 A에 해당하는 상수K를 곱하여 얻습니다(D2=E2×F2). 자재 사용량을 구하는 수식은 문제11-1)과 똑같습니다.

	A	B	C	D	E	F
1	제품	이윤/개(원)	요청량(개)	가능량(개)	Lot Size	상수K
2	A	250	2000	=E2*F2	20	0
3	B	500	2000	=E3*F3	50	0
4	C	800	3000	=E4*F4	60	0
5	D	300	2000	=E5*F5	40	0
6	E	1000	2000	=E6*F6	50	0
7	계	=SUMPRODUCT(B2:B6,D2:D6)	=SUM(C2:C6)	=SUM(D2:D6)	-	-

	H	I	J	K	L	M	N	O	P	Q	R	S
1	원자재	a	b	c	d	e	f	g	h	i	j	제품
2	소요원수	1	2		1		1	1				A
3		2		2		2	1	1	1		1	B
4			1	1	2	4		1	1			C
5				2	2		1	2	1			D
6				2	4	1				1	1	E
7	기초재고	3000	4500	5000	6000	5000	4000	3000	2000	1700	1500	
8	자재사용량	=SUMPRODUCT($D$2:$D$6,I2:I6)	=SUM	=SUM	=SUM	=SUM	=SUM	=SUM	=SUM	=SUM	=SUM	
9	기말재고	=I7-I8	=J7-J8	=K7-K	=L7-L8	=M7-N	=N7-N	=O7-O	=P7-P	=Q7-C	=R7-R	=SUM(I9
10	관계		≥	≥	≥	≥	≥	≥	≥	≥	≥	≥
11	기준	0	0	0	0	0	0	0	0	0	0	

〈그림89. PMO(자재-이윤-Lot Size) 문제를 풀기 위한 수식 세우기〉

〈그림90〉과 같이 해 찾기 매개 변수를 설정합니다. 문제11-1)의 〈그림87〉과 상당히 유사합니다. 다른 곳은 결정변수에 해당하는 변수 셀 변경 부분과 **제약조건에 종속 부분에 상수K를 정수라고 선언한 부분입니다**(F2:F6=정수). 상수K가 정수이어야 한다는 제약을 걸지 않으면 상수K에 실수가 만들어지고 그 결과 아무리 Lot Size를 곱해도 가능량 역시 실수가 됩니다. 그래서 상수K는 정수이어야 한다는 조건을 붙입니다. 이 문제는 선형계획법(Linear Programming) 보다 어려운 정수계획법(Integer Programming)의 문제가 되지만 시스템으로 문제를 풀 때에는 푸는 방식에

대해서는 크게 구분을 두지 않아도 됩니다. 다만 정수가 필요한 곳에 꼭 정수여야 한다는 제약조건을 잊지 말고 추가해야 합니다.[75]

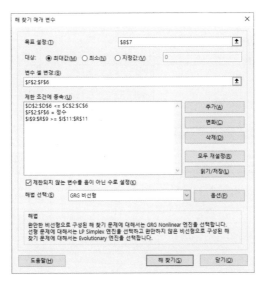

〈그림90. PMO(자재-이윤-Lot Size) 문제의 해 찾기 매개 변수 설정〉

정답11-3) PMO(자재-생산량)

정답11-3)은 목적함수를 제외하면 정답11-1)과 모두 같습니다. 다만 하나의 PMO(자재)라는 도구를 가지고도 사용하는 목적에 따라 목적함수를 달리 설정할 수도 있겠습니다. 예를 들어 **MPS를 수립하는 중이라면**

---

75 엑셀에서는 PMO(자재)는 결정변수인 상수K에 정수라는 조건을 달아서 생산가능량을 정수, 심지어는 Lot Size의 배수로 만드는 것이 어렵지 않습니다. 하지만 PMO(설비)는 결정변수가 제품별 설비별 할당률이라서 결정변수에는 정수라는 조건을 달 수 없습니다. 문제는 엑셀이 결정변수에만 정수라는 조건을 달 수 있도록 제한을 두고 있기 때문에 종속변수인 생산가능량에는 정수라는 조건을 달 수 없습니다. 참고로 상용화된 다른 프로그램에서는 PMO(설비)에서도 생산가능량에 정수라는 조건을 달 수 있습니다.

이윤이 최대화 되도록 문제를 풀면 좋을 것이고, 이미 수립한 **MPS를 실행하는 단계에서** 자재가 충분하지 않은 상황이라면 현재 보유 중인 자재 재고를 가지고 더 많은 제품을 만들기 위하여 생산량 최대화 관점에서 접근할 수도 있겠습니다. 더 이상의 설명은 하지 않고 〈그림91〉에 결과만 적겠습니다.

	A	B	C	D	E	F
1	제품	이윤/개(원)	요청량(개)	가능량(개)	Lot Size	상수K
2	A	250	2,000	1,831	1	
3	B	500	2,000	585	1	
4	C	800	3,000	838	1	
5	D	300	2,000	292	1	
6	E	1,000	2,000	477	1	
7	계	1,985,385	11,000	4,023	-	-

	H	I	J	K	L	M	N	O	P	Q	R	S
1	원자재	a	b	c	d	e	f	g	h	i	j	제품
2	소요원수	1	2		1		1	1				A
3		2		2		2	1	1	1		1	B
4			1	1	2	4			1	1		C
5				2	2		1	2				D
6				2	4	1				1	1	E
7	기초재고	3,000	4,500	5,000	6,000	5,000	4,000	3,000	2,000	1,700	1,500	
8	자재사용량	3,000	4,500	3,546	6,000	5,000	2,708	3,000	1,715	1,315	1,062	
9	기말재고	0	0	1,454	0	0	1,292	0	285	385	438	3,854
10	관계	≥	≥	≥	≥	≥	≥	≥	≥	≥	≥	
11	기준	0	0	0	0	0	0	0	0	0	0	

〈그림91. PMO(자재–생산량) 문제의 결과〉

정답11-4) PMO(자재–생산량–Lot Size)

정답11-4)도 목적함수 부분을 제외하면 정답11-2)와 모두 같습니다. 가능량을 직접 결정변수로 만들지 않고, 결정변수는 상수K로 한 다음에 상수K에 Lot Size를 곱하여 가능량을 종속변수화 시켰다는 것이 중요합니다. 〈그림92〉의 결과로 대신하겠습니다.

	A	B	C	D	E	F
1	제품	이윤/개(원)	요청량(개)	가능량(개)	Lot Size	상수K
2	A	250	2,000	1,800	20	90
3	B	500	2,000	600	50	12
4	C	800	3,000	780	60	13
5	D	300	2,000	280	40	7
6	E	1,000	2,000	500	50	10
7	계	1,958,000	11,000	3,960	-	-

	H	I	J	K	L	M	N	O	P	Q	R	S
1	원자재	a	b	c	d	e	f	g	h	i	j	제품
2	소요원수	1	2		1		1	1				A
3		2		2		2	1	1	1		1	B
4			1	1	2	4			1	1		C
5				2	2		1	2	1			D
6				2	4	1				1	1	E
7	기초재고	3,000	4,500	5,000	6,000	5,000	4,000	3,000	2,000	1,700	1,500	
8	자재사용량	3,000	4,380	3,540	5,920	4,820	2,680	2,960	1,660	1,280	1,100	
9	기말재고	0	120	1,460	80	180	1,320	40	340	420	400	4,360
10	관계	≥	≥	≥	≥	≥	≥	≥	≥	≥	≥	
11	기준	0	0	0	0	0	0	0	0	0	0	

〈그림92. PMO(자재-생산량-Lot Size) 문제의 결과〉

이제 [문제11]의 PMO(자재)에 관한 4가지 문제처럼 이윤을 최대화할 것이냐 생산량을 최대화할 것이냐라고 하는 목적함수에 따른 비교와 각각의 목적함수에 대해서 Lot Size라는 제약조건이 있고 없고에 따른 결과를 〈그림93〉과 같이 비교하였습니다. 대안1은 최대한 이윤이 많이 남도록 PMO(자재)만을 수행한 결과이고, 대안2는 대안1에 제품별 Lot Size를 반영한 결과이며, 대안3은 생산량이 가장 많도록 PMO(자재)를 수행한 결과이고, 마지막으로 대안4는 대안3에 Lot Size를 반영한 결과입니다. 총 이윤을 비교하면 대안1〉대안2〉대안3〉대안4의 순으로, 반면에 가능량을 비교하면 대안3〉대안4〉대안2〉대안1의 순으로 결과가 좋게 나왔습니다. 계획을 수립할 때, 도출 가능한 생산가능량의 대안을 여러 개 만들어서 비교하고 평가한 뒤, 그중에서 좋은 결과를 선택하는 것도 좋은 방법입니다.

SCM 혁신과 생산계획

	A	B	C	D	E	F	G	H	I	J	K	L	M	N
1	제품	Lot	대안1			대안2			대안3			대안4		
2		Size	PMO (자재-이윤)			PMO (자재-이윤-Lot Size)			PMO (자재-생산량)			PMO (자재-생산량-Lot Size)		
3			이윤	요청량	가능량	이윤	요청량	가능량	이윤	요청량	가능량	이윤	요청량	가능량
4	A	20	250	2,000	1,538	250	2,000	1,500	250	2,000	1,831	250	2,000	1,800
5	B	50	500	2,000	731	500	2,000	750	500	2,000	585	500	2,000	600
6	C	60	800	3,000	692	800	3,000	660	800	3,000	838	800	3,000	780
7	D	40	300	2,000	0	300	2,000	80	300	2,000	292	300	2,000	280
8	E	50	1,000	2,000	769	1,000	2,000	750	1,000	2,000	477	1,000	2,000	500
9	계		2,073,077	11,000	3,731	2,052,000	11,000	3,740	1,985,385	11,000	4,023	1,958,000	11,000	3,960

〈그림93. PMO(자재) 수행 옵션별 결과 비교〉

| 05   PMO의 종결판, PMO(설비+자재, 이윤)

이쯤되면 PMO의 종결판이 등장할 시간이 다가왔음을 직감적
으로 느끼리라 생각합니다. 앞에서 PMO(설비)도 보았고 이번에 PMO(자
재)도 보았으니, 이것들을 한꺼번에 고려하는 방법을 기대하는 것은 어
찌 보면 당연한 욕구입니다. 그런데 요청량을 가능량으로 전환할 때 굳
이 PMO와 같은 기법을 꼭 써야 하느냐는 의구심이 들 것입니다. 솔직
히 말씀드려 PMO를 실제 프로젝트에 적용한 사례는 아직 없습니다. 그
렇지만 잘만 활용하면 웬만한 기업들이 MPS를 수립하는 데 많은 도움
을 주리라고 봅니다.

실행 가능한 계획을 수립하기 위해서 요청량을 가능량으로 전환할 때
우리는 캐파와 자재라는 제약을 사용합니다. CAO와 PMO의 내용을
다루면서 지금까지 우리가 봐 왔지만, 캐파와 자재라는 제약이 생각한
것만큼 간단하지가 않습니다. 고객사가 제공하는 캐파와 자재 정보를
APS에 적용하는 것도 어렵지만, 고객사가 관리하는 캐파와 자재 정보

의 관리수준이 어느 정도인지를 판단하는 것은 더욱 어렵습니다.

　앞에서 몇 번 말씀드렸는데 아직까지도 많은 기업들은 엑셀로 MPS를 수립합니다. 계획수립 담당자가 엑셀을 사용하여 수요계획으로부터 생산요청량을 뽑는 데까지는 별로 어려움이 없지만, 요청량을 가능량으로 만드는 데에는 한계에 부딪힙니다. 고려해야 할 캐파와 자재 제약이 복잡하기 때문입니다. 결국 가능량을 잘 만들지 못하여 계획의 실행력에 문제가 생기고, 계획한 대로 실행하지 못한 차질분이 고스란히 다음번 계획과 실행에 영향을 주는 악순환의 고리로 이어집니다. 그래서 엑셀로 계획을 수립하는 한계를 극복하고자 전문적인 솔루션 업체에 의뢰하여 야심 차게 APS 구축 프로젝트를 합니다만 결과가 늘 좋은 것도 아닙니다. 실패하는 경우도 많습니다. 실패하는 데에는 여러 원인들이 있을 텐데, 가능량을 만드는 데 중요한 역할을 하는 캐파와 자재라는 정보에 대한 고객사와 솔루션 공급업체의 이해 부족을 중요한 원인으로 꼽을 수 있습니다. 고객사는 캐파와 자재 정보를 관리하는 주체이긴 합니다만, 프로젝트 초기에는 APS의 활용에 능숙하지 못합니다. 따라서 고객사가 관리하는 캐파와 자재의 제약정보가 APS와 궁합(?)이 잘 맞는지 알지 못한 채, 그저 제약정보만 열심히 제공하면 APS가 알아서 최적의 가능량을 뽑아 줄 것으로 기대합니다. 그러면 시스템을 돌리려고 마구잡이로 투하한 인풋 데이터로 인해 APS 결과가 좋지 못한 상황이 발생합니다. 프로젝트 일정은 촉박하니 단기간에라도 어떻게든 결과를 내기 위해서 고객사 쪽에서는 회사의 운영 수준을 향상시키는데 별로 도움이 안 되는 난해한 로직을 자꾸 추가하고 반영해 달라고 요구합니다. 캐파

　　　　　　　　　　　　　　　　　　　　SCM 혁신과 생산계획

와 자재라는 제약정보를 어떻게 하면 좋게 만들지에 대한 고민은 뒤로 한 채 말입니다. APS 솔루션 업체나 컨설턴트들도 한계가 있기는 마찬가지입니다. 고객사가 제공하는 제약정보를 비판 없이 받아서 시스템에 입력할 줄만 알았지, 그 데이터가 결과의 품질에 어떠한 영향을 주는지 잘 알지 못하는 경우가 많습니다. 이때 CAO와 PMO가 사용자와 구축사 간에 시스템 결과의 품질, 더 나아가서 제공하는 인풋 데이터의 정합성을 검증할 수 있는 좋은 도구가 될 수 있습니다.

제가 시중에 나와 있는 몇몇 APS 솔루션을 접해 보았지만, 아직까지 PMO와 유사한 기법을 활용하는 솔루션 업체를 본 적은 없습니다. PMO가 캐파와 자재라는 제약을 이해하는 데 대단히 많은 도움을 주는데도 말입니다. 그리고 PMO라는 기법이 우리가 흔히 최적의 계획을 수립했다고 아무 비판 없이 이야기하는 관행에 많은 생각할 거리를 주는데도 말입니다.

그럼 이제 설비 제약과 자재 제약을 한꺼번에 고려하여 요청량을 가능량으로 만들어 주는 PMO(설비+자재) 문제를 보겠습니다. [문제12]에서는 이윤 최대화를 위한 목표만을 다루고, 생산량 최대화 문제는 앞에서 많이 다루었으므로 생략합니다. 그리고 엑셀에서는 결정변수가 아니면 정수 조건을 넣을 수가 없는데 이 문제에서는 할당률을 결정변수로 잡기 때문에 가능량에 Lot Size를 반영하지 못함을 헤아려 주시기 바랍니다.

[문제12]

PMO(설비+자재, 이윤)의 문제

앞의 〈그림77〉에서 이미 다룬 PMO(설비)의 문제에 덧붙여 제품 한 단위에 들어 가는 자재 소요량 정보와 자재 기초재고 정보까지 감안하여 전체 이윤이 가장 높은 제품별 생산가능량을 구하는 것이 문제입니다.

〈그림94〉에 PMO(설비+자재, 이윤)의 문제를 한꺼번에 표현하였습니다. 그중에서 위의 그림은 설비 능력치 계산에 필요한 정보를, 아래 그림은 자재 제약에 대한 정보를 나타냅니다. 엑셀 수식을 따로 화면으로 담지는 않겠습니다. 중요한 수식 세 가지만 적어 보면 다음과 같습니다. 1) 제품별 가능량(D17:D26)은 각 제품별 요청량에 해당 제품을 진행하는 설비별 할당률을 곱하여 얻습니다. 2) 설비별 예상 작업시간(E30:N30)은 제품별 요청량에 해당 설비의 Tact Time과 할당률을 곱한 결과를 모든 제품에 다 더한 다음에 가동률로 나누어서 얻습니다. 그리고 3) 자재별 사용량(T28:AC28)은 제품별 가능량에 해당 제품을 사용하는 자재의 소요원수를 곱한 결과를 모든 제품에 다 더하여 얻습니다. 특정 대상만을 집어서 수식으로 표현하면 다음과 같습니다.

제품A의 가능량(D17) = C17×SUM(E17:N17)

설비1의 예상 작업시간(E30) = 1÷E$1×SUMPRODUCT($C$3:$C$12,E3:E12, E17:E26)

자재a의 사용량(T28) = SUMPRODUCT($D17:$D26,T17:T26)

　　　　　　　　　　　　　SCM 혁신과 생산계획

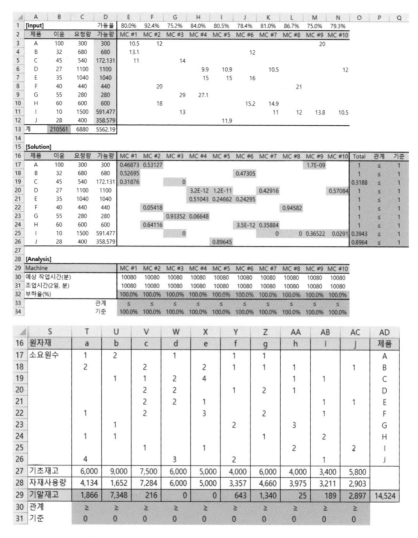

〈그림94. PMO(설비+자재, 이윤) 문제 풀이 전체 결과〉

이제 이윤이 가장 많이 남는 제품별 가능량을 찾기 위해 〈그림95〉와 같이 해 찾기 매개 변수를 설정합니다.

[목적함수] 전체 이윤이 최대가 되도록 제품별 생산가능량 만들기
[결정변수] 목적함수를 최대한 만족하되, 제약조건을 위반하지 않는 제품별 설비별 할당값
[제약조건1] 제품별로 가능량을 만들 때 요청량을 줄일 수는 있지만 늘리지는 못함
[제약조건2] 설비별로 부하율이 100%가 넘으면 안 됨
[제약조건3] 자재의 기초재고 이상으로 제품을 더 많이 만들 수 없음

'목표 설정'과 '변수 셀 변경' 부분은 그동안 많이 다루었으므로 설명을 생략합니다. 제약조건에 해당하는 '제한 조건에 종속'과 관련한 부분은 〈그림94〉에 하늘색으로 구분을 하였습니다. **첫째, 가능량은 요청량보다 크면 안 됩니다**(O17:O26 <= Q17:Q26). 수요가 없는데도 임의로 생산하면 안 되기 때문입니다. **둘째, 설비별로 부하율이 100%가 넘으면 안 됩니다**(E32:N32 <= E34:N34). 이윤을 많이 남기기 위해 제품을 많이 만들게 되면 특정 설비에 부하율이 100%가 넘는 할당값을 제공할 수가 있는데 이를 막기 위함입니다. **셋째, 모든 자재의 기말재고는 0 이상이어야 합니다**(T29:AC29 >= T31:AC31). 전체 이윤을 최대로 남기겠다고 하여 제품을 마구 만들면 자재 사용량이 기초재고보다 커질 수가 있는데 이러면 기말재고가 음수(-)가 되어 말이 성립하지 않습니다.

〈그림95. [문제12]의 해 찾기 매개 변수 설정〉

　이상이 설비의 캐파 제약과 자재 제약을 한꺼번에 감안하여 PMO를 얻은 결과입니다. 이 두 가지 제약만 잘 반영하여 주간 MPS를 만들어도 한 주 동안 해야 할 생산물량으로는 훌륭하다고 생각합니다. 아래 〈그림 96〉에는 〈그림77〉에서 다루었던 PMO(설비)의 결과와 〈그림94〉에서 다룬 PMO(설비+자재)의 결과를 비교하였습니다. 아무래도 고려할 제약이 더 많은 쪽의 생산가능량이 조금이라도 적을 수밖에 없습니다.

▲	A	B	C	D	E	F	G
1	제품	<그림77>			<그림94>		
2		PMO (설비, 이윤)			PMO (설비+자재, 이윤)		
3		이윤	요청량	가능량	이윤	요청량	가능량
4	A	100	300	300	100	300	300
5	B	32	680	680	32	680	680
6	C	45	540	540	45	540	172
7	D	27	1,100	1,100	27	1,100	1,100
8	E	35	1,040	894	35	1,040	1,040
9	F	40	440	440	40	440	440
10	G	55	280	261	55	280	280
11	H	60	600	600	60	600	600
12	I	10	1,500	403	10	1,500	591
13	J	28	400	400	28	400	359
14	계	220,239	6,880	5,618	210,561	6,880	5,562

〈그림96. 〈그림77〉과 〈그림94〉의 결과 비교〉

처음에 이 챕터에 손을 댈 때만 해도 이 정도까지를 예상하지는 않았는데 쓰다 보니 꽤 긴 여정이 되고 말았습니다. 실행 가능한 계획을 수립하는 것이 SCM 혁신에서 가장 중요한 일이고, 실행 가능한 계획을 수립하기 위해서는 요청량 중에서 가능량을 뽑는 일이 중요하다는 것 또한 잘 알고 있지만, 막연하게 가능량을 잘 만들기가 현실적으로는 어렵기에 가능량을 산출하는데 도움을 주는 새로운 방식을 제안하기에 이르렀습니다. 가능량을 수립하는 방법으로 **1) 엑셀로 바로 생산가능량을 뽑을 수도 있겠지만, 2) 요청량을 구한 다음 CAO로 부하율을 검증하여 시행착오 방식을 통하여 가능량을 만들 수도 있고, 3) PMO를 통하여 가능량을 바로 얻을 수도 있습니다. 4) 물론 전문 APS 시스템을 통해서 가능량에 도달할 수도 있습니다.** 어떠한 방식을 취하든 요청량을 가능량으로 바꾸었으면 이제는 그 생산가능량의 결과를 가지고 수요와 짝을 맞추어 RTF를 확인할 차례입니다. 이제 RTF를 어떻게 얻는지 다음 장에서 말씀드리겠습니다.

12.
수요계획에 대한
RTF 점검 (Post MTG)

지금까지 우리는 생산요청량을 생산가능량으로 만드는 다양한 PMO 기법에 대해 살펴보았습니다. 생산요청량은 수요계획을 완벽하게 만족시키는 이상적인 수량이긴 합니다만, 원하는 주차에 만들 수 있는 실행 가능한 수량들이 아닙니다. PMO를 통하여 생산요청량을 생산가능량으로 만들고 나면 제품별로 수요계획을 만족시키는지 여부를 확인할 수 있습니다. 생산가능량을 뽑고 난 다음 수요계획과 비교한 결과를 이미 제2부 9장의 〈그림31〉에서 소개한 적이 있었는데 아래 〈그림97〉에 똑같은 결과를 다시 보여 드립니다. 어떤가요? 그때는 별로 와 닿지 않던 내용인데 MTG, CAO, 그리고 PMO를 이해하고 난 다음에 같은 결과를 다시 보니 조금 더 새롭게 다가오지 않는지요?

	A	B	C	D	E	F	G	H	I	J	K	L	M	N	O
1	제품	담당자	거래처	항목	BOH	M9					M10				
2						W35	W36	W37	W38	W39	W39	W40	W41	W42	W43
3						5	7	7	7	4	3	7	7	7	7
4	A	갑돌이	123(한국)	수요계획		70	32	23	29	2	60	42	37	46	26
5				수요보충(요청)		85	32	23	29	2	60	42	37	46	26
6				수요보충(가능)		65	0	0	0	106	60	42	37	46	26
7				수요 RTF		70	10	0	0	76	60	42	37	46	26
8				수요부족		0	(22)	(45)	(74)	0	0	0	0	0	0
9				영업재고	15	10	0	0	0	30	30	30	30	30	30
10				출하(요청)		85	32	23	29	2	60	42	37	46	26
11				출하(가능)		65	0	0	0	106	60	42	37	46	26
12				출하부족		(20)	(52)	(75)	(104)	0	0	0	0	0	0
13				물류입고		0	0	0	200	0	100	0	0	100	0
14				물류재고(목표량)		32	23	29	28	84	42	37	46	26	0
15				물류재고(합계)	65	0	0	0	200	94	134	92	55	109	83
16				생산출고		0	0	0	200	0	100	0	0	100	0
17				생산(요청)		100	0	100	0	0	100	0	0	100	0
18				생산(가능)		0	0	0	200	0	100	0	0	100	0
19				생산부족		(100)	(100)	(200)	0	0	0	0	0	0	0
20				생산재고	0	0	0	0	0	0	0	0	0	0	0

〈그림97. 생산(요청) 대비 생산(가능)의 지연이 수요에 미치는 영향〉(〈그림31〉과 동일)

왜 그런지는 모르지만 수요계획은 DP(Demand Plan)라고 하고, 수요계획을 만족시키는 수량을 RTF(Return To Forecast)라고 합니다. 같은 값이라고 해도 추측한 숫자는 Forecast(예측)라고 부르지만, 반드시 지키기로 약속하고 선언하면 그때부터는 Plan(계획)이라고 부릅니다. 영업 수요는 예측의 과정을 거쳐 계획으로 선언하고 공급 쪽에 내려옵니다. 그래서 수요예측이 아닌, '수요계획'이라고 부릅니다. 그런데 그 수요에 응답하는 항목의 명칭을 RTP(Return To Plan)라고 부르지 않고 RTF(Return To Forecast)라고 부릅니다. 충분히 납득은 안 가지만 저도 통용되는 이 용어에 따르겠습니다. 위의 그림에서는 '수요 RTF'라고 표기했습니다.

제2부의 9장에서 다루었던 MTG에서는 '수요계획'부터 시작하여 '생산(요청)'을 만들 때까지 분홍색 → 하늘색 → 초록색 영역의 순으로 문제를 풀었다면, 이제 '생산(가능)'에서 출발하여 '수요 RTF'를 만들기 위해서

SCM 혁신과 생산계획

는 초록색 → 하늘색 → 분홍색 영역의 순으로 계산을 해야 합니다. 제9장의 〈그림32〉에서 W35에 100, 그리고 W37에도 100이었던 '생산(요청)'이 생산의 제약을 감안한 결과, 원하는 시점보다 지연되어 '생산(가능)'이 W38에 200이 나온 것부터 시작을 하겠습니다. 생산 지연으로 인해 물류의 영역(하늘색)에 어떤 영향이 미치고, 수요의 영역(분홍색)에는 또 어떤 결과를 가져다주는지 확인하겠습니다.

기억하실지 모르겠지만 제2부 9장에서 '수요계획'으로부터 '생산(요청)'을 만드는 방법은 회사마다 다를 수 있기에 그 방법은 여러 개가 있을 수 있다고 했습니다. 그중에서 어떤 회사에서 적용해 볼 만한 운영기준을 만들어 보았고, 그 운영기준에 따라서 〈그림32〉와 같은 결과를 얻었습니다. 이와 마찬가지로 '생산(가능)'으로부터 수요 RTF를 만드는 방법'도 회사마다 다를 수 있습니다. 그중에서 만들어 볼 수 있는 운영기준을 다음의 [기준]처럼 제시하고 그 운영기준에 따라서 '수요 RTF'라는 결과를 이끌어 보겠습니다.

[기준] '생산(가능)'으로부터 '수요 RTF' 만들기

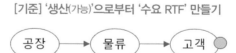

- 생산을 하면 즉시 전체 수량을 물류로 보냄
- 공장에서 출고한 주차에 물류에서 입고를 잡음 (근거리라 운송 리드타임을 고려하지 않음)
- 물류입고 주차에는 출하를 할 수 없고, 이미 보유한 재고만으로 물류

출하를 진행함

- **물류출하와 같은 주차에 수요보충이 됨** (근거리라 운송 리드타임을 고려하지 않음)

- **수요보충과 같은 주차에 판매 가능함**

					M9					M10				
제품	담당자	거래처	항목	BOH	W35	W36	W37	W38	W39	W40	W41	W42	W43	
					5	7	7	7	4	3	7	7	7	
A	갑돌이	123(한국)	수요계획		70	32	23	29	2	60	42	37	46	26
			수요보충(요청)		85	32	23	29	2	60	42	37	46	26
			수요보충(가능)		=F15	=G15	=H15	=I15	=J15	=K15	=L15	=M15	=N15	=O15
			수요 RTF		=MIN(E13+F10,F8-E12)	=MIN(	=MIN(	=MIN(	=MIN(	=MIN(	=MIN(	=MIN(	=MIN(	=MIN(
			수요부족		=MIN(E12+E13+F10-F8,0)	=MIN(	=MIN(	=MIN(	=MIN(	=MIN(	=MIN(	=MIN(	=MIN(	=MIN(
			영업재고	15	=E13+F10-F11	=F13+	=G13+	=H13+	=I13+	=J13+	=K13+	=L13+	=M13+	=N13+
			출하(요청)		85	32	23	29	2	60	42	37	46	26
			출하(가능)		=IF(E19<F14-E16,E19,F14-E16)	=IF(F19	=IF(H1	=IF(I19	=IF(I19	=IF(J19	=IF(K1	=IF(L1	=IF(M1	=IF(N1
			출하부족		=MIN(E16+F15-F14,0)	=MIN(	=MIN(	=MIN(	=MIN(	=MIN(	=MIN(	=MIN(	=MIN(	=MIN(
			물류입고		=F20	=G20	=I20	=J20	=K20	=L20	=M20	=N20	=O20	
			물류재고(목표량)		=IF(G7=7,G14,G14+(7-G7)/7*H14)	=IF(H7	=IF(I7	=IF(J7	=IF(K7	=IF(L7	=IF(M7	=IF(N7	=IF(O7	=IF(P7
			물류재고(합계)	65	=E19+F22-F15	=F19+	=G19+	=H19+	=I19+	=J19+	=K19+	=L19+	=M19+	=N19+
			생산출고		=F22	=G22	=H22	=I22	=J22	=K22	=L22	=M22	=N22	=O22
			생산(요청)		100	0	100	0	0	100	0	0	100	0
			생산(가능)		0	0	0	200		100	0	0	100	0
			생산부족		=MIN(E23+E24+F22-F21,0)	=F23+	=G23+	=H23+	=I23+	=J23+	=K23+	=L23+	=M23+	=N23+
			생산재고	0	0	0	0	0	0	0	0	0	0	0

〈그림98. 〈그림97〉 결과 도출을 위한 수식〉

〈그림97〉은 위에서 정리한 [기준]을 고려하여 도출한 결과인데 〈그림 98〉에 나와 있는 수식과 연계하여 말씀드리겠습니다.

[M9 | W35]

수요계획을 이상적으로 만족하는 생산요청량은 100이었지만(F21), 생산의 제약 때문인지 생산량이 0이라고 나와 있습니다(F22). 목표치인 100개 (F21)에 대비하여 계획량이 0개(F22)이므로 결국 100개가 부족합니다(F23). 그 결과 공장에서는 보내 줄 것도(F20), 그리고 물류에서는 받을 것도 없습

니다

322

SCM 혁신과 생산계획

니다(F17). 수요계획을 이상적으로 만족하려면 물류에서 출하를 85개 해야 하는데(F14), 물류창고에 들어온 것이 없으니(F17), 물류의 기초재고만으로 출하를 해야 하는데 65개밖에 없습니다(E19). 따라서 기초재고라도 전부 출하를 해야 합니다(F15). 그러면 원래 보내려고 했던 목표 수량 85개와 대비하여 20개 부족한 셈이 됩니다(F16). 물류에서 출하한 수량 65개는 같은 주차에 모두 영업에 도착합니다(F10). [기준]에 의거하여, 수요보충 65개(F10)와 영업 기초재고 15개(E13)를 합친 80개는 모두 판매 가능한 수량이며, 이는 수요계획 70을(F8) 만족하는데 무리가 없으므로 RTF는 수요계획과 같은 70이 됩니다(F11). 수요계획과 RTF가 같음은 수요에 대응하기에 부족함이 없다는 말과 같습니다(F12). 수요는 70인데 판매 가능한 수량이 80이므로 팔고 남은 재고는 10개가 됩니다(F13).[76]

[M9 | W36]

W35에 생산요청량 100개를 만족하는 생산가능량을 만들지 못했으므로(F22), W36에라도 생산가능량을 제시하는 것이 좋겠지만 이번에도 생산(가능)량이 0이 나왔습니다(G22). 그래서 여전히 생산 목표에 대비하여 계획량이 100개기 부족합니다(G23). 부족은 누적의 개념이기 때문입니다. 그 결과 이번 주 역시 공장에서는 보내 줄 것도(G20), 그리고 물류에서는 받을 것도 없습니다(G17). 수요계획을 이상적으로 만족하려면 물류에서 출하를 32개 해야 하는데(G14), 물류창고에 추가로 들어온 것도 없고(G17), 물류의 재고 또한 지난주에 출하를 하여 바닥이 났기 때문에(F19)

---

76 영업 안전재고를 30으로 유지하는 것이 재고를 운영하는 정책이자 목표였는데, 결과적으로 재고가 10개만 남았습니다(F13). 그렇지만 수요가 깨지지 않았기 때문에 재고가 10개밖에 남지 않은 자체가 심각한 문제라고는 볼 수 없습니다.

출하를 하고 싶어도 할 수 있는 수량이 없습니다(G15). 그러면 원래 이번 주에 출하해야 하는 목표 수량 32개(G14)와 지난주에 미처 못 보낸 부족 수량 20개(F16)를 더하여 52개가 부족한 셈이 됩니다(G16). 물류에서 출하한 게 없기 때문에 영업에 도착할 것도 없습니다(G10). [기준]에 의거하여, 수요보충 0개(G10)와 W36의 영업 기초재고 10개(F13)를 합친 10개만이 판매 가능한 수량이며, 이는 수요계획 32개(G8) 중에서 10개만 만족하므로 RTF는 10이 됩니다(G11). 수요계획 32개와 대비하여 RTF는 10개뿐이므로 수요계획에 22개 부족하다는 말로 표현이 가능합니다(G12). 판매 가능한 수량이 수요보다 적으므로 팔고 남은 재고는 당연히 없습니다(G13).

[M9 | W37]

이 부분은 M9 | W36과 내용이나 결과가 유사하기 때문에 W36의 설명으로 대신합니다.

[M9 | W38]

W37까지의 생산요청량 200개가 아직 하나도 나오지 않았으므로 부족 수량이 200개인데(H23), W38에야 비로소 학수고대하던 생산(가능)량 200이 나왔습니다(I22). 이 덕분에 생산부족 수량 200이 다 해소되었습니다(I23). 그 결과 이번 주에는 공장에서 200개를 출고하여(I20), 물류에 200개가 도착하였습니다(I17). 수요계획을 만족하려면 그동안 출하하지 못한 75개(H16) 말고도 이번 주 출하량 29개(I14)를 더하여 총 104개를 출하해야 하는데, 출하 부족 현상에서 보듯이 현재 물류 기초재고는 없고(H19) 이번 주에 물류창고로 들어온 200개는 [기준]에 의거하여 아쉽지

만 출하할 수 없습니다(I15). 결과적으로 이번 주에도 출하를 하나도 하지 못하므로 이번 주까지의 누적 출하 부족 수량은 104개가 됩니다(I16). 물류에서 출하한 게 없기 때문에 영업에 도착할 것도 없습니다(I10). 영업에 도착한 물량도 없고(I10), W38의 영업 기초재고 또한 0이므로(H13) 판매 가능한 수량이 없어서 RTF 또한 0이 됩니다(I11). W36부터 W38까지 수요는 있는데 RTF가 수요의 일부만 충족하여 부족한 누적 수량은 74개가 됩니다(I12). 해당 주차에 영업재고가 없음은 당연한 결과입니다(I13).

[M9 | W39]

다른 주차와 구별되는 내용만 말씀드립니다. W38에 물류창고로 들어온 200개가 출하하지 못한 채 고스란히 남아 있습니다(J19). 이 200개의 수량으로 그동안의 출하 부족 수량 104개(I16)와 이번 주에 출하해야 하는 2개(J14)를 더한 106개를 출하하고도(J15) 94개를 물류재고로 남깁니다(J19). 마찬가지로 영업에서도 물류에서 보낸 106개가 판매 지역에 고스란히 들어와서(J10) 그동안 팔려고 했으나 팔지 못한 영업의 부족 수량 74개 전부와(I12) 이번 주 팔려고 하는 수량 2개(J8)를 다 충당하고도 영업에서 안전재고로 들고 있으려는 30개(J13)를 확보할 수 있게 되었습니다.

〈그림97〉의 예제만으로는 관계를 전부 보여주기에 부족하지만 '수요계획'과 '수요 RTF' 그리고 '생산(요청)'과 '생산(가능)' 사이에는 다음과 같은 명제가 존재합니다. 이 관계를 이해하면 계획 중에서 문제가 있어 분석이 꼭 필요한 대상만을 선별할 수 있습니다.

- 명제1) '수요계획' 수량 전부를 '수요 RTF'로 제공받지 못하는 경우에는 →
  '생산(요청)' 대비 '생산(가능)'이 깨진 구간이 어딘가 반드시 존재하고,
- 명제2) '생산(요청)' 대비 '생산(가능)'이 깨진 구간이 있다고 해서 → (재고라
  는 버퍼 때문에) '수요계획'이 반드시 깨지는 것은 아닙니다.

이것으로 제2부의 내용을 모두 마칩니다. 지금까지 소개한 내용이 여러분 회사에서 운영계획을 수립하는 방식과 달라서 다소 생소한 부분도 있었으리라 생각합니다. 제가 제시한 내용이 정답일 리도 없거니와 여러분의 회사에 적용시키지 못하는 내용도 많을 것입니다. 다만 제2부의 내용을 통해서 여러분의 회사는 과연 그동안 어떤 방식으로 운영계획을 수립하고 계획을 실행했으며, 계획한 대로 잘 실행했는지, 그리고 계획에 차질을 빚으면 차질이 재차 삼차 발생하지 않도록 어떤 식으로 계획을 보완해 나갔는지 생각해 보는 기회가 되었다면 그것만으로도 의미 있는 시간이 되었다고 생각합니다.

이어지는 제13장에서는 MPS를 수립하는 또 다른 방법을 소개함으로써 앞의 제1부 6장 〈그림18〉을 통해 왜 MPS를 수립하는 행위가 일종의 예술(Art)이라고 했는지 경험하시기 바랍니다. 그리고 마지막 제14장에는 특별히 VMS 솔루션스의 유석규 박사님이 타이어 회사와 제지(골판지) 회사에 APS로 MPS를 구축했던 사례를 소개합니다. 기업이 가지고 있는 핵심 문제들을 파악하여 시스템에 어떻게 담아내고 있는지에 주목하면서 보시기를 권합니다.

SCM 혁신과 생산계획

13.

[외전 편] '수요계획'을 만족하는 적당한 수준의 '생산가능량'에 단숨에 도달하기 - 플래닝 기법

이번 장은 제2부의 '외전(外傳)' 편에 해당합니다. 우리는 그동안 제2부에서 수요계획을 받아서 생산요청량을 만들고(제9장 MTG), 생산요청량을 회사의 능력치와 비교하여 수행 가능한지 여부를 판단하고(제10장 CAO), 능력치(캐파)를 측정할 때 사용한 기준정보를 활용하여 생산요청량을 생산가능량으로 만든 후(제11장 PMO), 생산가능량으로부터 RTF를 산출하는 (제12장 Post MTG) 일련의 공급계획수립 과정을 이미 전부 다루었기 때문입니다.

그런데 고백할 것이 있습니다. 제2부 9장부터 12장까지 소개한 계획수립 기법 4가지를 모두 사용하여 계획을 수립하는 회사는 제가 알기로는 아직 한 군데도 없습니다. 실은 저조차도 소개한 모든 기법을 동원하여 계획수립 시스템을 구축한 적이 한 번도 없습니다. 아마도 APS 솔루션을 만드는 회사들도 이 기법을 그대로 사용하여 계획수립 엔진을 만들지는 않을 것입니다. 그 이유로는 제10장(CAO)과 제11장(PMO)에서 소개한 최적화 기법을 동원하여 계획을 수립하는 경우가 그렇게 흔하지 않을뿐더러 제가 이 책에서 소개한 기법은 주로 하나의 특정 주차(버킷)에만 최적의 계획을 만드는 것에 초점을 두고 있는데, 이는 서로 연관 있는 여러 버킷의 문제를 다루어야 하는 일반적인 계획수립의 모습과는 거리가 있기 때문입니다.

제2부에서 소개한 내용은 활용하는 회사도 없고 계획수립 엔진으로 제작된 적도 없는 기법들이지만, 여러분께 실행 가능한 계획의 개념을 심어 드리기에 이것보다 더 좋은 방법은 없다고 생각합니다. 여러분이 다니고 있는 회사에서 굳이 최적화 기법을 동원하여 생산가능량을 도출할 필요까지는 없다고 해도 소개드린 최적화 개념은 평소에 아무런 비판 없이 수립하던 계획에서 한발 더 나아가 보다 좋은 계획을 수립하도록 일깨워주는 좋은 자극제 역할을 할 것입니다.

이번 장에서 소개하는 예제는 제9장처럼 생산요청량을 정교하게 뽑지 않아도 되고, 제10장처럼 정교하게 능력치를 구하지 않아도 되며, 제11장과 같이 정교한 생산가능량을 산출하지 않아도 되지만 각종 생산 제약을 두루 반영하여 괜찮은 생산가능량을 뽑으려고 할 때 활용가치가 높은 방법론입니다. 따라서 이번 제13장에서 다루는 내용은 앞의 제9장부터 12장까지 다루었던 내용과 다음과 같은 차이점이 있습니다.

- 앞의 제9장에서는 수요계획으로부터 생산요청량을, 그리고 제10장과 11장을 통해서는 생산요청량으로부터 생산가능량을, 마지막

으로 제12장에서는 생산가능량으로부터 RTF를 구하는 과정이 필요했는데, 이번 제13장에서는 제9장부터 제12장까지의 내용을 한꺼번에 풀어서 수요계획에 대한 생산가능량과 RTF를 바로 제시합니다. 마치 제9장의 〈그림30〉과 같은 PSI(Production, Sales, & Inventory) 형태처럼 말입니다. 오히려 많은 회사들이 제13장에 나온 예제처럼 수요계획에 대해 단순하고도 직관적인 형태의 생산가능량과 RTF를 가지고 의사소통을 합니다.

- 앞의 제10장과 제11장에서는 능력치(캐파)를 미세한 시간 정보, 다시 말해서 설비별로 한 제품을 만드는 데 걸리는 시간인 Tact Time을 활용하여 생산가능량을 도출했는데, 이번 제13장에서는 능력치(캐파)를 **한 주 동안 만들 수 있는 제품의 수량, 즉 수량제약을 활용하여** 생산가능량을 도출합니다. Tact Time 정보와 비교하여 수량제약 정보는 제품의 생산 난이도를 설비별로 감안하기 어렵다는 단점이 있습니다만, 정보를 관리하기 쉽고 계획을 수립할 때 적용하기 쉬우며 그 결과에 대한 해석 또한 쉽다는 장점이 있어 시간제약 보다 오히려 수량제약을 활용하는 회사가 더 많은 게 현실입니다.

- 앞의 제10장과 제11장에서는 하나의 주차(버킷)에 대해서만 생산요청량을 만족하는 최적의 생산가능량을 뽑았습니다. 이렇게 하면 생산요청량이 능력치(캐파)보다 큰 경우, 요청량의 일부는 생산하지 못하는 결과가 나옵니다. 앞에서는 이처럼 요청량의 일부가 남는 경우에 여러 주차에 걸쳐 가능량을 어떻게 만들겠다는 내용이 없습니다만, 이번 제13장에서는 여러 주차(버킷)의 수요계획에 대응하는 생산가능량을 동시에 산출합니다.

[문제13]

적당한 수준의 계획을 한 번에 풀기

어떤 회사에 제품 A, B, C, 그리고 D에 대한 **6주 동안**의 수요계획이 배포되었습니다. 회사는 수요계획에 잘 대응하는 공급계획을 세우려고 합니다. 회사가 세운 운영기준에 따르면 생산이 종료됨과 동시에 수요에 대응할 수 있습니다. 그렇기 때문에 수요계획과 같은 주차에 생산계획을 세우면 같은 주차의 수요에 기여할 수 있는 것으로 간주합니다. 생산의 능력치를 감안하지 않는 수요계획의 특성상, 각 주차별로 적게는 1,500(개)부터 많게는 3,300(개)까지 수량의 편차가 매우 큽니다.

사업이 잘 되는 회사가 늘 그렇듯이 수요는 많고, 공급 능력은 그만큼 되지 않습니다. 이에 공급계획수립 담당자는 다음과 같은 점들을 염두에 두면서 계획을 수립합니다.

‖ 목표

수요계획을 최대한 만족하는 공급계획을 수립한다.

그럼에도 불구하고 계획수립 담당자는 계획을 수립할 때 다음과 같은 사항을 꼭 지킴으로써 되도록이면 실행 가능한 계획을 수립하려고 합니다.

‖ 생산 제약

제약1) 미리 설정한 주차별 최대 생산 수량을 넘지 않도록 한다.

제약2) 미리 설정한 제품별 Lot Size의 배수 단위로 제품을 생산한다.

‖ 자재 제약

제약3) 각 제품에 필요한 원자재의 가용 한도 내에서 제품별로 생산계획을 수립한다. 이를 위해 제품별 BOM 정보와 원자재의 기초재고, 그리고 원자재의 입고예정 정보를 활용한다.

〈그림99〉는 문제 상황입니다. 총 네 가지 제품에 대해 6주 동안의 수요계획이 있습니다. 우리는 여기에 공급계획이자 생산계획을 수립함으로써 수요계획을 될 수 있는 한 잘 충족시켜야 합니다. 본격적으로 계획을 수립하기에 앞서 현재의 공급 상황이 수요계획을 모두 만족시킬 수 있는지만 살펴보겠습니다. 6주 동안 전체 제품의 총 수요는 14,000(개)입니다. 그런데 위에서 '제약1'에 미리 기술한 바와 같이 주차별로 생산할 수 있는 최대 수량이 있는데(D23:I23) 이것을 다 더하면 총 12,400(개)입니다. 그리고 제품 A, B, 그리고 D에 있는 기초재고는 모두 1,000(개)입니다. 따라서 총 수요는 14,000(개), 그리고 이론적으로 공급 가능한 수량은 12,400(개) + 1,000(개) = 13,400(개)이므로 총량만 따져 볼 때에도 공급이 수요보다 600(개)가 적습니다. 따라서 공급이 수요를 전부 만족할 수 없는 문제입니다. 게다가 제품별로 Lot Size를 적용하는 과정에서, 그리고 원자재가 충분하지 않을 상황까지 고려하면 공급계획 수량이 수요계획 수량보다 600(개) 이상 부족할 수도 있습니다. 〈그림99〉의 '재고' 항목에 음수(-)가 보이는데, 원칙적으로 재고에는 음수를 표현하지 않지만 여기서는 재고이면서 동시에 부족 수량을 의미합니다. 그리고 'B/L'

이라는 항목이 있는데 여기서 B/L은 Backlog를 뜻합니다. 사전적으로는 수주잔량을 뜻합니다. 보통은 계획한 것을 완수하지 못하여 차질을 빚을 때 남아 있는 수량을 Backlog라고 하는데, 계획에서는 수요계획을 공급계획으로 다 충족하지 못할 때 남아 있는 수요를 Backlog라고도 부릅니다. 여기에서는 재고가 양수(+)이면 Backlog를 0으로 처리하고, 음수(-)인 경우에만 음양의 부호를 바꿔서 Backlog 항목에 표현하였습니다. Backlog인 B/L 항목은 나중에 최적화 모델링을 할 때 목적함수로 사용하게 됩니다.

수요계획은 주어진 것이고 주어진 수요계획에 대응하는 좋은 생산계획을 수립하는 것이 [문제13]의 〈그림99〉가 요구하는 내용입니다. 좋은 생산계획이란 두 가지 조건을 모두 충족해야 합니다. 먼저 수요계획을 최대한 만족해야 합니다. 그러면서도 실행 가능한 계획이어야 합니다. 각종 제약조건들이 계획의 실행 가능성을 높여 주는데 〈그림99〉에는 주차별 생산 수량제약만 보입니다만, 이것 말고도 제약조건들이 무엇이 있는지는 〈그림100〉에서 다룹니다. 실행 가능한 생산계획을 수립하기 위한 제약조건은 산업의 특성과 회사의 운영 형태에 따라 여러 가지가 있을 수 있는데 본 문제에서는 3개의 제약들을 지켜야 하는 조건으로 삼았습니다.

	A	B	C	D	E	F	G	H	I	J
1	모델	구분	기초	W1	W2	W3	W4	W5	W6	계
2	A	수요		1,000		300		1,200	400	2,900
3	A	생산		0	0		0	0	0	
4	A	재고	100	(900)	(900)	(1,200)	(1,200)	(2,400)	(2,800)	
5	A	B/L		900	900	1,200	1,200	2,400	2,800	9,400
6	B	수요		500	1,000	400	1,000		500	3,400
7	B	생산		0	0	0	0	0	0	
8	B	재고	200	(300)	(1,300)	(1,700)	(2,700)	(2,700)	(3,200)	
9	B	B/L		300	1,300	1,700	2,700	2,700	3,200	11,900
10	C	수요			700	600		900	1,000	3,200
11	C	생산		0	0		0	0	0	
12	C	재고		0	(700)	(1,300)	(1,300)	(2,200)	(3,200)	
13	C	B/L		0	700	1,300	1,300	2,200	3,200	8,700
14	D	수요		1,000		2,000	500		1,000	4,500
15	D	생산		0	0	0	0	0	0	
16	D	재고	700	(300)	(300)	(2,300)	(2,800)	(2,800)	(3,800)	
17	D	B/L		300	300	2,300	2,800	2,800	3,800	12,300
18	계	수요		2,500	1,700	3,300	1,500	2,100	2,900	14,000
19	계	생산		0	0	0	0	0	0	0
20	계	재고		(1,500)	(3,200)	(6,500)	(8,000)	(10,100)	(13,000)	
21	계	B/L		1,500	3,200	6,500	8,000	10,100	13,000	42,300
22		관계		≤	≤	≤	≤	≤	≤	
23		P 상한		2,200	2,200	1,800	1,800	2,200	2,200	12,400

〈그림99. 수요계획만 있고 아직은 생산계획을 수립하지 않은 단계〉

아래 〈그림100〉에서 확인할 수 있듯이 제약조건은 다음 세 가지가 있습니다. **첫째, 각 주차별로 생산할 수 있는 최대 수량 조건이 있습니다** (D23:I23). 주차별로 모든 제품의 생산계획 수량을 더하였을 때 각 주차마다 지정한 최대 생산 수량을 초과하여 계획을 수립하면 안 된다는 뜻입니다. 어떤 주차는 2,200(개)까지 생산계획을 잡을 수 있는 반면, 어떤 주차(W3, W4)는 공휴일이 들어 있어서 그런지 1,800(개)까지만 생산계획을 수립할 수 있다고 되어 있습니다. **둘째, 제품별로 Lot Size의 배수만큼 만 생산계획을 만들어야 한다는 조건이 있습니다**(C26:C29). 예를 들어 제품C는 W2 구간에 700(개)의 수요가 있는데(E10), 이것에 대응하는 실행 가능한 생산계획은 제품C의 Lot Size를 고려하여(C28) 150(개)의 배수로

만 만들 수 있습니다. 생산 능력치에 여유가 있으면 750(개) 혹은 그 이상의 숫자를 만들 수 있고, 생산 캐파에 여유가 없으면 600(개), 450(개), 300(개), 150(개), 또는 0(개) 중 하나의 숫자로만 생산계획을 만들 수 있습니다. **셋째, 생산계획 숫자에 비례하여 원자재 필요량이 결정되므로, 수요를 만족시키겠다는 욕심에 생산계획 수량을 많이 잡음으로써 원자재가 부족하게 되면 안 됩니다.** 생산계획에 따른 원자재의 과부족은 제품한 단위를 만드는데 필요한 원자재가 입력된 BOM 정보와 원자재의 기초재고, 그리고 원자재의 입고예정 정보를 모두 활용하여 계산합니다.

〈그림100. 〈그림99〉의 문제를 풀 때 요구되는 각종 제약조건들〉

	A	B	C	D	E	F	G	H	I	J
1	모델	구분	기초	W1	W2	W3	W4	W5	W6	계
19	계	생산		0	0	0	0	0	0	0
22			관계	≤	≤	≤	≤	≤	≤	
23			P 상한	2,200	2,200	1,800	1,800	2,200	2,200	12,400

생산 수량제약 각 주차별로 생산할 수 있는 최대 수량(D23:I23)

	A	B	C
25	K값	모델	Lot
26		A	50
27		B	100
28		C	150
29		D	200

Lot Size 제약 제품별로 설정한 수량의 배수로만 생산계획을 만들어야 한다는 조건 (C26:C29)

	L	M	N	O	P	Q	R
1	소요원수	a	b	c	d	e	f
2	A	1	2		1		1
3	B	2		2		2	1
4	C		1	1	2	4	
5	D			2	2		1

BOM 정보 자재 제약을 적용할 때 필요한 정보로서 제품마다 필요한 원자재의 종류와 그 수량(M2:R5)

◢	L	M	N	O	P	Q	R
9	기초재고	a	b	c	d	e	f
10	W0	1,500	1,800	2,100	2,400	2,700	3,000
11							
12	입고예정	a	b	c	d	e	f
13	W+1	2,000	3,000	5,700	3,000	6,000	7,000
14	W+2	3,000	1,200	5,100	4,000	3,000	
15	W+3		1,300	2,000	6,000	4,000	1,000
16	W+4	1,000	2,400	3,000		2,000	
17	W+5		1,200	1,800	1,500	3,300	1,300
18	W+6	2,000	1,200		2,000		

원자재 기초재고와 입고예정 정보 자재 제약을 적용할 때 필요한 정보로서 원자재의 기초재고(M10:R10)와 미래 주차별 입고예정 정보(M13:R18)

〈그림99〉에 나와 있는 수요계획과 〈그림100〉의 생산 제약조건이라는 인풋 데이터를 가지고 '수요계획을 최대한 만족하는 공급계획을 수립한다'라는 목표를 만족하는 생산계획을 수립한 결과가 〈그림101〉에 있습니다. Lot Size를 고려하여 생산수량을 정하는 문제는 이미 제11장 PMO(자재) 문제(〈그림88〉 참조)를 풀면서 다루었습니다. Lot Size 문제에서는 제품별 생산 수량 자체가 결정변수가 아니라, 제품별 Lot Size와 결합할 상수 K가 결정변수라는 점이 중요합니다. 따라서 제품별 생산 수량은 주어진 숫자인 Lot Size와 결정변수인 K 값을 곱해서 얻은 일종의 종속변수입니다. 총량적으로 어림잡아 판단할 때는 전체 수요계획에서 600(개)만 만족하지 못할 것이라고 생각했는데, 세 가지 제약조건을 적용

하니 아무리 잘해도 800(개)가 부족하다는 결과를 얻었습니다(120).

	A	B	C	D	E	F	G	H	I	J
1	모델	구분	기초	W1	W2	W3	W4	W5	W6	계
2	A	수요		1,000		300		1,200	400	2,900
3	A	생산		1,450	250	200	100	100	50	
4	A	재고	100	550	800	700	800	(300)	(650)	
5	A	B/L		0	0	0	0	300	650	950
6	B	수요		500	1,000	400	1,000		500	3,400
7	B	생산		500	700	400	600	500	200	
8	B	재고	200	200	(100)	(100)	(500)	0	(300)	
9	B	B/L		0	100	100	500	0	300	1,000
10	C	수요			700	600		900	1,000	3,200
11	C	생산		0	600	0	300	1,200	1,050	
12	C	재고		0	(100)	(700)	(400)	(100)	(50)	
13	C	B/L		0	100	700	400	100	50	1,350
14	D	수요		1,000		2,000	500		1,000	4,500
15	D	생산		200	600	1,200	800	400	800	
16	D	재고	700	(100)	500	(300)	0	400	200	
17	D	B/L		100	0	300	0	0	0	400
18	계	수요		2,500	1,700	3,300	1,500	2,100	2,900	14,000
19	계	생산		2,150	2,150	1,800	1,800	2,200	2,100	12,200
20	계	재고		650	1,100	(400)	(100)	0	(800)	
21	계	B/L		100	200	1,100	900	400	1,000	3,700

〈그림101. 생산의 제약을 고려하여 수요계획을 최대한 만족하는 생산계획〉

〈그림102〉에 있는 '자재사용'이라는 항목은 〈그림101〉에 있는 '생산' 항목에 생산계획을 만들어야만 구할 수 있는 종속변수입니다. 생산계획 수량이 커지면, 자재사용 값도 커집니다. 그리고 〈그림102〉에 나와 있는 원자재의 '기말재고' 수량은 음수가 되면 안 된다는 제약조건으로도 사용됩니다.

SCM 혁신과 생산계획

	T	U	V	W	X	Y	Z	AA
1	주차	Measure	a	b	c	d	e	f
2	W+0	기초재고	-	-	-	-	-	-
3		입고예정	-	-	-	-	-	-
4		자재사용	-	-	-	-	-	-
5		기말재고	1,500	1,800	2,100	2,400	2,700	3,000
6	W+1	기초재고	1,500	1,800	2,100	2,400	2,700	3,000
7		입고예정	2,000	3,000	5,700	3,000	6,000	7,000
8		자재사용	0	0	0	0	0	0
9	W+1	기말재고	3,500	4,800	7,800	5,400	8,700	10,000
10	W+2	기초재고	3,500	4,800	7,800	5,400	8,700	10,000
11		입고예정	3,000	1,200	5,100	4,000	3,000	0
12		자재사용	0	0	0	0	0	0
13	W+2	기말재고	6,500	6,000	12,900	9,400	11,700	10,000
14	W+3	기초재고	6,500	6,000	12,900	9,400	11,700	10,000
15		입고예정	0	1,300	2,000	6,000	4,000	1,000
16		자재사용	0	0	0	0	0	0
17	W+3	기말재고	6,500	7,300	14,900	15,400	15,700	11,000
18	W+4	기초재고	6,500	7,300	14,900	15,400	15,700	11,000
19		입고예정	1,000	2,400	3,000	0	2,000	0
20		자재사용	0	0	0	0	0	0
21	W+4	기말재고	7,500	9,700	17,900	15,400	17,700	11,000
22	W+5	기초재고	7,500	9,700	17,900	15,400	17,700	11,000
23		입고예정	0	1,200	1,800	1,500	3,300	1,300
24		자재사용	0	0	0	0	0	0
25	W+5	기말재고	7,500	10,900	19,700	16,900	21,000	12,300
26	W+6	기초재고	7,500	10,900	19,700	16,900	21,000	12,300
27		입고예정	2,000	1,200	0	2,000	0	0
28		자재사용	0	0	0	0	0	0
29	W+6	기말재고	9,500	12,100	19,700	18,900	21,000	12,300
30		관계	≥	≥	≥	≥	≥	≥
31		제약	0	0	0	0	0	0

〈그림102. 제품별 생산계획에 따른 원자재 사용량과 원자재의 예상 재고〉

〈그림99〉와 〈그림100〉의 정보만 있으면 주어진 정보를 활용하여 제품별로 생산계획을 만들 수 있습니다. 총 4개의 제품을 6주 동안 푸는 문제이므로 생산계획을 담아내는 셀(Cell)의 수는 기껏해야 24개를 넘지

않습니다. 그런데 이 작은 사이즈의 문제에서도 만들 수 있는 생산계획의 가짓수는 수백, 수천 가지가 넘습니다. 이 가운데에서 생산의 제약을 위반하지 않으면서도 되도록 수요계획을 최대한 만족하여 수요에 모자라는 숫자가 이 문제의 이론적 한계치인 600(개)에 근접하도록 생산계획을 여러분께 직접 만들어 보라고 하면 꽤나 많은 시행착오를 겪으면서 계획을 수립할 것이고 그러면서도 그 숫자가 과연 최선인지는 확신하기 어려울 것입니다. 제품의 종류가 [문제13]보다 조금만 더 많아지거나 계획구간이 조금만 더 길어져도 문제는 지금과 비교하기 어려울 만큼 복잡해집니다. 체계적인 접근법만으로 문제를 풀기 어려워지면 계획수립 담당자의 경험과 노하우에 점점 더 의존하게 될 것입니다. 저는 이 문제도 앞 장에서 다룬 것과 비슷하게 최적화 기법을 사용하여 접근하였습니다. 우리가 [문제13]에서 요구하는 생산계획을 엑셀을 사용하여 직접 푼 결과와 최적화를 사용하여 생산계획을 푼 결과를 비교해 보면 제법 차이가 날 것입니다.

아래 〈그림103〉은 최적화 기법을 이용하여 생산계획을 만들기 위해 엑셀에 수식을 입력한 결과입니다. 이 문제를 책의 제일 뒷부분인 제13장에 실은 이유는 사실 최적화의 '해 찾기 매개 변수' 설정이 복잡하기 때문인데, 내용 자체가 어려운 것은 아니니 차근차근히 보면 이해가 갈 것입니다. 제품A를 위주로 수식을 설명하면 다음과 같습니다.

- '수요' 항목은 주어진 값입니다. 계획수립은 여기에서부터 출발합니다(D2:I2).

- '생산' 항목이 결정변수가 되려면 수식이 있으면 안 되는데 이 항목에는 수식이 있습니다. 그렇다는 말은 '생산' 항목 자체가 결정변수는 아니라는 뜻입니다. 제품별로 Lot Size의 배수만큼 생산 수량을 만들기 위해 다른 곳에다 생산계획이 될 만한 숫자들을 만들었고 (D26:I26), 그 결과를 '생산' 항목에 가져다 적었습니다(D3:I3). 이것과 비슷한 초식은 제11장 PMO(자재-이윤-Lot Size) 문제에서 한 번 다룬 적이 있습니다. (《그림88》참조)

- '재고' 항목은 과부족을 나타내며 해소가 되기 전까지는 누적으로 나타납니다. 예를 들어 수요만 있고 생산이 하나도 없을 때 제품A의 재고는 W1에 −900(개), W2에 −900(개), W3에 −1,200(개)와 같이 부족 수량은 계속 커집니다(D4:I4). (《그림99》 참조)

- 'B/L' 항목은 '재고' 항목 값에 의해 결정되는데, '재고' 값이 양수면 0, 음수면 절댓값을 취해서 B/L 숫자를 만듭니다(D5:I5). 제품별로 전체구간에서 발생한 B/L를 합친 값이 있고(J5), 모든 제품의 B/L을 다 더한 값이 있습니다(J21). **B/L의 전체 수량은(J21) 목적함수 역할을 담당합니다.**

- 다음은 '자재사용' 항목입니다. 자재사용량은 특정 제품(예. 제품A)이 아니라 계획을 수립하는 모든 제품과 관련이 있음에 주의하여야 합니다. Lot Size를 고려한 상수 K를 만들면, 제품별 생산계획이 만들어지고, 그에 따라 원자재 사용량이 자동으로 정해지는데 특정 주차에 필요한 특정 원자재의 사용량은 다음과 같이 구합니다. 예를 들어, W+1의 원자재a 사용량(V8)은 W+1에 있는 모든 제품별 생산계획(D33:D36)과 제품을 한 개 만들 때 필요한 원자재a

의 사용량(M2:M5)을 곱한 다음, 모든 제품에 더하여 얻는데 이 때 SUMPRODUCT 함수를 사용합니다(V8).

〈그림103. [문제13]에서 생산계획을 최적화로 풀기 위한 수식 세우기〉

(1) 제품별 PSI

	A	B	C	D	E	F	G	H	I	J
1	모델	구분	기초	W1	W2	W3	W4	W5	W6	계
2	A	수요		1000		300		1200	400	=SUM(D2:I2)
3	A	생산		=$C26*D26	=$C26*E	=$C26*F	=$C26*G	=$C26*|	=$C26*I.	
4	A	재고	100	=C4-D2+D3	=D4-E2	=E4-F2	=F4-G2	=G4-H2	=H4-I2	
5	A	B/L		=IF(D4>0,0,ABS(D4))	=IF(E4>	=IF(F4>	=IF(G4>	=IF(H4>	=IF(I4>0	=SUM(D5:I5)
6	B	수요		500	1000	400	1000		500	=SUM(D6:I6)
7	B	생산		=$C27*D27	=$C27*E	=$C27*F	=$C27*|	=$C27*|	=$C27*I.	
8	B	재고	200	=C8-D6+D7	=D8-E6	=E8-F6	=F8-G6	=G8-H6	=H8-I6	
9	B	B/L		=IF(D8>0,0,ABS(D8))	=IF(E8>	=IF(F8>	=IF(G8>	=IF(H8>	=IF(I8>0	=SUM(D9:I9)
10	C	수요			700	600		900	1000	=SUM(D10:I10)
11	C	생산		=$C28*D28	=$C28*E	=$C28*F	=$C28*|	=$C28*|	=$C28*I.	
12	C	재고		=C12-D10+D11	=D12-E1	=E12-F1	=F12-G1	=G12-H1	=H12-I1	
13	C	B/L		=IF(D12>0,0,ABS(D12))	=IF(E12	=IF(F12	=IF(G12	=IF(H12	=IF(I12>	=SUM(D13:I13)
14	D	수요		1000		2000	500		1000	=SUM(D14:I14)
15	D	생산		=$C29*D29	=$C29*E	=$C29*F	=$C29*|	=$C29*|	=$C29*I.	
16	D	재고	700	=C16-D14+D15	=D16-E1	=E16-F1	=F16-G1	=G16-H1	=H16-I1	
17	D	B/L		=IF(D16>0,0,ABS(D16))	=IF(E16	=IF(F16	=IF(G16	=IF(H16	=IF(I16>	=SUM(D17:I17)
18	계	수요		=D2+D6+D10+D14	=E2+E6	=F2+F6	=G2+G(	=H2+H	=I2+I6	=SUM(D18:I18)
19	계	생산		=D3+D7+D11+D15	=E3+E7	=F3+F7	=G3+G'	=H3+H	=I3+I7	=SUM(D19:I19)
20	계	재고		=D4+D8+D12+D16	=E4+E8	=F4+F8	=G4+G(	=H4+H	=I4+I8	
21	계	B/L		=D5+D9+D13+D17	=E5+E9	=F5+F9	=G5+G!	=H5+H	=I5+I9	=J5+J9+J13+J17
22			관계	≤	≤	≤	≤	≤	≤	
23			P 상한	2200	2200	1800	1800	2200	2200	=SUM(D23:I23)

(2) Lot Size를 감안한 제품별 생산계획

	A	B	C	D	E	F	G	H	I
25	K값	모델	Lot	W1	W2	W3	W4	W5	W6
26		A	50	29	5	4	2	2	1
27		B	100	5	7	4	6	5	2
28		C	150	0	4	0	2	8	7
29		D	200	1	3	6	4	2	4
30									
31									
32	P 환산	모델	Lot	W1	W2	W3	W4	W5	W6
33		A	=C26	=$C26*ROUNDUP(D26,0)	=$C26*F	=$C26*F	=$C26*F	=$C26*F	=$C26*F
34		B	=C27	=$C27*ROUNDUP(D27,0)	=$C27*F	=$C27*F	=$C27*F	=$C27*F	=$C27*F
35		C	=C28	=$C28*ROUNDUP(D28,0)	=$C28*F	=$C28*F	=$C28*F	=$C28*F	=$C28*F
36		D	=C29	=$C29*ROUNDUP(D29,0)	=$C29*F	=$C29*F	=$C29*F	=$C29*F	=$C29*F
37		계		=D19	=E19	=F19	=G19	=H19	=I19

SCM 혁신과 생산계획

(3) 제품별 BOM, 원자재 기초재고, 그리고 원자재 입고예정 정보

	L	M	N	O	P	Q	R
1	소요원수	a	b	c	d	e	f
2	A	1	2		1		1
3	B	2		2		2	1
4	C		1	1	2	4	
5	D			2	2		1
6							
7							
8							
9	기초재고	a	b	c	d	e	f
10	W0	1500	1800	2100	2400	2700	3000
11							
12	입고예정	a	b	c	d	e	f
13	W+1	2000	3000	5700	3000	6000	7000
14	W+2	3000	1200	5100	4000	3000	
15	W+3		1300	2000	6000	4000	1000
16	W+4	1000	2400	3000		2000	
17	W+5		1200	1800	1500	3300	1300
18	W+6	2000	1200		2000		

(4) 원자재의 주차별 사용량과 예상 재고

	T	U	V	W	X	Y	Z	AA
1	주차	Measure	a	b	c	d	e	f
2	W+0	기초재고	-	-	-	-	-	-
3		입고예정	-	-	-	-	-	-
4		자재사용	-	-	-	-	-	-
5		기말재고	=M10	=N10	=O10	=P10	=Q10	=R10
6	W+1	기초재고	=V5	=W5	=X5	=Y5	=Z5	=AA5
7		입고예정	=M13	=N13	=O13	=P13	=Q13	=R13
8		자재사용	=SUMPRODUCT($D33:$D36,M2:M5)	=SUMP	=SUMP	=SUMP	=SUMP	=SUMP
9		기말재고	=V6+V7-V8	=W6+W	=X6+X7	=Y6+Y7	=Z6+Z7	=AA6+
10	W+2	기초재고	=V9	=W9	=X9	=Y9	=Z9	=AA9
11		입고예정	=M14	=N14	=O14	=P14	=Q14	=R14
12		자재사용	=SUMPRODUCT($E33:$E36,M2:M5)	=SUMP	=SUMP	=SUMP	=SUMP	=SUMP
13		기말재고	=V10+V11-V12	=W10+	=X10+X	=Y10+Y	=Z10+Z	=AA10+
14	W+3	기초재고	=V13	=W13	=X13	=Y13	=Z13	=AA13
15		입고예정	=M15	=N15	=O15	=P15	=Q15	=R15
16		자재사용	=SUMPRODUCT($F33:$F36,M2:M5)	=SUMP	=SUMP	=SUMP	=SUMP	=SUMP
17		기말재고	=V14+V15-V16	=W14+X	=X14+X	=Y14+Y	=Z14+Z	=AA14+
18	W+4	기초재고	=V17	=W17	=X17	=Y17	=Z17	=AA17
19		입고예정	=M16	=N16	=O16	=P16	=Q16	=R16
20		자재사용	=SUMPRODUCT($G33:$G36,M2:M5)	=SUMP	=SUMP	=SUMP	=SUMP	=SUMP
21		기말재고	=V18+V19-V20	=W18+	=X18+X	=Y18+Y	=Z18+Z	=AA18+
22	W+5	기초재고	=V21	=W21	=X21	=Y21	=Z21	=AA21
23		입고예정	=M17	=N17	=O17	=P17	=Q17	=R17
24		자재사용	=SUMPRODUCT($H33:$H36,M2:M5)	=SUMP	=SUMP	=SUMP	=SUMP	=SUMP
25		기말재고	=V22+V23-V24	=W22+	=X22+X	=Y22+Y	=Z22+Z	=AA22+
26	W+6	기초재고	=V25	=W25	=X25	=Y25	=Z25	=AA25
27		입고예정	=M18	=N18	=O18	=P18	=Q18	=R18
28		자재사용	=SUMPRODUCT($I33:$I36,M2:M5)	=SUMP	=SUMP	=SUMP	=SUMP	=SUMP
29		기말재고	=V26+V27-V28	=W26+	=X26+X	=Y26+Y	=Z26+Z	=AA26+
30		관계	≥	≥	≥	≥	≥	≥
31		제약	0		0	0	0	0	0

아래 〈그림104〉는 최적의 생산계획을 만들기 위해 엑셀의 해 찾기 매개 변수를 설정한 모습입니다.

> [목적함수] 수요에 최대한 만족하는 생산계획 만들기
> [결정변수] 목적함수를 최대한 만족하되, 제약조건을 위반하지 않는 상수K
> [제약조건1] 주차별 생산계획의 총량이 설정한 상한값을 넘으면 안 됨
> [제약조건2] 제품별 생산계획은 설정한 Lot Size의 배수로만 만들 수 있음
> [제약조건3] 제품의 생산계획은 가용한 원자재 수량 내에서만 잡아야 함

- 목표 설정 – 수요계획보다 생산계획이 적으면 부족 수량을 B/L 항목에 적었고, 전체구간의 모든 B/L의 합(J21)을 줄이는 것을 목표로 삼았습니다.
- 변수 셀 변경 – 결정변수는 D26:I29 구간에 설정합니다. 배수제약의 문제는 지금처럼 별도의 구역을 마련하여 결정변수로 만드는데 이 값은 Lot Size가 곱해지지 않은 정수 조건의 값입니다. 사용자가 관측하는 모든 생산계획은 결정변수에 Lot Size를 곱하여 표현합니다.
- 제약조건에 종속 – 이 문제에서 제약조건은 3개입니다. 〈그림103〉의 하늘색 영역이 제약조건에 해당합니다.

  제약1) 생산계획 수량은 주차별로 설정한 공장의 능력치보다 클 수 없으므로 이에 대한 조건을 식으로 표현할 필요가 있습니다. 제한 조건에 종속 첫 번째 항목에 D19:I19 <= D23:I23 이라는 조건을 입력했습니다.

제약2) 결정변수는 우리가 원하는 생산계획을 Lot Size로 나눈 값
인데, 이 값은 정수이어야 하므로 정수 조건을 입력했습니
다. 제한 조건에 종속 두 번째 항목에 D26:I29는 정수라는
조건을 입력했습니다.

제약3) 원자재는 기초재고와 입고예정 정보의 한도 내에서만 사용
할 수 있습니다. 제품별 생산계획 수량을 아무리 많이 만들
어도 사용할 원자재 수량 한도 내에서만 만들 수 있습니다.
제한 조건에 종속 세 번째 항목부터 여덟 번째 항목에 각 주
차별로 모든 원자재의 기말재고가 0 이상이어야 한다는 조
건을 입력했습니다.

〈그림104. [문제13]의 해 찾기 매개 변수 설정〉

여기에서 꼭 말씀드리고 싶은 것이 있습니다. 지킬 수 있는 혹은 실행 가능한 숫자들 중에서 전략적 의사결정이 적절하게 가미된 숫자를 좋은 계획이라고 합니다. SCM 혁신활동에서 가장 커다란 목표는 좋은 계획을 수립하여 철저히 지키는 것입니다. 그래서 저는 이 책의 대부분을 할애하여 좋은 계획을 수립하는 데 도움이 될 만한 아이디어를 제시했습니다. 그런데 좋은 계획을 만들기 위해서는 두 가지 축이 견고해야 합니다. 하나는 로직입니다. 로직 이야기야 그동안 한참을 했으니, 이번에는 두 번째 축을 강조하겠습니다. **두 번째 축은 바로 인풋 데이터, 즉 기준정보가 잘 맞아야 합니다.** [문제13]에서 활용한 기준정보로 무엇이 있는지 다시 한번 살펴보겠습니다.

‖ 기초재고 (제품 & 원자재)

◢	A	B	C
1	모델	구분	기초
4	A	재고	100
8	B	재고	200
12	C	재고	
16	D	재고	700

◢	L	M	N	O	P	Q	R
9	기초재고	a	b	c	d	e	f
10	W0	1,500	1,800	2,100	2,400	2,700	3,000

　위의 것은 제품의 기초재고이고, 아래 것은 원자재의 기초재고입니다. 경험상, 제품 재고는 ERP에서 관리하는 전산 재고의 숫자와 실물 재고의 숫자가 잘 맞습니다. 고가(高價)이기도 하거니와 이동도 원자재에 비해 상대적으로 빈번하지 않기 때문입니다. 하지만 원자재는 다릅니다. 종류도 많고, 생각보다 움직임도 엄청 빈번해서 전산과 실물의 불일

치가 종종 발생합니다. 이것을 바로잡는 기발한 방법이 없어서 철저하게 점검하라는 원론적인 내용밖에는 말씀드리지 못하는 것이 아쉽기는 하지만 반드시 극복하여 정물일치를 이루어야 합니다.[77]

‖ BOM

▲	L	M	N	O	P	Q	R
1	소요원수	a	b	c	d	e	f
2	A	1	2		1		1
3	B	2		2		2	1
4	C		1	1	2	4	
5	D			2	2		1

BOM 한 가지만 놓고도 할 말이 많습니다. 완제품을 구성하는 하위 반제품은 몇 레벨로 구성할 것인가, 생산품에 들어가는 부품, 즉 원자재 사양을 바꾸어야 한다면 변경점(Follow-up) 관리를 어떻게 할 것인가, 그리고 하나의 생산품에 들어가는 부품을 대신하여 사용할 수 있는 대체(Alternatives) 부품이 있는 경우 어떻게 등록하고 관리할 것이냐 등의 문제들이 전부 운영의 규칙에 해당합니다. 단지 틀리지 않게 정보를 입력하는 문제가 아닙니다. 적시에 적절한 정보를 입력해야 하기 때문에 항상 타이밍의 문제를 신경 써야 합니다.

‖ Lot Size

▲	B	C
25	모델	Lot
26	A	50
27	B	100
28	C	150
29	D	200

생산을 한 번 할 때 만드는 기본 수량이 제품마다 다를 수 있어 제품별 관리가 필요합니다. 이 수량을 Lot Size 혹은 MPQ(Minimum Packing Quantity)라

77　재고의 정물일치와 관련해서는 부족하기는 하지만 제2장의 쉬어 가는 페이지(1)에서 잠시 언급을 하였으니, 참고하기 바랍니다.

고 부르며 생산계획을 수립할 때 제품별로 이 수량을 고려합니다. 이 정보는 제품의 특성을 나타내는 많은 속성값(Properties) 중에 하나인데, 제품을 표현하는 많은 속성값 중에서 수량과 시간을 나타내는 정보들은 계획수립에 꼭 필요하므로 신중한 관리가 필요합니다.

- 수량 정보: Lot Size, Scrap율, 최소 주문수량(MOQ, Minimum Order Quantity), 최소 생산수량(MPQ, Minimum Packing Quantity), 반올림값(Rounding Value) 등
- 시간 정보: 생산 리드타임(IPT, Inhouse Production Time), 입고 처리시간(GRT, Goods Receipt processing Time), 구매(혹은 운송) 리드타임(PDT, Planned Delivery Time) 등

‖ 생산 수량제약

	C	D	E	F	G	H	I
1	기초	W1	W2	W3	W4	W5	W6
23	P 상한	2,200	2,200	1,800	1,800	2,200	2,200

이미 앞에서부터 계속 봐 왔기 때문에 이제는 익숙한 내용이라고 생각합니다. 위의 표는 각 주차별로 생산할 수 있는 최대 수량을 나타내고 있는데 이러한 표현법을 생산의 '수량제약'이라고 부릅니다. W3과 W4 주차에는 주중에 휴일이 있기 때문에 다른 주차 보다 생산할 수 있는 최대 수량이 적습니다. 수량제약은 값을 설정하고 관리하기는 쉬운 반면, 제품의 난이도와 상관없이 생산할 수 있는 수량을 정했기 때문에 능력치를 정교하게 감안하지 못하는 단점이 있습니다. 이러한 수량제약의

단점을 극복할 수 있는 방법이 바로 '시간제약'을 감안하는 방식인데, 이 책의 제2부 10장과 11장에서 시간제약을 사용한 계획수립 방법을 제시하였습니다. 하지만 시간제약 방식이 수량제약 방식보다 우수하다는 식의 절대 원칙이란 것은 없습니다. 어느 방식을 적용할지는 회사의 운영 수준과 생산의 난이도를 종합적으로 판단하여 결정할 문제입니다.

‖ 구매 입고예정 정보

	L	M	N	O	P	Q	R
12	입고예정	a	b	c	d	e	f
13	W+1	2,000	3,000	5,700	3,000	6,000	7,000
14	W+2	3,000	1,200	5,100	4,000	3,000	
15	W+3		1,300	2,000	6,000	4,000	1,000
16	W+4	1,000	2,400	3,000		2,000	
17	W+5		1,200	1,800	1,500	3,300	1,300
18	W+6	2,000	1,200		2,000		

보기에는 간단해 보이지만 막상 운영하기에는 가장 난이도가 높은 내용입니다. 내용 자체가 이해하기 어려운 것이 아니라 운영을 일정 수준까지 끌어올리기가 매우 어렵다는 뜻입니다. 여기서 일정 수준으로 끌어올리려고 하는 대상은 바로 정보의 신뢰도입니다. 해당 자재의 구매(조달) 담당자가 ERP에 입력한 입고예정 시점에 맞춰서 원자재가 입고되어야 그 정보를 참조하여 수립하는 미래 구간의 생산계획도 실행 가능성이 그만큼 높아지기 때문입니다. 실행 가능한 생산계획을 세우려면 상당 부분 바로 이 구매 입고예정 정보에 의존해야 합니다. 구매 입고예정 정보는 ERP의 '구매오더'에 담겨 있는데 구매오더에 있는 입고예정 정보의 신뢰성을 높이려면 선언(Declaration)이라는 행위가 반드시 필요하고 선언한 대상은 반드시 지켜야 합니다. 미래에 대한 내용을 선언하는 것이

므로 너무 먼 구간까지 선언할 필요는 없습니다. 따라서 어느 구간까지 선언하고 선언의 대상은 무엇인지를 운영기준으로 정해야 합니다. 이와 연관된 내용은 제1부 4장 〈그림12〉에 담았으니 참고하기 바랍니다.

■ 제13장 외전 편에 실은 예제가 갖는 의미

갑돌이라는 계획수립 담당자와 을숙이라는 계획수립 담당자에게 같은 문제를 주고 생산계획을 만들어 보라고 하면 두 사람이 똑같은 공급계획(=생산계획)을 만들 수 있을까요? 심지어는 한 명의 계획수립 담당자에게 오늘 문제를 내고, 똑같은 문제를 내일 다시 준다면 역시 항상 똑같은 공급계획(=생산계획)을 만들 수 있다고 자신할 수 있는지요? 운영기준이 완벽하여 모든 과정이 엑셀의 수식에 담겨 있다면 그럴 수 있을 것입니다만, 생산계획의 속성상 모든 과정을 엑셀의 수식에 담기 어렵습니다. 문제제기를 통해 드리고 싶은 말씀은 제품의 생산계획을 수립하는 행위는 단순히 로직(Logic)만을 적용하는 데에 그치지 않고 예술(Art)과 같이 전략적인 고민을 해야 얻을 수 있는 활동이라는 점입니다. 그만큼 계획수립 담당자의 경험과 전략을 많이 필요로 합니다. 하지만 예술의 경지마저 넘어서면 마술(Magic)로 흐를 수 있습니다. 계획 산출의 과정이 마치 블랙박스와 같아서 더 이상 계획수립 담당자 이외에는 알 수 없게 될지도 모릅니다. 이러면 회사는 점점 더 계획수립 담당자의 경험과 전략에 의존하게 됩니다. 생산계획을 수립할 때 계획을 수립하는 처음부터 끝까지 모든 과정을 로직으로 만들 수만 있다면 계획수립 담당자의 역할은 더 이상 필요치 않겠지만 이것은 우리가 원하는 모습이 분명 아닙니다. 계획을 수립할 때에는 분석적이고 계산적인 접근방법 말고도, 전략적이고 직관적인 접근방법 또한 반드시 필요한데 이것이 바로 인간의 역할이기 때문입니다. 그렇다고 해서 모든 의사결정을 계획수립 담당자 개인의 마음속에 담아 두게 하여 계획을 수립한 의도가 보이지 않게 되는 것에는 경계를 해야 합니다. 회사의 운영이 전적으로 계획수립 담당자 개인의 의도에 이끌리지 않도록 항상 회사가 적절히 통제를 하면서 감각적인 면과 이성적인 면에 균형을 맞춰야 합니다. 확정된 생산계획인 MPS는 MRP의 인풋이 되고, 실행을 담당하는 사람들은 MRP 결과만 보고 일하는 것이 현재까지는 가장 바람직한 운영의 모습으로 알려져 있는데, MPS가 지나친 예술로 흐르지 않도록 회사 차원에서 체계를 만드는 것이 중요합니다. 되도록이면 담당자의 경험이 운영기준의 형태로 표출되어 조직 구성원과 공유하는 것이 중요하고, 운영기준으로 명시하기 어렵다면 다소 추상적이지만 정책의 형태로라도 공유되는 체계를 만들기 바랍니다.

14.
[특별수록] MPS 프로젝트 사례
- 유석규 박사 -

▌01 타이어 산업 구축 사례

① 타이어 제조 공정

타이어 제조 공정은 1) 반제품 공정, 2) 성형 공정(Building), 3) 가류 공정(Curing)으로 구성된다. 1) 반제품 공정은 타이어의 재료가 되는 천연 고무를 정련하여 원단 고무를 만들고 천이나 철망에 입혀 카카스, 벨트, 트래드 등 반제품을 만드는 과정이다. 2) 성형 공정은 반제품을 원통형 드럼에 겹겹이 둘러서 압착한 그린 타이어(G/T: Green Tire)를 만든다. 3) 가류 공정은 G/T를 몰드(Mold)에 넣고 고온 고압을 가하여 최종 타이어를 완성하는 공정이다.

각 공정 사이에는 반제품 창고, 그린 타이어 창고와 같은 버퍼가 있다. 반제품은 롤 단위로 만들어지므로 성형기에서는 모델(제품 종류)변경이 일어 날 때마다 반제품이 감긴 롤을 교체하는 작업을 필요로 한다. 성형에서 모델 교체 시간은 10~20분에 시간을 필요로 하는 데 성형 생산량에 마이너스가 되는 요인이다.

성형이 끝난 G/T는 OHT(Over Head Translator), 컨베이어 등 자동화된 이
송장치를 통하여 G/T 창고에 적재된다. 보통 성형 공정 사이클타임(Cycle
Time)보다 가류공정 사이틀타임이 4~5배 정도 길기 때문에 성형기 대수
보다 가류기 대수가 4~5배 많도록 설비가 구성되는 것이 일반적이다.
가류 공정에서 몰드를 교체하는 데는 2~3시간이 필요하며 예열, 초도
품질 검사 등 많은 노력이 필요하다. 가류기 가동률이 타이어 생산량과
직결되므로 한번 몰드가 장착되면 일정 기간 이상 동일 제품을 생산하
도록 되어 있다.

이론적으로 성형 사이클 타임이 2분이고 가류 사이클 타임이 10분이
라고 할 때 성형기 1대와 가류기 5대로 구성되는 공정에서 성형기의 모
델 교체 시간이 0이라고 하면 성형기가 2분마다 모델 교체를 하면 G/T 재
공 재고가 없는 공장을 만들 수 있다.

[그림 14-1] 타이어 제조 공정

② 생산계획 수립과 운영

타이어 생산 능력(Capacity)은 가류 공정의 모델별 몰드 운영 시간으로
계산할 수 있다. 각 모델별 가류 사이클 타임은 품질에 영향을 주는 요
소로 엄격히 정해져 있다. 예를 틀어 17인치 A모델 광폭 타이어(모델 번호:

M17A01)의 가류 시간이 10분이고 한 대의 가류기에 동시에 2개의 몰드가 장착되어 있다고 한다면 모델 M17A01의 일 생산 능력은 가류기 1대당 288개이다. 모델 M17A01을 2대의 가류기에서 5일간 생산할 계획이라면 2,880개의 타이어를 생산할 수 있다.

국내 OEM(완성차 직납) 주문, 대리점 주문, 수출 판매 법인 주문량 등을 합하여 판매 계획이 만들어진다. 본사 SCM 운영팀은 납기와 모델별 보유 몰드의 수, 운영 가능한 공장의 가류기 대수 등을 고려하여 가류 Capacity가 반영된 공급계획을 수립한다. 각 공장에서는 공급계획으로부터 반제품-성형-가류 각 공정별 생산 스케줄을 순차적으로 수립한다.

가류 생산계획 수립의 목표는 납기를 준수하면서 몰드 교체를 최소화하는 것이다. 예를 들어 M17A01 모델의 주문량이 2,880개인데 납기가 2일밖에 안 남았다면 5대의 가류기에서 생산하면 2일 후에는 5대의 가류기 몰드를 교체하여야 한다. 납기가 10일이나 여유가 있다면 10일 동안 한 대의 가류기에서 생산하고 10일 후 1대의 가류기 몰드만 교체하면 된다. 여러 대의 가류기에서 다양한 종류의 모델을 각각 다른 납기내에 생산하기 위한 최적 조합을 찾는 문제는 풀기 쉽지 않은 문제로 알려져 있다.

가류 생산계획이 수립되면 성형 계획과 반제품 생산계획을 순차적으로 풀어야 한다. 가류기가 G/T가 없어서 쉬고 있는 상태를 없애는 것은 생산량과 직결되는 가장 중요한 계획의 고려사항이다. 그러나 현실적으로 G/T 부족으로 가류기가 노는 일은 빈번히 발생한다. 이론적으로 성형기에서 모델 교체가 가류기별 G/T를 부족 없이 공급할 수 있도록 충분히 이루어지면 가능하겠지만 여러 가지 이유로 현실적으로 잘 안 된

SCM 혁신과 생산계획

다. G/T 창고의 용량이 제한적이어서 G/T 재공 재고를 무한정 늘릴 수도 없을 뿐만 아니라 G/T 상태에서 오랫동안 대기한 G/T는 가류 후 품질 문제를 일으킬 확률이 높아진다고 알려져 있다.

반제품 생산계획은 성형기가 필요로 하는 반제품을 롤 단위로 미리 생산하게 되는데 다른 모델도 동일 반제품을 사용하는 공용자재가 많아 성형 계획으로부터 반제품 필요량을 산출하여 적절한 롯트(Lot) 사이즈를 결정하는 것이 중요하다.

③ 공정간 동기화 생산계획

타이어의 생산계획에서 가장 핵심이 되는 부분이 성형-가류 동기화 생산계획이다. 동기화 생산계획수립을 위해서 먼저 1) 가류 사이클타임과 성형 사이클타임을 감안하여 성형 Capacity와 가류 Capacity가 균형을 이룰 수 있도록 성형기별 가류기 할당 조합을 만든다. 두 번째로 2) 가류기가 필요로 하는 G/T의 부족이 일어나지 않도록 적정 재고를 유지하면서 성형기의 모델 교체 시점을 정하는 성형 계획을 수립한다.

성형 공정의 표준 사이클타임은 타이어의 크기, 반제품 구성 등에 따라 차이가 나는데 작업자의 개입이 많은 공정이어서 작업 표준 시간 연구 결과에 준하여 모델에 따라 정해져 있다. 가류 공정 시간은 모델별로 최상의 품질을 얻을 수 있는 절대 시간 값이 제품 개발 단계에서부터 정해져 있다. 아래 [표 14-2]는 성형기와 가류기의 Capacity 균형을 시간당 생산 능력을 기준으로 비교하여 계산한 예이다. 여러 모델을 교차 생산하는 경우 평균 생산 능력은 잘 알려져 있는 것처럼 각 모델별 생산 속도의 조화 평균(Harmonic Mean)으로 계산할 수 있다. 즉 시간당 평균 성형 개수는 다음과 같은 식으로 얻을 수 있다.

$$성형\ 능력 = 1/(\frac{1}{b1} + \frac{1}{b2} + \frac{1}{b3} + \cdots + \frac{1}{bn})/n$$

bn : 모델별 성형 속도 (개/hr)

n : 모델 수

2개의 모델을 성형하는 경우 각각의 성형 속도가 b1, b2 라 하면 이 성형기의 성형 능력은 다음과 같다.

$$성형\ 능력 = = \frac{2b1b2}{b1 + b2}$$

가류 생산 능력은 여러 대의 가류기가 동시에 작업하는 것이므로 각 가류 생산 속도의 합으로 볼 수 있다. 보통 1대의 가류기에 2개의 몰드가 장착되는 경우가 대부분이어서 가류 능력은 다음과 같이 계산할 수 있다.

가류 능력 = 2(c1 + c2 + ⋯⋯+cn)

성형 가류 공정간 조화의 지표인 성형-가류 밸런스값이 1보다 큰 경우는 성형에 여유가 있다는 것이나 성형 작업의 capacity는 수작업임을 감안하여 여유가 있도록 유지하는 것이 바람직하다.

[표 14-1] 성형-가류 Capacity 밸런스

성형기	모델수	모델명	C/T (초)	성형 속도 (개/hr)	성형 능력	가류기 (대)	가류 속도 (개/hr)	가류 능력	밸런스
B#1	3	M17A01	120	30.0	30.6	2	16	32	0.97
		M17A02	110	32.0		1	8		
		M17A03	120	30.0		1	8		
B#2	2	M16B01	100	36.0	37.9	2	16	32	1.18
		M16B02	90	40.0		2	16		

가류기에서 G/T 부족이 일어나지 않도록 성형기의 모델 교체 시점을 정하는 문제는 전형적인 안전재고 모델과 동일하게 생각할 수 있다. 가류기가 G/T를 소모하는 것으로 보면 재료 부족이 일어나지 않도록 공급 시점을 정하는 문제와 같기 때문이다. 안전 재고량이 여기서는 G/T 재공 재고량에 해당하므로 교체 주기를 얼마나 자주할 것인가가 결정되면 적정 재공 재고량과 교체 시점을 정할 수 있다. [표 14-2]의 B#1 성형기를 예로 4시간마다 모델 교체를 한다고 하면 다음과 같이 성형 스케줄을 생성할 수 있다. 현실에서는 시간당 생산량은 일정하지 않을 수 있어서 현재 G/T 재고량을 업데이트 하고 시간별 G/T 변화량을 계산하여 정확한 교체 시점을 정해 주는 것이 필요하다.

[표 14-2] 시간당 G/T 재고량 예측 계산 예

성형기	모델명	GT 재고	가류	성형	순서	시작	종료	계획량
B#1	M17A01	90	16	30.0	1	8:00	12:00	120
	M17A02	50	8	32.0	2	12:00	16:00	128
	M17A03	80	8	30.0	3	16:00	20:00	120

모델명	8	9	10	11	12	13	14	15
M17A01	90	104	118	132	146	130	114	98
M17A02	50	42	34	26	18	42	66	90
M17A03	80	72	64	56	48	40	32	24

모델명	16	17	18	19	20	21	22	23	24
M17A01	82	6	50	34	18	2	−14.0	−30.0	−46.0
M17A02	114	106	98	90	82	74	66	58	50
M17A03	16	38	60	82	104	96	88	80	72

위 표에서 최소 재고량이 약 16~18개 정도 남아 있을 때 성형기의 모델 교체가 이루어져 G/T 재고 부족을 막을 수 있는 성형 스케줄이 짜여 있음을 알 수 있다. 20:00 이후에는 다시 M17A01 모델의 성형 작업이 이루어지도록 해야 한다.

④ 시스템 구축 및 성과

SAP로 만들어진 ERP 시스템과 계열사가 구축한 타이어 산업에 특화된 MES 시스템은 잘 갖추어서 있었다. 생산계획 시스템은 여러 번의 시도에도 불구하고 제대로 정착되지 않은 상태였다. 생산계획은 엑셀을 이용하여 생산 관리 부서에서 고된 작업으로 이루어지고 있었다. 성형-가류 계획을 수립하는 데에만 1~2시간 이상이 소요되었다. 계획에 필요한 모든 데이터들은 ERP나 MES에서 엑셀로 다운로드받아 사용하였다. 생산계획은 전날 오후 다음날 계획수립, 야간 작업 결과를 반영한 당일 아침 생산계획 수정 배포가 이루어졌다. 반제품 생산 스케줄은 현장 관리자나 설비 오퍼레이터에 의해 수시로 이루어지는 상황이었다.

먼저 성형-가류 생산계획을 만드는 MPS 시스템을 승용차용 소형 타이어를 만드는 생산 라인을 대상으로 시범 구축하는 파일럿 프로젝트가 수행되었다. 성형기와 가류기 조합을 생산 능력을 반영하여 정밀하게 조정하였다. 성형기별로 생산 가능한 모델의 조합을 기준으로 적정 모델을 할당하고 G/T의 시간별 재고량을 예측하여 모델 교체 시점을 계산하는 방식으로 상세 스케줄을 수립하였다[표 14-2]. 생산계획에 필요한 데이터들은 ERP와 MES로부터 자동으로 인터페이스 되어 MPS에서 사용할 수 있도록 했다. MPS는 기존 계획자의 계획수립 노하우를 최대한 살려서 구현되었다. 생산계획에 수립에 필요한 시간은 대략 20~30분으로 단축되었다.

주문으로부터 본사 SCM 팀에서 만들어진 주간 공급계획을 만족시키기 위한 가류 계획과 공정간 동기화된 성형 스케줄, 반제품 생산 스케줄이 순차적으로 구현되어 타이어 생산 운영 시스템으로서 MPS가 완성되었다. [그림 14-2]는 MPS 전체 시스템의 구성과 흐름을 나타낸 것이다.

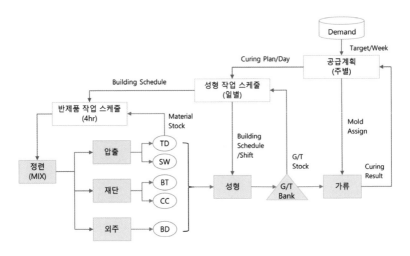

[그림 14-2] 타이어 공장 MPS 시스템 구성

가류 목표량이 정해지면 성형 스케줄과 가류 스케줄은 G/T 재고량, 가류 몰드 준비상태, 몰드 교체 요원 업무 배정 등을 고려하여 몰드 교체 시점과 성형기 모델 변경 시점을 정하는 스케줄을 생성한다. 성형 스케줄이 나오면 성형에 필요한 반제품의 필요량에 반제품 재고량을 차감하고 반제품 생산 설비의 효율과 제약 조건을 반영한 생산 스케줄이 만들어진다.

MPS 도입 후 정량적 지표로서 MPS 도입 효과 중 주목할 만한 것은 G/T 재고량의 감소와 가류기의 G/T 부족으로 인한 비가동 시간 감소이다. G/T 창고의 적재 용량은 공장 설립에서부터 잘 계산되어 만들어졌음에도 불구하고 성형-가류 비동기화된 생산 현실은 G/T 창고 부족과 가류 불가동의 원인이 되고 있었던 것이다.

정성적으로는 생산 관리 담당의 역할이 크게 달라졌다는 점이다. 기존에 생산 관제와 스케줄 조정에 골머리를 앓았던 계획자들은 절대적인

SCM 혁신과 생산계획

계획 시간 단축과 데이터 관리의 편의성 모니터링의 용이성 향상 덕분에 현장 개선 활동에 보다 전념할 수 있게 되었다.

┃ 02   제지(골판지) 산업 구축 사례

① 골판지 상자 제조 공정

골판지 상자는 주변에서 흔히 볼 수 있는 택배나 라면 상자와 같은 골판지로 만들어진 포장용 박스이다. 골판지 상자는 부피가 크고 습기에 취약하여 미리 만들어 쌓아 놓기가 힘들다. 중국 등에서 생산하지 못하고 대부분 국내에서 전국에 생산 기지를 두고 생산 배송하는 방식이다. 전형적인 MTO(Make To Order)방식으로 이루어지며 1주 이내에 생산 공급이 이루어져야 하는 단납기를 특징으로 한다.

골판지 상자는 1) 원지 제지, 2) 골판지 원단 제조 공정, 3) 인쇄 재단 공정으로 만들어진다. 1) 원지 생산은 재활용품으로 수거된 골판지 상자들을 물에 풀어 정재하고 약간의 천연 펄프를 추가하여 롤 압착 과정을 거쳐서 원지를 생산하는 과정이다. 원지의 종류는 두께, 무게, 색상, 표면의 거칠기 등에 따라 SK, K, S 등 다양한 종류가 있다. 보통 원지를 생산하는 공장과 골판지 상자를 생산하는 공장은 서로 다르기 때문에 1) 원지 제지 공정은 골판지 상자 제조사의 생산계획 대상은 아니다.

2) 골판지 원단 제조 공정은 콜게이터(Corrugator)라는 거대한 설비에서 이루어진다. 골판지의 단면은 3겹의 원지로 되어 있다. 표면지와 이면지 사이에 주름이 잡혀 있는 중심지가 겹쳐져 만들어진 것을 알 수 있

다. 콜게이터는 3종류의 원지가 들어가서 중심에 거대한 톱니바퀴가 중심지의 주름을 잡고 표면지와 이면지를 접착하고 고온 고압으로 압착하여 뽑아내는 설비이다. 골판지의 종류는 중심의 골 모양, 원지 종류에 따라 달라진다. 골의 모양은 KS 규격에 의해 표준화되어 있으며 A골, B골, E골 등으로 나누어진다.

3) 인쇄 재단 공정은 골판지 표면에 상자 디자인을 인쇄하고 박스로 접을 수 있도록 재단을 하여 커팅하는 공정이다. 상자의 종류는 고객의 주문에 따라 원하는 크기, 모양 등 다양하다.

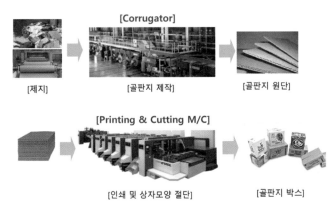

[제지] [Corrugator] [골판지 제작] [골판지 원단]

[Printing & Cutting M/C]

[인쇄 및 상자모양 절단] [골판지 박스]

[그림 14-3] 골판지 상자 생산 공정

② 단납기 MTO 생산계획

골판지 상자의 주문 형태는 라면이나 주류 상자처럼 대기업에서 제품을 생산하면서 즉시 포장을 해야 하는 경우 고객은 주문 즉시 납품을 요구한다. 하루에 2~4회의 배송이 이루어지며 주문 후 배송까지 주어진 시간은 하루가 안 되는 경우가 많다. 농산물 포장 상자처럼 특정 시점에

SCM 혁신과 생산계획

비교적 소량이 필요한 경우는 2~3주 길게는 1달 정도의 여유를 두고 수주가 이루어진다. 주문 양으로 보면 납기가 짧은 대기업용 상자가 월등히 많다.

영업 담당자는 수시로 받은 연속 주문이나 발굴한 신규 고객을 접수하고 생산계획팀에 생산가능한 시점을 요구한다. 콜게이터는 골 모양을 바꾸는데 상당한 시간이 걸리기 때문에 한 번 골 모양이 결정되면 수만 미터를 계속 생산하기를 원한다. 영업 담당이 주문한 제품이 특별한 골 모양을 가지고 있다면 동일한 골모양의 수주량이 일정량이 될 때까지는 생산하기 어려운 상황이라 쉽게 납기(Order To Delivery)를 예측하여 대답해 주기 힘들다.

생산계획 담당자는 1) 주문 우선순위, 2) 생산 효율 등을 고려하여 생산계획을 수립한다. 1) 주문 우선순위는 고객의 중요도, 주문량, 수익성 등에 따라 정해진다. 보통 꾸준히 주문이 들어오는 대기업용 제품이 우선 배정된다. 농산품과 같은 소량 주문은 생산 우선순위에서 밀려 언제 만들지 모르거나 지연 생산되는 경우도 있을 수 있다. 2) 생산 효율 측면 고려 사항은 골 모양, 원지 종류, 골판지 원단 폭 길이 등이 있다. 콜게이터에서 골 양을 바꾸기 위해서는 골 모양을 만드는 톱니 기어를 교체하여야 하는데 1시간 이상이 필요하고 여러 명이 대단한 수고를 해야 하는 일이다. 동일 골 모양의 수주량과 교체 주기 등을 고려하여 한 번에 생산할 롯드의 길이를 결정해야 한다. 골게이터에 들어가는 표면지, 이면지, 중심지 등 원지를 교체하는 경우도 골 모양을 바꾸는 것보다는 수월하지만 생산 효율을 떨어트리는 요인이다.

생산계획 담당자가 원지 종류까지 고려하여 상세한 생산 스케줄을 짜줄 수는 없다. 원지의 교체 시점과 원단의 폭까지 고려한 상세 스케줄은 콜게이터 오퍼레이터가 현장에서 직접 담당한다. 현장에서 작업 효율성을 고려하여 만들어진 스케줄이 생산계획 담당자가 만들어 준 생산계획과 상충되는 경우도 자주 발생한다.

③ 생산 운영 표준화 및 최적화 생산계획

골판지의 규격은 골 모양, 원지의 종류, 원단의 폭에 의해 결정된다. 예를 들어 골 모양이 B골이고 표면지가 SK, 이면지와 중심지가 S, 원단 폭이 1,800mm인 골판지 규격을 생각할 수 있다. 수주 품목 리스트에서 해당 규격의 주문량을 모두 더해 생산 필요량을 산출한다. 동일한 B골인 규격의 수주량을 합해서 B골 생산 총량을 계산하면, 분당 생산 속도는 골 모양에 따라 결정되기 때문에 B골을 생산하는 기간을 산정할 수 있다. 수주량을 골 모양으로 그룹핑하여 합산하면 어떤 골 모양의 순서로 몇 시간을 생산해야 하는지 계획을 세우는 기초 자료로 사용할 수 있다. 예를 들어 B골 20,000m A골 15,000m E골 15,000m의 주문량이 있다면 B골 10,000m → A골 15,000m → E골 15,000m → B골 10,000m 순서로 생산계획을 수립할 수 있다.

납기를 고려하여 적절한 롯드 사이즈를 결정하고 골 모양 교체를 최소화하는 계획을 수립하여야 하는 어려운 문제를 풀어야 한다. 제조부서의 작업 부하를 고려하면 빈번한 골 모양 교체가 어려운 제약이 되고 영업부서의 생산 우선순위도 고려되어야 하는 상황에서 합리적인 정책적 결정 운영 표준을 정하는 방법도 하나의 솔루션이 될 수 있다. 예를 들어 골 모양 하나당 생산할 수 있는 최소 롯드 사이즈(Lot Size)와 최대 롯드 사이즈를 정하고 한번 생산한 골 모양은 일정 기간 후에 다시 생산할 수 있는 후보가 될 수 있다는 식의 표준을 정하는 것이다.

동일한 골 모양 내에서는 원지의 교체를 최소화하는 생산 스케줄을 작성해야 한다. 표면지 골심지 이면지 순서로 SK-K-K 원지 종류를 사용하는 골판지 규격이 있고 다음에 생산할 규격이 SK-K-S라면 원지 교체 횟수는 1회이다. SK-S-S를 사용하는 골판지의 주문도 있다면 다음과 같은 순서로 생산하는 것이 원지 교체를 최소화하는 것이다.

SK-K-K → SK-K-S → SK-S-S : 원지 교체 횟수 2회

SK-K-K → SK-S-S → SK-K-S : 원지 교체 횟수 3회

이 문제는 잘 알려진 n! 콤비네이션(Combination) 문제로서 계산 시간을 줄일 수 있는 다양한 알고리즘이 알려져 있다. 다행히 동일 골 모양 내에서 원지 배합의 종류가 10개 미만인 경우는 모든 경우를 찾아 최적 해를 찾는 것도 가능하다.

[표 14-3] 골판지 생산 스케줄 예

생산 순서	골 모양	골판지 폭	표면지	골심지	이면지	생산량
1	B	1200	SK	K	K	10,000
2	B	1100	SK	K	S	10,000
3	A	1800	SK	S	S	15,000
4	A	1800	SK	S	K	15,000

④ 시스템 구축 및 성과

D제지는 전국에 8개의 공장을 가지고 있는 골판지 생산 업체다. 자체 개발한 ERP를 사용하고 있고 MES는 콜게이터, 상자 인쇄 설비와 인터페이스가 가능한 시스템을 갖추고 있었다. 주문은 영업 담당자가 팩스나 이메일 등으로 생산 계획 팀에 전달하면 생산계획 팀은 ERP에 수주 등록을 하고 생산계획은 수작업으로 수립하여 ERP에 입력하여 생산 현장에 각 설비별로 전송되는 구조로 운영되고 있었다.

생산 스케줄링 시스템(MPS) 도입을 위해서 가장 먼저 해야 할 일은 생산 운영의 각종 기준정보를 수집 체계화하고 운영 표준 프로세스를 정하는 일이다. 대표적인 생산운영 기준정보로서 예를 들면 콜게이터의 생산 속도 표준을 정하는 일이 있다. 현장 조사 결과 골 유형이나 원지 종류에 따라 경험에 따른 생산 속도(m/분)가 암묵적으로 정해져 있었다. 표준화를 위하여 콜게이터의 생산 속도에 영향을 주는 인자를 먼저 축출하였다. 축출된 인자인 골 모양, 원지 무게, 표면 거칠기 등의 조합으로 콜게이터 운영 속도를 몇 개의 등(예, A~E 등급까지 5개의 등급)으로 나누어 운영 속도 표준을 만들었다.

두 번째로 중요한 생산 능력에 영향을 주는 요소로서 교체 시간에 대한 표준 시간을 정하는 일이다. 골 모양 변경에 필요한 시간, 원지 교체 시간, 상자 인쇄기의 셋업 시간 등도 현장 반장들과 협의하여 정해져 나갔다. 생산계획에 필요한 기본적인 설비, 라우팅, 제품 규격 마스터 등은 이미 ERP에 있었기 때문에 추가적인 데이터들도 ERP에서 관리될 수 있도록 DB화 하였다.

MPS는 콜게이터 생산 스케줄을 만드는 모듈과 상자를 만드는 모듈로

SCM 혁신과 생산계획

구성되었다. 납기로부터 역산하여 골판지를 만들어야 하는 시점을 계산하고 골판지 적정 재고량을 감안하여 콜게이터 생산 스케줄을 수립한다. 콜게이터 생산계획은 골 모양 생산 표준과 원지 교체 최소화 알고리즘 등을 적용하여 구현되었다.

상자 생산 스케줄링에도 다양한 제약 조건을 반영하여야 했는데 예를 들면 인쇄기의 색상 교체를 최소화하기 위해 같은 색상의 인쇄를 연결하여 생산하도록 하는 제약 등도 반영되었다. 상자를 만드는 인쇄 재단 설비는 여러 대가 가동되기 때문에 적절한 설비 배분이 필요하다. 설비별로 작업을 할당하는 룰(Dispatching Rule)도 표준화하여 적용되었다. 작업자에게는 소량의 제품을 여러 번 작업하는 것보다 다량의 주문을 한번 처리하는 것이 노동 강도가 적은 것이어서 설비 오퍼레이터의 셋업 횟수가 비슷하게 유지되도록 하는 룰도 포함되었다. [그림 14-4]는 시스템 구성을 간략하게 표현한 것이다.

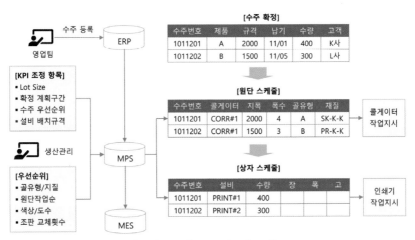

[그림 14-4] MPS 시스템 구성

구축 초기의 적용 과정에서 변화에 적응하는 과정은 어려운 점이 많았지만 혁신을 주도하는 기획팀의 헌신적인 노력으로 극복해 나갔다. 콜게이터 오퍼레이터 입장에서 표준 생산 운영 규칙을 따르는 것은 기존 작업 편의성 위주로 알아서 작업했던 과거와 비교하면 고생스러운 일로 여겨진 것은 당연하다. 그러나 기존에 원지 종류까지 감안하여 매번 작업 순서를 머리를 싸매고 생각해야 했던 것에 비하면 편한 일이었다. 더 이상 영업 사원의 직접적인 작업 부탁이나 생산관리 담당자와의 언쟁도 필요 없게 되었다. MPS에서 만들어 준 생산 스케줄의 합리성을 믿고 따르면 되었다.

영업 담당자들은 OTD 납기를 MPS 시스템상에서 직접 확인할 수 있게 되었다. 상세한 생산 스케줄이 수립되면 예정 생산 시작 시점을 알 수 있어서 고객에게 납기를 확약하는 일이 어렵지 않게 되었다. 상대적으로 신입 영업 담당자들은 농산물 같은 소량의 수주를 받아 언제 생산해 줄지도 모르는 상황에서 불안해했지만 MPS 도입 후 점차 이런 불안은 사라졌다.

정량적인 경영 지표로서 납기 준수율의 향상과 원단 재공 재고 감소가 뚜렷하게 나타났다. 기존에는 콜게이터 생산 편의성에 치우쳐 무조건 많은 원단을 뽑다 보니 상자를 만들기 위해 적재된 원단이 너무 많아 공장 밖으로 원단을 빼내야 하는 지경인 경우도 있었다. 상자 생산과 동기화된 적정 원단 생산계획 운영은 20% 이상의 원단 재고 감소 효과를 가져왔다.

MPS의 도입 효과는 단지 경영 지표로서 나타나는 정량적 효과가 중요한 것이 아니다. MPS는 기업의 문화를 바꾼다. 영업 담당과 생산계획

SCM 혁신과 생산계획

담당, 현장 오퍼레이터들은 동일한 목표 생산계획에 합의하고 준수하려는 과정 속에서 서로 협력한다. 자기만의 이익을 위하여 자기 편의대로 계획을 변경하여 서로 불편했던 관계는 사라지게 된다.

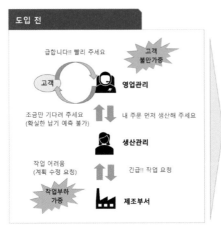 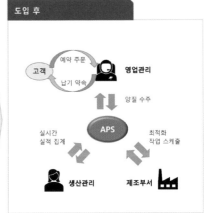

[그림 14-5] MPS 도입 전후 비교

내용의 요약

이것으로 이 책의 모든 내용을 마칩니다. 그동안 제가 이 책에서 전개한 내용을 한 번 더 간추려 보겠습니다. 제 이야기 전개방식이 논리적이고 타당한지 보시기 바랍니다. 혹은 제가 펼치는 논리 전개 가운데 어디에 약점이 있는지 비판적인 시각으로 들여다보는 것도 좋겠습니다. 어차피 각자 회사에 맞는 독자적인 혁신의 방법을 갖추는 것이 제일 바람직하니까요.

[요점정리]
운영 혁신을 수행하는데 필요한 생각들

- 관리는 의도한 대로 실행을 하는 활동입니다.
- 의도는 계획이라는 도구로 표현을 합니다.
- 회사가 일정 규모 이상이 되면 운영의 복잡도가 매우 커집니다.
- 운영의 복잡도가 회사의 운영 수준을 넘게 되면 계획에 차질이 발생합니다.
- 계획 차질이 반복되면, 그 차질분으로 인해 다음번 계획의 품질이 떨어집니다.
- 실행할 수 없는 계획은 실행에 나쁜 영향을 줍니다.
- 악순환의 고리를 풀려면 실행 가능한 계획을 수립하고, 수립한 계획은

준수해야 합니다.

- 계획을 ERP에 반영하고, ERP에 있는 계획을 보고 실행을 해야 운영에 혼란이 적습니다.
- ERP에서 대부분의 운영 인력에게 영향을 주는 것은 MRP 결과입니다.
- MRP 결과를 좋게 하려면 MRP 인풋이 좋아야 합니다.
- MRP 결과의 수준에 영향을 주는 차별화된 인풋이 MPS입니다.
- MRP 결과의 실행력을 높이려면, 실행 가능한 MPS를 수립해야 합니다.
- 회사가 일정 규모 이상이 되면 실행 가능한 MPS를 수립하기 매우 어렵습니다.
- MPS의 실행 가능 여부는 '설비 캐파'와 '자재 가용성'이 관건입니다.
- 캐파를 잘 감안하여 MPS를 수립하려면 캐파 측정의 기준정보가 정확해야 합니다.
- 캐파 측정의 기준정보는 CAO라는 도구를 잘 활용하여 확보합니다.
- 자재 가용성은 구매의 입고예정일의 정확도를 높여야 합니다.
- 구매 입고예정일의 정확도는 KPI 3번 납기준수율을 점검함으로써 향상시킵니다.
- CAO를 잘 활용하여 캐파 정보의 정확도를 높이고, 구매 입고예정일이 정확하면 그때에는 PMO를 활용하여 수준 높은 생산가능량을 만들 수 있습니다.
- 좋은 생산가능량을 통해 계획 대비 실행력을 높임으로써 의도한 대로 경영을 할 수 있습니다.
- 위에 적은 방법 말고도, 시중에 나와 있는 APS는 저마다의 방식으로 캐파와 자재 가용성을 감안하여 실행 가능한 생산가능량을 제공합니다.
- 특히 APS에 내장되어 있는 Post MTG 기능을 사용하여 수요계획에 대한 RTF를 비교적 정확하게 파악할 수 있습니다.
- 정확한 RTF를 바탕으로 경영진은 회사의 운영에 이로운 방향으로 의사결정을 할 수 있습니다.

박규삼

scmpi932@gmail.com

뉴저지주립대학교(Rutgers) Operations Research (RUTCOR) 석사
뉴저지주립대학교(Rutgers) MBA
한양대학교 행정학 학사

現	피아이파트너스 대표
現	VMS 솔루션스 컨설턴트
前	해성티앤에스 컨설턴트
前	휴맥스오토모티브, 삼성전자 반도체(S.LSI), 휴맥스, 엘지디스플레이, 넥센타이어
前	상명대학교 기술경영공학과 SCM 강사

2022	삼성바이오로직스 생산계획 시스템 구축 참여
2020~2021	엘지생활건강 공급/생산계획 통합 시스템 구축 참여
2018~2019	엘지디스플레이 스케줄링 시스템 구축 참여
2017	동국제약 공급계획 시스템 구축 참여
2016	삼성디스플레이 공급계획 시스템 구축 참여
2015	휴맥스오토모티브 공급계획 시스템 구축 참여
2014	코오롱 플라스틱 수요관리 체계 정립 참여
2013	엘지디스플레이 캐파측정 시스템 구축 참여 외 다수

유석규

skyoo@vms-solutions.com

KAIST 산업공학 박사
서울대학교 산업공학 학사

現	VMS 솔루션스 부사장
前	GM 대우 기술연구소

2022	삼성바이오로직스 생산계획 시스템 구축 참여
2020~2021	엘지생활건강 공급/생산계획 통합 시스템 구축 참여
2019	대양그룹 스케줄링 시스템 구축 참여
2018	앰코테크놀로지 스케줄링 시스템 구축 참여
2017	포스코 스케줄링 시스템 구축 참여
2016	중국 BOE 스케줄링 시스템 구축 참여
2015	한국타이어 공급계획 시스템 구축 참여
2014	삼성디스플레이 생산계획 시스템 구축 참여
2013	삼성전자 반도체(메모리) 생산계획 시스템 구축 참여 외 다수

MPS (Master Production Schedule)

SCM 혁신과
생산계획

초판 1쇄 발행 2022. 6. 9.

지은이 박규삼·유석규
펴낸이 김병호
펴낸곳 주식회사 바른북스

편집진행 임윤영
디자인 최유리

등록 2019년 4월 3일 제2019-000040호
주소 서울시 성동구 연무장5길 9-16, 301호 (성수동2가, 블루스톤타워)
대표전화 070-7857-9719 | **경영지원** 02-3409-9719 | **팩스** 070-7610-9820

•바른북스는 여러분의 다양한 아이디어와 원고 투고를 설레는 마음으로 기다리고 있습니다.

이메일 barunbooks21@naver.com | **원고투고** barunbooks21@naver.com
홈페이지 www.barunbooks.com | **공식 블로그** blog.naver.com/barunbooks7
공식 포스트 post.naver.com/barunbooks7 | **페이스북** facebook.com/barunbooks7

ⓒ 박규삼·유석규, 2022
ISBN 979-11-6545-587-3 93320